Optionsanleihen im Recht der GmbH

Europäische Hochschulschriften Recht

European University Studies in Law

Publications Universitaires Européennes de Droit

Band/Volume 6698

Jonas Pöttgen

# Optionsanleihen im Recht der GmbH

PETER LANG

**Bibliografische Information der Deutschen Nationalbibliothek**
Die Deutsche Nationalbibliothek verzeichnet diese Publikation in der Deutschen Nationalbibliografie; detaillierte bibliografische Daten sind im Internet über http://dnb.d-nb.de abrufbar.

Zugl.: Passau, Univ., Diss., 2022

D 739
ISSN 0531-7312
ISBN 978-3-631-88727-1 (Print)
E-ISBN 978-3-631-88964-0 (E-PDF)
E-ISBN 978-3-631-88965-7 (EPUB)
DOI 10.3726/b20173


Peter Lang – Berlin · Bern · Bruxelles · New York · Oxford · Warszawa · Wien



Diese Publikation wurde begutachtet.

www.peterlang.com

# Vorwort

Die vorliegende Arbeit wurde im Sommersemester 2022 durch die Juristische Fakultät der Universität Passau als Dissertation angenommen. Rechtsprechung und Literatur konnten bis einschließlich September 2021 berücksichtigt werden.

Ich möchte an dieser Stelle all jenen danken, die mich während der Erstellung der Arbeit begleitet und unterstützt haben.

Besonderer Dank gebührt meinem Doktorvater Herrn Prof. Dr. Holger Altmeppen für die Betreuung der Arbeit und die weitreichenden Freiheiten, die er mir bei der Anfertigung gewährt hat.

Herrn Prof. Dr. Michael Beurskens danke ich für die Erstellung des Zweitgutachtens.

Mein Dank gilt ferner meinen ehemaligen Kolleginnen und Kollegen, durch die ich die Zeit am Lehrstuhl stets in bester Erinnerung behalten werde. Besonders erwähnen möchte ich an dieser Stelle Herrn Christian Conrad. Ihm danke ich für die kritische Durchsicht des Manuskripts sowie die stets enge und freundschaftliche Zusammenarbeit.

Mein größter Dank gilt schließlich meinen Eltern, auf deren Rückhalt und vorbehaltslose Unterstützung ich mich immerzu verlassen kann. Ihnen widme ich diese Arbeit.

Hamburg, im Juli 2022 *Jonas Pöttgen*

# Inhaltsübersicht

**Vorwort** ..... 5

**Einführung** ..... 17

Kapitel 1 – Einleitung ..... 17

Kapitel 2 – Gang der Untersuchung ..... 19

**Erster Abschnitt – Die Rechtsnatur aktienrechtlicher Optionsanleihen** ..... 21

Kapitel 1 – Grundlagen ..... 21

Kapitel 2 – Die Schuldverschreibung ..... 30

Kapitel 3 – Die Rechtsnatur des Optionsrechts ..... 33

Kapitel 4 – Schlussfolgerung ..... 38

**Zweiter Abschnitt – Optionsanleihen im Recht der GmbH** ..... 39

Kapitel 1 – Zum Erwerb neuer Geschäftsanteile berechtigende Optionsanleihen ..... 39

Kapitel 2 – Zum Erwerb existierender Geschäftsanteile berechtigende Optionsanleihen ..... 172

Kapitel 3 – Wahlrecht der Gesellschaft zwischen der Verschaffung neuer oder existierender Geschäftsanteile ..... 181

Kapitel 4 – Selbständige Optionen auf den Erwerb von Geschäftsanteilen ..... 183

Kapitel 5 – Praktische Einsatzmöglichkeiten von Optionsanleihen im GmbH-Recht ..... 192

**Zusammenfassung der wesentlichen Ergebnisse** ..... 195

**Literaturverzeichnis** ........ 197

**Abkürzungsverzeichnis** ........ 223

# Inhaltsverzeichnis


**Vorwort** .... 5

**Einführung** .... 17

Kapitel 1 – Einleitung .... 17

Kapitel 2 – Gang der Untersuchung .... 19

**Erster Abschnitt – Die Rechtsnatur aktienrechtlicher Optionsanleihen** .... 21

Kapitel 1 – Grundlagen .... 21

§ 1 Begriff und Gestaltungsformen .... 21

§ 2 Die Ausgestaltung herkömmlicher Optionsanleihen .... 23

Kapitel 2 – Die Schuldverschreibung .... 30

Kapitel 3 – Die Rechtsnatur des Optionsrechts .... 33

Kapitel 4 – Schlussfolgerung .... 38

**Zweiter Abschnitt – Optionsanleihen im Recht der GmbH** .... 39

Kapitel 1 – Zum Erwerb neuer Geschäftsanteile berechtigende Optionsanleihen .... 39

§ 1 Die Zulässigkeit der Ausgabe von Optionsanleihen durch eine GmbH .... 39

§ 2 Ausgabevoraussetzungen .... 40

A. Optionen auf den Bezug neuer Geschäftsanteile .... 40

I. Überblick über den Ablauf einer Kapitalerhöhung .... 40

II. Pflichten der Gesellschaft aus dem Übernahmevertrag .... 42

1. Vereinbarkeit der Pflicht zur Verschaffung der Mitgliedschaft mit dem Grundsatz der Satzungsautonomie .... 43

2. Entstehung des Geschäftsanteils kraft Gesetzes ........... 46
3. Auslegung des Vertragsinhalts ........... 46
III. Rechtsgeschäftliche Verpflichtung zum Abschluss eines Übernahmevertrages ........... 49
1. Vertretung der Gesellschaft ........... 49
2. Gesetzliche Beschränkungen des Zusicherns rechtsgeschäftlicher Bezugsrechte ........... 50
a) Analoge Anwendung des § 187 Abs. 2 AktG ........... 51
aa) Rechtslage im Aktienrecht ........... 51
bb) Übertragbarkeit auf das GmbH-Recht ........... 54
b) Analoge Anwendung des § 187 Abs. 1 AktG ........... 54
aa) Rechtslage im Aktienrecht ........... 54
bb) Übertragbarkeit auf das GmbH-Recht ........... 55
(1) Planwidrige Regelungslücke ........... 55
(2) Vergleichbare Interessenlage ........... 61
3. Zwischenergebnis betreffs rechtsgeschäftlicher Verpflichtungen zum Abschluss von Übernahmeverträgen ........... 61
IV. Auswirkungen auf das Gewähren von Optionsrechten ........... 61
V. Zwischenergebnis betreffs des Gewährens von Optionen auf den Bezug neuer Geschäftsanteile ........... 62
B. Ausgabevoraussetzungen von Schuldverschreibungen ........... 62
C. Ausgabevoraussetzungen von Optionsanleihen ........... 63
I. Ausgabevoraussetzungen nach allgemeinen Regeln ........... 63
II. Ausgabevoraussetzungen von Optionsanleihen nach § 221 AktG ........... 64
1. Rechtslage im Aktienrecht ........... 64
a) Überblick ........... 64
b) Verhältnis zu § 187 AktG ........... 65
aa) Verhältnis von § 221 Abs. 1 AktG zu § 187 Abs. 2 AktG ........... 65
bb) Verhältnis von § 221 Abs. 4 AktG zur § 187 Abs. 1 AktG ........... 66

c) Konsequenzen für die Ausgabe von Optionsanleihen ..... 66
2. Analoge Anwendung im GmbH-Recht ..... 67
a) Analoge Anwendung des § 221 Abs. 1 AktG ..... 67
b) Analoge Anwendung des § 221 Abs. 4 AktG ..... 68
aa) Planwidrige Regelungslücke ..... 68
bb) Vergleichbare Interessenlage ..... 70
III. Ergebnis ..... 70
§ 3 Der Ermächtigungsbeschluss ..... 71
A. Wirkung und Inhalt des Beschlusses ..... 71
B. Form und Publizität des Beschlusses ..... 73
I. Notarielle Beurkundung und Eintragung im Handelsregister analog §§ 53 Abs. 2 S. 1, 54 GmbHG ..... 73
II. Publizitätspflichten analog § 221 Abs. 2 S. 2, 3 AktG ..... 77
C. Kein Ermächtigungsbeschluss analog § 221 Abs. 2 S. 1 AktG ..... 78
§ 4 Das gesetzliche Bezugsrecht der Gesellschafter ..... 81
A. Überblick ..... 81
B. Ausübung des Bezugsrechts ..... 81
C. Der Ausschluss des gesetzlichen Bezugsrechts ..... 82
I. Formelle Voraussetzungen ..... 82
II. Materielle Voraussetzungen ..... 84
III. Verletzung des gesetzlichen Bezugsrechts ..... 87
§ 5 Die Begründung der Rechte aus der Optionsanleihe ..... 90
A. Überblick ..... 90
B. Formgebundenheit des auf die Einräumung des Bezugsrechts gerichteten Vertrages ..... 91
I. Formbedürftigkeit eines Vorvertrages im Allgemeinen ..... 91
1. Meinungsstand ..... 91
2. Stellungnahme ..... 91

a) Wirkungen von Formerfordernissen ........ 92
b) Zweiseitig verpflichtender Vorvertrag ........ 93
c) Einseitig verpflichtender Vorvertrag ........ 95
II. Formbedürftigkeit eines der Optionsanleihe zugrundeliegenden Vorvertrages ........ 97
III. Formgebote bei der Begründung eines Optionsrechts im Allgemeinen ........ 97
1. Meinungsstand ........ 97
2. Stellungnahme ........ 98
IV. Formgebote bei der Begründung eines Optionsanleihen zugrundliegenden Optionsrechts ........ 100
V. Fazit ........ 100
§ 6 Die Übertragung der Rechte aus der Optionsanleihe ........ 101
A. Die Übertragung des Anspruchs auf Rückzahlung des Anleihebetrages ........ 101
B. Die Übertragung des Optionsrechtes ........ 102
I. Überblick ........ 102
II. Die Übertragbarkeit von § 15 Abs. 3, 4 GmbHG auf die Abtretung von Bezugsrechten ........ 102
III. Die Übertragbarkeit der nach § 15 Abs. 5 GmbHG vorgesehenen Beschränkungen auf die Abtretung von Bezugsrechten ........ 106
IV. Schlussfolgerung ........ 107
§ 7 Schutz vor einer Verwässerung der Bezugsrechte ........ 108
A. Problemaufriss ........ 108
B. Der gesetzliche Verwässerungsschutz ........ 109
I. Gesetzlicher Verwässerungsschutz bei nomineller Kapitalerhöhung ........ 109
II. Gesetzlicher Verwässerungsschutz bei effektiver Kapitalerhöhung ........ 110
C. Der vertragliche Verwässerungsschutz ........ 115
I. Das Verbot weiterer Kapitalmaßnahmen ........ 115
1. Verpflichtung der Gesellschaft ........ 115
2. Verpflichtung der Gesellschafter ........ 116

3. Zwischenergebnis ..... 119
II. Vorzeitige Ausübung des Optionsrechts ..... 120
III. Anpassung der Bezugsbedingungen ..... 120
IV. Einräumung eines Bezugsrechts auf die neuen Geschäftsanteile ..... 121
D. Fazit ..... 123
§ 8 Informationsrechte des Optionsberechtigten ..... 125
A. Problemstellung ..... 125
B. Gesellschafter als Optionsberechtigter ..... 125
C. Geschäftsführer als Optionsberechtigter ..... 127
D. Dritter als Optionsberechtigter ..... 128
I. Gesetzliche Informationsrechte ..... 128
II. Vertragliche Informationsrechte ..... 130
§ 9 Die Ausübung des Bezugsrechts ..... 133
A. Grundlagen ..... 133
B. Formerfordernisse bei Ausübung des Bezugsrechts ..... 133
I. Die Formbedürftigkeit eines auf einem Vorvertrag beruhenden Hauptvertrages im Allgemeinen ..... 134
II. Die Formbedürftigkeit des auf Grundlage des vorvertraglichen Anspruchs geschlossenen Übernahmevertrages ..... 134
III. Die Formbedürftigkeit einer Optionserklärung im Allgemeinen ..... 134
IV. Die Formbedürftigkeit der Optionserklärung des Inhabers einer Optionsanleihe ..... 137
§ 10 Die Verschaffung der Mitgliedschaft ..... 138
A. Die reguläre Kapitalerhöhung gemäß § 55 GmbHG ..... 138
I. Überblick und Problematik ..... 138
II. Untaugliche Lösungsansätze ..... 139
III. Praktikable Abwicklung ..... 140
B. Das genehmigte Kapital ..... 141
I. Der Ablauf einer Kapitalerhöhung aus genehmigtem Kapital ..... 142
1. Die Schaffung des genehmigten Kapitals ..... 142

a) Notwendige Bestandteile des Ermächtigungsbeschlusses ..... 142

b) Fakultativer Inhalt des Ermächtigungsbeschlusses ..... 144

2. Die Ausnutzung des genehmigten Kapitals ..... 146

C. Das bedingte Kapital ..... 146

D. Fazit ..... 147

§ 11 Die Durchsetzbarkeit des Anteilserwerbsrechts ..... 149

§ 12 Die Einlageleistung ..... 152

A. Grundsatz ..... 152

B. Die wirtschaftliche Annäherung von Options- an Wandelanleihen ..... 152

I. Die Schuldverschreibung als Gegenstand der Einlage ..... 152

II. Die Unterscheidung zwischen Optionsanleihen bei Inzahlungnahme der Anleihe und Wandelanleihen ..... 153

III. Verbreitete Gestaltungsformen in der Praxis ..... 155

IV. Bedeutung und Reichweite des § 194 Abs. 1 S. 2 AktG ..... 158

1. Meinungsstand zur dogmatischen Einordnung der Vorschrift ..... 158

2. Die Stellung des § 194 Abs. 1 S. 2 AktG im Kapitalaufbringungsrecht ..... 159

a) Forderungen gegen die Gesellschaft als Gegenstand einer Sacheinlage ..... 159

b) Vereinbarkeit mit § 194 Abs. 1 S. 2 AktG ..... 163

V. Analoge Anwendung des § 194 Abs. 1 S. 2 AktG ..... 165

1. Meinungsstand ..... 165

2. Stellungnahme ..... 168

a) Stellungnahme auf Grundlage der Annahme, § 194 Abs. 1 S. 2 AktG habe deklaratorischen Charakter ..... 168

b) Stellungnahme auf Grundlage der Annahme, § 194 Abs. 1 S. 2 AktG habe konstitutive Wirkung ... 169
VI. Ergebnis ... 171

Kapitel 2 – Zum Erwerb existierender Geschäftsanteile berechtigende Optionsanleihen ... 172
§ 1 Überblick ... 172
§ 2 Zuständigkeit für die Ausgabe der Optionsanleihen ... 172
A. Problemaufriss und Lösungsansatz ... 172
I. Zuständigkeit für den Erwerb eigener Geschäftsanteile ... 174
II. Zuständigkeit für die Veräußerung eigener Geschäftsanteile ... 176
III. Zwischenergebnis ... 178
B. Konsequenzen für die Ausgabe von zum Erwerb eigener Anteile berechtigende Optionsanleihen ... 179
§ 3 Formerfordernisse bei der Begründung und Übertragung der Anteilserwerbsrechte ... 179

Kapitel 3 – Wahlrecht der Gesellschaft zwischen der Verschaffung neuer oder existierender Geschäftsanteile ... 181

Kapitel 4 – Selbständige Optionen auf den Erwerb von Geschäftsanteilen ... 183
§ 1 Optionen auf den Erwerb neuer Geschäftsanteile ... 184
A. Vom vermeintlichen Meinungsstreit über die Zulässigkeit der Begebung von *naked warrants* ... 184
B. Anforderungen an das Gewähren reiner Optionsrechte auf den Bezug neuer Geschäftsanteile ... 185
I. Überblick ... 185
II. Meinungsstand ... 186
III. Stellungnahme ... 188
IV. Ergebnis ... 190
§ 2 Optionen auf den derivativen Erwerb eigener Anteile der Gesellschaft ... 191

Kapitel 5 – Praktische Einsatzmöglichkeiten von Optionsanleihen im GmbH-Recht ........ 192

**Zusammenfassung der wesentlichen Ergebnisse** ........ 195

**Literaturverzeichnis** ........ 197

**Abkürzungsverzeichnis** ........ 223

# Einführung

## Kapitel 1 – Einleitung

Seit nunmehr über 150 Jahren ist in Deutschland das Finanzierungsinstrument der Wandelschuldverschreibung bekannt.[1] Dabei handelt es sich nach der Legaldefinition des § 221 Abs. 1 S. 1 AktG um „Schuldverschreibungen, bei denen den Gläubigern oder der Gesellschaft ein Umtausch- oder Bezugsrecht auf Aktien eingeräumt wird." Eine Schuldverschreibung, welche das Recht gewährt, die Schuldverschreibung in Aktien der Gesellschaft umzutauschen, wird nach allgemeinem Sprachgebrauch präzisierend als Wandelanleihe bezeichnet.[2] Eine Schuldverschreibung, die ein Bezugsrecht enthält, fällt dagegen unter den Begriff der Optionsanleihe.[3]

Aktuell erfreuen sich Wandelschuldverschreibungen bei Emittenten und Investoren großer Beliebtheit.[4] Die Kombination von Anleihe und Aktienerwerbsrecht gewährt dem Anleger sowohl die wirtschaftlichen Vorteile herkömmlicher Industrieobligationen als auch die eines Eigenkapitaltitels.[5] So gewährleistet eine Wandelschuldverschreibung aufgrund der während der Laufzeit entstehenden Zinsansprüche einerseits eine feste Rendite. Andererseits bietet sie dem Anleger ob des Aktienerwerbsrechts die Möglichkeit zur Spekulation. Letzteres ist dem Umstand geschuldet, dass bereits bei der Ausgabe der Wandelschuldverschreibungen der Wandlungs- bzw. Optionspreis für die zu erwerbenden Aktien festgesetzt wird. Steigt während der meist langen Laufzeit

---

1 Vgl. *Mackh*, Wandelschuldverschreibungen, S. 11.

2 Statt vieler *Hermanns*, in: Henssler/Strohn, AktG, § 221 Rn. 4; *Scholz*, in: MHdB-GesR IV, § 64 Rn. 6; *Seiler*, in: BeckOGK-AktG, § 221 Rn. 3; *Rieder/Holzmann*, in: Grigoleit, AktG, § 221 Rn. 4.

3 Eing. zur Terminologie *Schumann*, Optionsanleihen, S. 15 f.; ferner *Habersack*, in: MüKoAktG, § 221 Rn. 24; *Rieder/Holzmann*, in: Grigoleit, AktG, § 221 Rn. 4.

4 So hat jüngst etwa die TUI AG Wandelanleihen mit einem Gesamtnennbetrag von ca. 400 Millionen Euro ausgegeben, vgl. *Kotowski*, TUI erhält Investorengeld, FAZ v. 12.04.2021, S. 19. Ende vergangenen Jahres hatte bereits die Deutsche Lufthansa AG eine Wandelanleihe mit einem Gesamtvolumen von 600 Millionen Euro begeben, vgl. *Kotowski*, Lufthansa holt sich Investorengeld, FAZ v. 11.11.2020, S. 23.

5 *Florstedt*, in: KölnerKomm, AktG, § 221 Rn. 60 f.; 71; *Seiler*, in: BeckOGK-AktG, § 221 Rn. 11; *Schumann*, Optionsanleihen, S. 48; *Mackh*, Wandelschuldverschreibungen, S. 21 f. jew. dort auch zum folgenden Text.

der Wandelschuldverschreibung der Wert der zu erwerbenden Aktien über den zuvor festgesetzten Wandlungs- bzw. Optionspreis, wird der Anleger bei unterstellt ökonomisch sinnvollem Verhalten sein Wandlungs- bzw. Optionsrecht ausüben und Aktien der Gesellschaft zu einem unter ihrem Börsenkurs liegenden Preis erwerben. Auf diese Weise erlauben Wandelschuldverschreibungen dem Anleger, an einer positiven Entwicklung des Unternehmens zu partizipieren, ohne jedoch das Risiko einer Eigenkapitalbeteiligung tragen zu müssen.[6] Die Attraktivität von Wandelschuldverschreibungen für Anleger können sich die Emittenten wiederum insoweit zunutze machen, als eine hohe Investitionsbereitschaft die Kapitalaufnahme erleichtert.[7]

In Anbetracht der derzeitigen Popularität von Wandelschuldverschreibungen stellt sich die Frage, ob diese auch für Gesellschaften in der Rechtsform der GmbH eine Alternative zur klassischen Eigen- oder Fremdkapitalfinanzierung darstellen.

Das GmbHG sieht die Ausgabe von Wandelschuldverschreibungen nicht vor. In der Literatur ist in jüngerer Vergangenheit jedoch vermehrt der Frage nachgegangen worden, ob und unter welchen Voraussetzungen auch eine GmbH Wandelschuldverschreibungen ausgeben kann.[8] Trotz der wiederholten Thematisierung ist eine Vielzahl an Fragen weiterhin ungeklärt. Insbesondere beziehen sich die bisherigen Beiträge stets auf Wandelschuldverschreibungen im Allgemeinen oder Wandelanleihen. Die Ausgabe von Optionsanleihen durch eine GmbH nach aktienrechtlichem Vorbild wurde hingegen bislang noch nicht eingehend beleuchtet. Ziel der vorliegenden Arbeit ist es, diese Lücke zu schließen.

Die Abhandlung beschränkt sich dabei auf die gesellschaftsrechtlichen Probleme im Zusammenhang mit der Begebung von Optionsanleihen. Bilanz-, steuer- und kapitalmarktrechtliche Fragen bleiben bei der Bearbeitung weitestgehend außer Betracht.

---

6 *Florstedt*, in: KölnerKomm, AktG, § 221 Rn. 62.

7 Vgl. *Habersack*, in: MüKoAktG, § 221 Rn. 10; *Kuthe/Görtz*, BG 2/2021, 34.

8 Vgl. *Fest*, in: Hopt/Seibt, AktG, § 221 Rn. 746 ff.; *Maidl*, NZG 2006, 778; *Helmreich*, GWR 2011, 561; *Bormann/Trautmann*, GmbHR 2016, 37; *Milch*, BB 2016, 1538; *Mackh*, Wandelschuldverschreibungen, passim; *Reiner-Pechtl*, Das genehmigte Kapital im System des GmbH-Rechts, S. 195 ff.; wohl erstmals *Boesebeck*, GmbHR 1962, 2.

## Kapitel 2 – Gang der Untersuchung

Die vorliegende Arbeit ist in zwei Abschnitte gegliedert.

Im ersten Abschnitt der Arbeit gilt es, die Rechtsnatur des im Aktienrecht gesetzlich vorgesehenen Finanzierungsinstruments der Optionsanleihe zu beleuchten.

Auf Grundlage dieser Untersuchung widmet sich der zweite Abschnitt der Arbeit der Ausgabe von Optionsanleihen durch eine Gesellschaft in der Rechtsform der GmbH. Gegenstand des ersten Kapitels des zweiten Abschnitts sind Optionsanleihen, welche zum Erwerb neuer Geschäftsanteile berechtigen. Zunächst wird dargelegt, dass entsprechende Optionsanleihen auch durch eine GmbH ausgegeben werden können. Sodann werden die einzelnen Ausgabevoraussetzungen bestimmt und gesellschaftsrechtliche Probleme, welche mit dem Einsatz der Optionsanleihen einhergehen, behandelt. Die im zweiten Kapitel vorzunehmende Untersuchung von Optionsanleihen, welche zum derivativen Erwerb eigener Anteile der Gesellschaft berechtigen, erfolgt nach dem gleichen Muster. Das dritte Kapitel befasst sich mit Optionsanleihen, bei denen der Anteilserwerbsanspruch sowohl durch die Verschaffung neuer als auch die Übertragung eigener Anteile erfüllt werden kann. Das vierte Kapitel erweitert die Abhandlung um die Untersuchung isolierter Optionen auf den Erwerb von Geschäftsanteilen. Abschließend wird im fünften Kapitel auf Basis der rechtlichen Ausführungen ein allgemeiner Überblick über praktische Begebenheiten gegeben, in denen der Einsatz der zuvor untersuchten Finanzierungsinstrumente zweckmäßig erscheint.

Die Arbeit schließt mit einer Zusammenfassung der wesentlichen Ergebnisse in Thesen.

# Erster Abschnitt – Die Rechtsnatur aktienrechtlicher Optionsanleihen

## Kapitel 1 – Grundlagen

### § 1 Begriff und Gestaltungsformen

Der heute gemeinhin verwendete Begriff der „Optionsanleihe" ist dem Gesetz fremd. Die nach allgemeinem Sprachgebrauch als Optionsanleihen bezeichneten „Schuldverschreibungen, bei denen den Gläubigern [...] ein [...] Bezugsrecht auf Aktien eingeräumt wird", definiert das Gesetz in § 221 Abs. 1 S. 1 Alt. 2 AktG vielmehr als Wandelschuldverschreibungen. Als solche bezeichnet das Gesetz in § 221 Abs. 1 S. 1 Alt. 1 AktG jedoch auch „Schuldverschreibungen, bei denen den Gläubigern [...] ein Umtauschrecht [...] auf Aktien eingeräumt wird." Diese vom Gesetz vorgenommene Zusammenfassung von Schuldverschreibungen mit einem Bezugsrecht einerseits und solchen mit einem Umtauschrecht auf Aktien andererseits unter dem Oberbegriff der Wandelschuldverschreibung gilt jedoch seit langem als verfehlt und überholt.[9] Zur Präzisierung und Vermeidung von Missverständnissen differenziert man nach heutigem Sprachgebrauch daher zwischen Wandelanleihen bzw. Wandelschuldverschreibungen im engeren Sinne (§ 221 Abs. 1 S. 1 Alt. 1 AktG) und Optionsanleihen (§ 221 Abs. 1 S. 1 Alt. 2 AktG).

Wandel- und Optionsanleihen haben in ihrer ursprünglichen Konzeption gemein, dass sie eine Kombination aus Schuldverschreibung und Aktienerwerbsrecht darstellen.[10] Sie unterscheiden sich jedoch grundsätzlich durch das Schicksal der Schuldverschreibung bei Ausübung des Aktienerwerbsrechts.[11] Während der Inhaber einer Wandelanleihe berechtigt ist, Aktien im „Umtausch" gegen die Schuldverschreibung zu erwerben, erfolgt der Aktienerwerb bei

9 So schon *Lutter*, in: KölnerKomm, 2. Aufl. 1995, AktG, § 221 Rn. 2; eing. *Schumann*, Optionsanleihen, S. 15; ferner statt vieler *Florstedt*, in: KölnerKomm, AktG, § 221 Rn. 67; *Habersack*, in: MüKoAktG, § 221 Rn. 31; *Koch*, in: Hüffer/Koch, AktG, § 221 Rn. 3.

10 Statt aller *Florstedt*, in: KölnerKomm, AktG, § 221 Rn. 61, 67; *Habersack*, in: MüKo-AktG, § 221 Rn. 24; *Merkt*, in: K. Schmidt/Lutter, AktG, § 221 Rn. 15.

11 *Habersack*, in: MüKoAktG, § 221 Rn. 24; *Haberstock/Greitemann*, in: Hölters, AktG, § 221 Rn. 8; *Seiler*, in: BeckOGK-AktG, § 221 Rn. 8.

Optionsanleihen unabhängig von dem Schicksal der Schuldverschreibung gegen Zahlung eines Optionspreises.[12]

Neben dieser herkömmlichen Gestaltungsform einer Optionsanleihe hat der Gesetzgeber im Rahmen der Aktienrechtsnovelle 2016 eine weitere Gestaltungsvariante gesetzlich normiert. So sind von § 221 Abs. 1 S. 1 AktG nunmehr auch Schuldverschreibungen umfasst, „bei denen […] der Gesellschaft ein […] Bezugsrecht auf Aktien eingeräumt wird". Durch diese äußerst missverständliche Formulierung soll nicht – obwohl dies der Wortlaut suggeriert – eine Optionsanleihe beschrieben werden, welche die Gesellschaft zum Bezug eigener Aktien berechtigt. Vielmehr soll zum Ausdruck gebracht werden, dass dem Anwendungsbereich des § 221 AktG auch Optionsanleihen unterfallen, die der Gesellschaft das Recht einräumen, Gläubiger zum Bezug von Aktien zu einem zuvor festgesetzten Optionspreis zu verpflichten (sog. „umgekehrte Optionsanleihe").[13]

In der Praxis sind umgekehrte Optionsanleihen jedoch nicht von allzu großer Bedeutung.[14] Werden Finanzierungsinstrumente ausgegeben, welche der Gesellschaft das Recht einräumen, Gläubiger zum Bezug von Aktien zu verpflichten, handelt es sich in aller Regel um umgekehrte Wandelanleihen (sog. *reverse convertible bonds*).[15] Diese gewähren der Gesellschaft das Recht, auf die Rückzahlung des Anleihebetrages zu verzichten und dem Gläubiger stattdessen meist junge Aktien der Gesellschaft zu verschaffen, wobei der ursprünglich auf die Anleihe geleistete Betrag als Einlage gilt. Die Gesellschaft kann auf diese Weise Schulden in Eigenkapital transferieren.[16] Damit wird mithilfe der Ausgabe umgekehrter Wandelanleihen ein *Debt-Equity-Swap* auf Vorrat angelegt, der in einer Notsituation geräusch- und problemlos vollzogen werden kann.[17] Umgekehrte Wandelanleihen stellen in Anbetracht dessen ein wichtiges Sanierungsinstrument dar.[18]

---

12 Vgl. statt aller *Florstedt*, in: KölnerKomm, AktG, § 221 Rn. 67; *Habersack*, in: MüKoAktG, § 221 Rn. 24; *Merkt*, in: K. Schmidt/Lutter, AktG, § 221 Rn. 3; *Rieder/Holzmann*, in: Grigoleit, AktG, § 221 Rn. 4.

13 Gleichsinnig *Habersack*, in: MüKoAktG, § 221 Rn. 52.

14 Vgl. etwa RegE BT-Drs. 17/8989, S. 17 f.; RegE BT-Drs. 18/4349, S. 27 ff. in denen ausschließlich von Wandlungsrechten die Rede ist. Eing. hierzu *Fest*, in: Hopt/Seibt, AktG, § 221 Rn. 206, der zutreffend darauf hinweist, dass in Anbetracht des Gesetzeswortlauts jedoch keine Zweifel daran bestehen, dass nunmehr auch umgekehrte Optionsanleihen von § 221 Abs. 1 S. 1 AktG erfasst sind.

15 Eing. hierzu *Florstedt*, ZHR 180 (2016), 152; *Möhlenkamp/Harder*, ZIP 2016, 1093.

16 RegE BT-Drs. 18/4349, S. 27; *Rieder/Holzmann*, in: Grigoleit, AktG, § 221 Rn. 5; *Diekmann/Nolting*, NZG 2011, 6 (8).

17 RegE BT-Drs. 17/8989, S. 17.

18 Instruktiv *Möhlenkamp/Harder*, ZIP 2016, 1093.

Da die praktische Bedeutung umgekehrter Optionsanleihen nicht annähernd an die umgekehrter Wandelanleihen heranreicht, bleiben umgekehrte Optionsanleihen bei den nachstehenden Untersuchungen außer Betracht. Gleiches gilt für zusammengesetzte Finanzierungsinstrumente, die zwar mitunter als Optionsanleihen bezeichnet werden, nicht aber den in § 221 Abs. 1 S. 1 AktG normierten gesetzestypischen Grundformen entsprechen.[19] Mithin sind allein herkömmliche Optionsanleihen Gegenstand der nachstehenden Untersuchungen.

## § 2 Die Ausgestaltung herkömmlicher Optionsanleihen

Jedwedes als herkömmliche Optionsanleihe betiteltes Finanzierungsinstrument gewährt dem Inhaber neben dem Anspruch auf Verzinsung und Rückzahlung des Anleihebetrages das Recht, innerhalb eines bestimmten Zeitraums zu einem festgesetzten Preis eine bestimmte Menge an Aktien zu erwerben.[20]

Klassischerweise berechtigen Optionsanleihen zum Erwerb junger Aktien der emittierenden Gesellschaft.[21] Die aus Vereinfachungsgründen gemeinhin gewählte Bezeichnung als Aktienerwerbsrecht ist in diesem Zusammenhang insoweit missverständlich, als der Optionsrechtsinhaber mit Ausübung des Optionsrechts nicht unmittelbar Aktien der Gesellschaft erwirbt. Vielmehr hat er lediglich einen Anspruch auf Abschluss eines Zeichnungsvertrages zu den zuvor in den Optionsbedingungen festgesetzten Konditionen.[22] Der Zeichnungsvertrag begründet noch keinerlei Mitgliedschaftsrechte, sondern legt lediglich die Grundlage für den späteren Erwerb der Mitgliedschaft. Die Mitgliedschaft entsteht erst mit Abschluss der Durchführung einer Kapitalerhöhung.[23]

---

19 Hervorzuheben sind in diesem Zusammenhang sog. Optionsanleihen mit einer Bezugspflicht. Hier besteht für den Inhaber der Optionsanleihe nicht die Option, *ob* das Optionsrecht ausgeübt wird, sondern allein *wann* das Optionsrecht ausgeübt wird. Näher hierzu *Paschos/Goslar*, NJW 2016, 359 (361); *Merkner/Schmidt-Bendum*, DB 2012, 98 (101).

20 Statt aller *Scholz*, in: MHdB-GesR IV, § 64 Rn. 7; *Wehrhahn*, Finanzierungsinstrumente, S. 111.

21 *Casper*, Der Optionsvertrag, S. 323.

22 *Fest*, in: Hopt/Seibt, AktG, § 221 Rn. 220; *Habersack*, in: MüKoAktG, § 221 Rn. 213; *Broichhausen*, Zusammengesetzte Finanzierungsinstrumente, S. 32; *Kniehase*, Derivate auf eigene Aktien, S. 37; *Wehrhahn*, Finanzierungsinstrumente, S. 117 ff.

23 BGH AG 1977, 295 (296); *Ekkenga*, in: KölnerKomm, AktG, § 189 Rn. 12; *Koch*, in: Hüffer/Koch, AktG, § 189 Rn. 3; *Schürnbrand/Verse*, in: MüKoAktG, § 189 Rn. 7; *Veil*, in: K. Schmidt/Lutter, AktG, § 189 Rn. 2; *Wiedemann*, in: GroßKommAktG, § 189 Rn. 13; ferner zur GmbH BGHZ 140, 258 (260) = NJW 1999, 1252; BGH NJW 2015, 3786 (Rn. 13).

Damit die Gesellschaft gewährleisten kann, bei Ausübung der Optionsrechte schnell und flexibel eine Kapitalerhöhung durchzuführen, wird die Ausgabe von Optionsanleihen in aller Regel mit der Schaffung eines bedingten Kapitals (§§ 192 ff. AktG) verbunden.[24] Das bedingte Kapital ist speziell auf die Sicherung der Umtausch- und Bezugsrechte von Wandel- und Optionsanleihen zugeschnitten (vgl. § 192 Abs. 2 Nr. 1 AktG) und ermöglicht eine bedarfsabhängige Ausgabe junger Aktien. Grund dafür ist der Umstand, dass die Hauptversammlung zwar eine Erhöhung des Grundkapitals beschließt, diese aber nur insoweit durchgeführt wird, als von den Optionsrechten Gebrauch gemacht wird.

Im Einzelnen vollzieht sich die bedingte Kapitalerhöhung dergestalt, dass zunächst in einem satzungsändernden Beschluss ein Höchstbetrag festgelegt wird, bis zu dem das Grundkapital durch die Ausgabe von Bezugsaktien erhöht werden kann.[25] Inhalt des Beschlusses muss nebstdem der konkrete Zweck der Kapitalerhöhung und der Kreis der Bezugsberechtigten sein (§ 193 Abs. 2 AktG). Nur zu dem festgesetzten Zweck dürfen die Bezugsaktien gemäß § 199 AktG von dem Vorstand ausgegeben werden. Daher sind die Schuldverschreibungen, deren Inhaber bezugsberechtigt sein sollen, im Hauptversammlungsbeschluss zu bezeichnen.[26] Wird der gefasste Beschluss gemäß § 195 AktG im Handelsregister eingetragen, ist die Satzungsänderung vollzogen und das bedingte Kapital steht bereit.[27] Die tatsächliche Erhöhung des Grundkapitals steht jedoch unter der Bedingung des Aktienbezuges durch die Inhaber der Optionsanleihen.[28]

Der Aktienbezug erfolgt durch die Abgabe einer Bezugserklärung i.S.v. § 198 AktG. Diese hat die gleiche Wirkung wie eine Zeichnungserklärung (§ 198 Abs. 2 S. 1 AktG), sodass mit einer korrespondierenden Willenserklärung der

---

24 Statt aller *Fest*, in: Hopt/Seibt, AktG, § 221 Rn. 221; *Habersack*, in: MüKoAktG, § 221 Rn. 216; *Haberstock/Greitemann*, in: Hölters, AktG, § 221 Rn. 67; *Koch*, in: Hüffer/Koch, AktG, § 221 Rn. 59; *Rieder/Holzmann*, in: Grigoleit, AktG, § 221 Rn. 54; *Scholz*, in: MHdB-GesR IV, § 64 Rn. 44; *Seiler*, in: BeckOGK-AktG, § 221 Rn. 74.

25 *Apfelbacher/Niggemann*, in: Hölters, AktG, § 192 Rn. 12; *Dißlars/Lönner*, in: MAH-AG, § 35 Rn. 2; *Koch*, in: Hüffer/Koch, AktG, § 192 Rn. 4; *Scholz*, in: MHdB-GesR IV, § 58 Rn. 30.

26 *Apfelbacher/Niggemann*, in: Hölters, AktG, § 193 Rn. 17; *Drygala/Staake*, in: Kölner-Komm, AktG, § 193 Rn. 47; *Frey*, in: GroßKommAktG, § 193 Rn. 30; *Koch*, in: Hüffer/Koch, AktG, § 193 Rn. 5; *Scholz*, in: MHdB-GesR IV, § 58 Rn. 33.

27 *Frey*, in: GroßKommAktG, § 195 Rn. 49; *Habersack*, in: MüKoAktG, § 221 Rn. 217; *Rieckers*, in: BeckOGK-AktG, § 195 Rn. 22.

28 *Habersack*, in: MüKoAktG, § 221 Rn. 217.

AG ein Zeichnungsvertrag zustande kommt.[29] Der Zeichnungsvertrag verpflichtet den Inhaber der Optionsanleihe zur Leistung der Einlage. Der Einlagebetrag zuzüglich des zu leistenden Agios spiegelt den Optionspreis wider.[30] Klassischerweise sehen die Optionsbedingungen den Abschluss eines Zeichnungsvertrages vor, nach welchem eine Bareinlage zu erbringen ist.[31] Zwingend ist dies jedoch nicht. Auch besteht die Möglichkeit, die Optionsbedingungen in der Weise auszugestalten, dass eine Sacheinlage zu erbringen ist. Hat der vormals Optionsberechtigte seine Einlage geleistet, kann er von der AG auf Grund des Zeichnungsvertrages die Ausgabe der Bezugsaktien verlangen (vgl. § 199 Abs. 1 AktG).[32] Bereits mit der Ausgabe der Aktien wird die Erhöhung des Grundkapitals wirksam (vgl. § 200 AktG). Die abschließend vorzunehmende Eintragung der Ausgabe in das Handelsregister (vgl. § 201 AktG) hat nur deklaratorische Bedeutung.[33]

Erforderlich ist die Unterlegung von Optionsanleihen mit einem bedingten Kapital indes nicht. In Betracht kommt auch, mit Ausgabe der Optionsanleihen ein genehmigtes Kapital (§§ 202 ff. AktG) zu schaffen, welches dazu dient, nach Ausübung der Optionsrechte junge Aktien auszugeben.[34] Die Abwicklung gestaltet sich in diesem Fall jedoch weitaus umständlicher.[35] So besteht etwa die Schwierigkeit, dass die Ermächtigung von Vorstand und Aufsichtsrat

---

29 *Dißars/Lönner*, in: MAH-AG, § 35 Rn. 58; *Koch*, in: Hüffer/Koch, AktG, § 192 Rn. 4; *Rieder/Holzmann*, in: Grigoleit, AktG, § 198 Rn. 10; *Scholz*, in: MHdB-GesR IV, § 58 Rn. 73.

30 Vgl. *Florstedt*, in: KölnerKomm, AktG, § 221 Rn. 472.

31 *Fest*, in: Hopt/Seibt, AktG, § 221 Rn. 222; *Habersack*, in: MüKoAktG, § 221 Rn. 229.

32 *Drygala/Staake*, in: KölnerKomm, AktG, § 199 Rn. 6; *Koch*, in: Hüffer/Koch, AktG, § 199 Rn. 5; *Rieder/Holzmann*, in: Grigoleit, AktG, § 199 Rn. 4; *Veil*, in: K. Schmidt/Lutter, AktG, § 199 Rn. 5: Anspruch auf Ausgabe der Bezugsaktien. Bezugsberechtigter kann seinen Anspruch gegen die Gesellschaft einklagen und in der Zwangsvollstreckung gemäß §§ 883, 888, 894, 897 ZPO durchsetzen.

33 *Apfelbacher/Niggemann*, in: Hölters, AktG, § 192 Rn. 17; *Dißars/Lönner*, in: MAH-AG, § 35 Rn. 2; *Fuchs*, in: MüKoAktG, § 201 Rn. 1; *Koch*, in: Hüffer/Koch, AktG, § 192 Rn. 4; *Scholz*, in: MHdB-GesR IV, § 58 Rn. 93; *Drinhausen/Keinath*, BB 2011, 1736 (1738) jew. m.w.N.

34 Eing. hierzu *Holland/Goslar*, NZG 2006, 892; vgl. ferner *Habersack*, in: MüKoAktG, § 221 Rn. 219; *Hirte*, in: GroßKommAktG, § 221 Rn. 166 f.; *Koch*, in: Hüffer/Koch, AktG, § 221 Rn. 59; *Scholz*, in: MHdB-GesR IV, § 64 Rn. 44; *Seiler*, in: BeckOGK-AktG, § 221 Rn. 77.

35 *Habersack*, in: MüKoAktG, § 221 Rn. 219; *Hirte*, in: GroßKommAktG, § 221 Rn. 167; *Scholz*, in: MHdB-GesR IV, § 64 Rn. 44.

zur Erhöhung des Grundkapitals auf maximal fünf Jahre beschränkt ist (§ 202 Abs. 1 AktG). Optionsanleihen weisen jedoch regelmäßig längere Laufzeiten auf, sodass das genehmigte Kapital während der Laufzeit der Optionsanleihe mittels eines abermaligen Hauptversammlungsbeschlusses erneuert werden muss.[36] Hinzu kommt, dass Vorstand und Aufsichtsrat im Falle der Ausübung der Optionsrechte stets einen Beschluss über die Ausnutzung des genehmigten Kapitals zu fassen haben, um in einer Vielzahl von Tranchen Aktien auszugeben.[37] Dabei wäre jedes Mal erneut das gesetzliche Bezugsrecht der Aktionäre auszuschließen (vgl. §§ 203 Abs. 1 S. 1, § 186 AktG), da ein Bezugsrechtsausschluss dem genehmigten Kapital im Gegensatz zum bedingten Kapital nicht immanent ist.[38]

Einen weiteren Nachteil der Unterlegung von Optionsrechten mit einem genehmigten Kapital sieht die herrschende Meinung im Fehlen einer § 192 Abs. 4 AktG entsprechenden Bestimmung im Rahmen der §§ 202 ff. AktG.[39] Diese Annahme fußt auf der Überzeugung, ein Zeichnungsvertrag begründe keinen Erfüllungsanspruch des Zeichners auf Verschaffung der erstrebten Mitgliedschaft.[40] Vielmehr bleibe die Gesellschaft stets – auch nach dem Abschluss von Zeichnungsverträgen – darin frei, die Durchführung einer Kapitalerhöhung zu unterlassen bzw. eine begonnene Kapitalerhöhung wieder abzubrechen.[41] Ausgehend von dieser Prämisse nimmt die herrschende Meinung an, bei der Unterlegung von Optionsanleihen mit einem genehmigten Kapital bestehe die Gefahr, dass dieses während der Laufzeit der Optionsanleihen aufgehoben

---

36 Vgl. *Fest*, in: Hopt/Seibt, AktG, § 221 Rn. 102; *Koch*, in: Hüffer/Koch, AktG, § 192 Rn. 9; *Seiler*, in: BeckOGK-AktG, § 221 Rn. 77; *Holland/Goslar*, NZG 2006, 892 (893).

37 *Holland/Goslar*, NZG 2006, 892 (894).

38 *Habersack*, in: MüKoAktG, § 221 Rn. 219; *Seiler*, in: BeckOGK-AktG, § 221 Rn. 81 f.

39 *Fest*, in: Hopt/Seibt, AktG, § 221 Rn. 101 ff., 107 ff.; *Groß*, in: Marsch-Barner/Schäfer, HdB-AG, Rn. 51.60; *Habersack*, in: MüKoAktG, § 221 Rn. 219; *Schlitt*, in: Unternehmensfinanzierung am Kapitalmarkt, Rn. 11.38; *Seiler*, in: BeckOGK-AktG, § 221 Rn. 80; *Scholz*, in: MHdB-GesR IV, § 64 Rn. 44; *Holland/Goslar*, NZG 2006, 892 (895).

40 Vgl. *Lutter*, in: FS Schilling, 1973, 207 (228 f.); *Ekkenga*, in: KölnerKomm, AktG, § 185 Rn. 125; *Herfs*, Unternehmensfinanzierung am Kapitalmarkt, Rn. 5.77; *Koch*, in: Hüffer/Koch, AktG, § 185 Rn. 24; *Lieder*, in: Bürgers/Körber/Lieder, AktG, § 185 Rn. 4, 15; *Scholz*, in: MHdB-GesR IV, § 57 Rn. 174; *Schürnbrand/Verse*, in: MüKoAktG, § 185 Rn. 46; *Veil*, in: K. Schmidt/Lutter, AktG, § 185 Rn. 4; *Wiedemann*, in: GroßKommAktG, § 185 Rn. 35; zweifelnd *Schürnbrand*, FS Stilz, 2014, 569 (570 ff.); *Hunecke*, Der Zeichnungsvertrag, S. 179 ff.: Vertragsauslegung erforderlich; a.A. *Eimer*, Zeichnungsverträge und Zeichnungsvorverträge, S. 111 ff.

41 Statt vieler *Ekkenga*, in: KölnerKomm, AktG, § 185 Rn. 125; *Scholz*, in: MHdB-GesR IV, § 64 Rn. 174.

werde.[42] Nunmehr könne der Optionsberechtigte durch die Ausübung seines Optionsrechts zwar einen Zeichnungsvertrag herbeiführen. Der von ihm tatsächlich beabsichtigte Aktienerwerb scheitere jedoch, sollte die Gesellschaft nicht anderweitig eine Kapitalerhöhung durchführen. Verpflichtet sei sie dazu freilich nicht.

Bei einer Unterlegung der Optionsanleihen mit einem bedingten Kapital drohe den Inhabern der Optionsanleihen diese Unsicherheit dagegen nicht. Gemäß § 192 Abs. 4 AktG ist jeder Beschluss der Hauptversammlung nichtig, der dem Beschluss über die bedingte Kapitalerhöhung entgegensteht. In Anbetracht dessen kann die Hauptversammlung die zur Unterlegung der Optionsanleihen beschlossene bedingte Kapitalerhöhung jedenfalls so lange nicht rückgängig machen, als noch Optionsrechte bestehen.[43]

Da Rechtsprechung und herrschende Meinung annehmen, die Gesellschaft sei trotz des Abschlusses von Zeichnungsverträgen darin frei, die Durchführung einer Kapitalerhöhung zu unterlassen, dürften sich Optionsanleihen ohne vorherige Absicherung mittels eines bedingten Kapitals nur schwer platzieren lassen.[44] Schließlich sind Investoren nur bereit, Optionsanleihen zu erwerben, welche ihnen ein unentziehbares Recht auf den Erwerb junger Aktien vermitteln.[45] Nicht zuletzt aus diesem Grund dürften Optionsanleihen, deren Optionsrechte mit Aktien aus künftigen regulären Kapitalerhöhungen (§§ 182 ff. AktG) bedient werden sollen, in der Praxis nicht begegnen.

Gegenstand des in Optionsanleihen enthaltenen Aktienerwerbsrechts müssen jedoch nicht zwingend junge Aktien sein. Auch besteht die Möglichkeit, Optionsanleihen auszugeben, welche den Optionsberechtigten allein zum derivativen Erwerb eigener Aktien der Gesellschaft berechtigen. In diesem Fall ist das Optionsrecht nicht auf den Abschluss eines Zeichnungsvertrages, sondern auf den Abschluss eines Kaufvertrages gerichtet.[46] Die Ausgabe entsprechender Optionsanleihen ist im Vergleich zur Begebung von Optionsanleihen, welche zum originären Erwerb junger Aktien berechtigen, jedoch weniger attraktiv.

---

42 Statt vieler *Schlitt*, Unternehmensfinanzierung am Kapitalmarkt, Rn. 11.38; *Seiler*, in: BeckOGK-AktG, § 221 Rn. 80.

43 *Habersack*, in: MüKoAktG, § 221 Rn. 217; *Hermanns*, in: Henssler/Strohn, AktG, § 221 Rn. 16; *Koch*, in: Hüffer/Koch, AktG, § 192 Rn. 27; *Veil*, in: K. Schmidt/Lutter, AktG, § 192 Rn. 32.

44 *Habersack*, in: MüKoAktG, § 221 Rn. 214; *Seiler*, in: BeckOGK-AktG, § 221 Rn. 90.

45 *Seiler*, in: BeckOGKAktG, § 221 Rn. 90.

46 *Fuchs*, in: MüKoAktG, § 198 Rn. 5; *Rieckers*, in: BeckOGK-AktG, § 221 Rn. 6; *Gätsch/Theusinger*, WM 2005, 1256 (1260).

Schließlich obliegt es der Gesellschaft, Vorsorge dafür zu treffen, im Falle der Ausübung der Optionsrechte über eigene Aktien zur Erfüllung der Erwerbsansprüche zu verfügen. Zu diesem Zweck hat die AG zunächst selbst eigene Aktien zu erwerben. Dies führt nicht nur zu einem Liquiditätsabfluss bei der Gesellschaft.[47] Auch ist der Erwerb eigener Aktien grundsätzlich unzulässig. Ausnahmen bestehen allein in den in § 71 Abs. 1 AktG aufgeführten Fällen. Als Rechtsgrundlage für den Erwerb eigener Aktien zum Zwecke der Bedienung von Optionsanleihen steht praktisch[48] allein § 71 Abs. 1 Nr. 8 AktG zur Verfügung. Demnach darf die Gesellschaft aufgrund einer höchstens fünf Jahre geltenden Ermächtigung der Hauptversammlung eigene Aktien erwerben, wobei das autorisierte Erwerbsvolumen 10 % des Grundkapitals nicht übersteigen darf.[49] In Anbetracht dieser eng gezogenen Grenzen des zulässigen Erwerbs eigener Aktien und der mit dem Erwerb verbundenen Liquiditätsbelastung dürfte die Begebung von Optionsanleihen, welche allein zum Erwerb eigener Aktien der Gesellschaft berechtigen, äußerst selten zu finden sein.

Verbreitet ist dagegen eine Ausgestaltung der Optionsbedingungen in der Weise, dass diese eine Ersetzungsbefugnis (*facultas alternativa*)[50] enthalten, die

---

47 *Baums*, Recht der Unternehmensfinanzierung, § 9 Rn. 13; *Holzborn*, in: Marsch-Barner/Schäfer, HdB-AG, Rn. 53.14.

48 Zwar käme theoretisch auch § 71 Abs. 1 Nr. 2 AktG als Rechtsgrundlage in Betracht, soweit allein Arbeitnehmern ein Optionsrecht auf den Erwerb eigener Aktien der Gesellschaft gewährt würde. Da die auf diesem Wege erworbenen Aktien gemäß § 71 Abs. 3 S. 2 AktG jedoch innerhalb eines Jahres nach Erwerb an die Berechtigten auszugeben sind und Optionsanleihen in aller Regel eine weitaus längere Laufzeit aufweisen, kommt § 71 Abs. 1 Nr. 2 AktG als Rechtsgrundlage für den Erwerb praktisch nicht in Betracht, eing. hierzu *Holzborn*, in: Marsch-Barner/Schäfer, HdB-AG, Rn. 53.15.

49 Eing. zum Erwerb eigener Aktien auf Grundlage des § 71 Abs. 1 Nr. 8 *Cahn*, BeckOGK-AktG, § 71 Rn. 93 ff.

50 Die Ersetzungsbefugnis (*facultas alternativa)* ist im Gesetz zwar nicht explizit geregelt. Seit der Pandektenwissenschaft gehört sie jedoch zu den anerkannten Figuren des deutschen Zivilrechts, s. *Ziegler*, AcP 171 (1971), 193 (196), dort auch zum folgenden Text. Die *facultas alternativa* wird mit der Formel *una res in obligatione, duae in solutione* beschrieben und auf diese Weise von der Rechtsfigur der Wahlschuld (§§ 262 ff. BGB) abgegrenzt, die mittels der Formel *duae res in obligatione, una in solutione* umschrieben wird, vgl. hierzu die Belege bei *Pescatore*, Die sogenannte alternative Obligation, S. 8. Eine Ersetzungsbefugnis ist mithin das Recht einer Partei, anstelle der primär geschuldeten Leistung eine andere erbringen oder verlangen zu können, vgl. statt vieler *Stadler*, in: Jauernig, BGB, § 262 Rn. 5. Ersetzungsbefugnisse des Gläubigers sieht das Gesetz in § 249 Abs. 2 S. 1 BGB und § 843 Abs. 3 BGB vor; Ersetzungsbefugnisse des

es der Gesellschaft erlaubt, nach Ausübung des Optionsrechts statt eines Zeichnungsvertrages über junge Aktien einen Kaufvertrag über bereits existierende Aktien mit dem Inhaber der Optionsanleihe zu schließen.[51] Die wohl herrschende Meinung geht sogar davon aus, eine entsprechende Ersetzungsbefugnis müsse nicht ausdrücklich geregelt werden, sondern ergebe sich regelmäßig im Wege der Vertragsauslegung.[52] Praktisch ermöglicht die Ersetzungsbefugnis der Gesellschaft, nach Ausübung des Optionsrechts wahlweise junge oder bereits existierende Aktien an den Inhaber der Optionsanleihe auszugeben.

---

Schuldners in § 244 Abs. 1 BGB, § 251 Abs. 2 S. 1 BGB, § 528 Abs. 1 S. 2 BGB, § 1087 Abs. 2 BGB, § 2170 Abs. 2 S. 2 BGB, vgl. *Krafka*, in: BeckOGK-BGB, § 262 Rn. 9 f.

51 Vgl. statt vieler *Frey*, in: GroßKommAktG, § 198 Rn. 8; *Fuchs*, in: MüKoAktG, § 198 Rn. 5; *Rieckers*, in: BeckOGK-AktG, § 198 Rn. 6: „Sofern der Vertrag, der das Bezugsrecht einräumt, eine Ersetzungsbefugnis vorsieht, ist es der Gesellschaft gestattet, statt eines Zeichnungsvertrages über junge Aktien einen Kaufvertrag über bereits existierende Aktien zu schließen."; abw. *Drygala/Staake*, in: KölnerKomm, AktG, § 198 Rn. 49: Die Gesellschaft soll ihre Pflichten aus dem Zeichnungsvertrag anstatt mit neuen Bezugsaktien mit bereits vorhandenen eigenen Aktien erfüllen können.

52 *Frey*, in: GroßKommAktG, § 198 Rn. 8; *Rieckers*, in: BeckOGK-AktG, § 198 Rn. 6; *Scholz*, in: MHdB-GesR IV, § 58 Rn. 61; a.A. *Busch*, in: Marsch-Barner/Schäfer, HdB-AG, Rn. 44.49; *Fuchs*, in: MüKoAktG, § 198 Rn. 5.

## Kapitel 2 – Die Schuldverschreibung

Die Grundlage einer jeden Optionsanleihe bildet gemäß § 221 Abs. 1 S. 1 AktG eine von der Gesellschaft begebene Schuldverschreibung.[53] Bei Schuldverschreibungen handelt es sich um Wertpapiere, welche ein Leistungsversprechen verbriefen.[54] Schuldverschreibungen, die den Optionsanleihen zugrunde liegen, enthalten grundsätzlich das Leistungsversprechen, zu vereinbarten Zeitpunkten Zinsen zu entrichten und den Nennbetrag der Schuldverschreibung nach Ende der vertraglichen Laufzeit zurückzugewähren.[55] Die nähere Ausgestaltung des Vertragsverhältnisses – etwa die Bestimmung der Modalitäten der Zins- und Rückzahlungsverpflichtung, die Vereinbarung eines Nachrangs, die Einräumung eines ein- oder beiderseitigen Kündigungsrechts etc. – erfolgt in den Anleihebedingungen.[56] Grundsätzlich können die Schuldverschreibungen als Inhaber- oder Orderpapiere begeben werden.[57] In der Praxis begegnet heute allerdings nahezu ausschließlich die Ausgestaltung als Inhaberschuldverschreibung i.S.d. §§ 793 ff. BGB.[58] Dies ist dem Umstand geschuldet, dass Schuldverschreibungen

53 Da gemäß § 1 Abs. 1 SchVG auf sämtliche nach deutschem Recht begebene inhaltsgleiche Schuldverschreibungen aus Gesamtemission das SchVG Anwendung findet, unterliegen im Regelfall auch Optionsanleihen dem SchVG. Der Umstand, dass Optionsanleihen zusätzlich ein Optionsrecht gewähren, ist ohne Belang, vgl. dazu *Habersack*, in: MüKoAktG, § 221 Rn. 250 f.

54 *Schumann*, Optionsanleihen, S. 16. Ein Wertpapier ist eine Urkunde, die ein privates Recht in der Weise verbrieft, dass zur Ausübung des Rechts die Innehabung der Urkunde erforderlich ist, vgl. *Gursky*, Wertpapierrecht, S. 2; *Meyer-Cording/Drygala*, Wertpapierrecht, S. 2; *Gehrlein*, in: BeckOK-BGB, § 793 Rn. 1 jew. m.w.N. Ist eine Schuldverschreibung – wie im Regelfall – in eine Vielzahl von Einzelrechten mit relativ kleinen Nennbeträgen gestückelt, um eine breite Streuung zu ermöglichen, werden die einzelnen Schuldverschreibungen mitunter auch als Teilschuldverschreibungen bezeichnet, s. *Hirte*, in: GroßKommAktG, § 221 Rn. 75; *Schumann*, Optionsanleihen, S. 18.

55 Statt aller *Fest*, in: Hopt/Seibt, AktG, § 221 Rn. 24 m.w.N. Da verzinsliche Schuldverschreibungen im Wirtschaftsleben auch als Anleihen oder Obligationen bezeichnet werden, spricht man heute gemeinhin von Options*anleihen*, vgl. *Wehrhahn*, Finanzierungsinstrumente, S. 111.

56 *Borowski*, NOK-SchVG, § 1 Rn. 8; *Wehrhahn*, Finanzierungsinstrumente, S. 112.

57 *Florstedt*, in: KölnerKomm, AktG, § 221 Rn. 98; *Habersack*, in: MüKoAktG, § 221 Rn. 203; *Hirte*, in: GroßKommAktG, § 221 Rn. 127; *Schumann*, Optionsanleihen, S. 17.

58 *Fest*, in: Hopt/Seibt, AktG, § 221 Rn. 769; *Schumann*, Optionsanleihen, S. 18; *Wehrhahn*, Finanzierungsinstrumente, S. 113.

möglichst fungibel auszugestalten sind, um von den Anlegern akzeptiert zu werden.[59]

Oftmals umfasst die Verbriefung nicht nur die Schuldverschreibung, sondern auch das Optionsrecht.[60] Hierbei steht es dem Emittenten offen, den Zahlungsanspruch und das Optionsrecht untrennbar in einer Urkunde zu verbriefen oder – so der Regelfall – das Optionsrecht als selbstständig übertragbares Recht auszugestalten, indem Schuldverschreibung und Optionsrecht in getrennten Wertpapierurkunden verbrieft werden.[61] Wählt der Emittent letztere Variante, ist der sog. „Optionsschein" zwar im Zeitpunkt der Ausgabe mit der Schuldverschreibung äußerlich verbunden, er kann jedoch nach einer kurzen Sperrfrist von der Schuldverschreibung getrennt und eigenständig veräußert werden.[62]

Indessen hat die Verbriefung von Rechten keinerlei Auswirkungen auf die gesellschaftsrechtliche Behandlung eines Finanzierungsinstruments.[63] So sind etwa auch Schuldverschreibungen, bei deren Begebung den Gläubigern ein

---

59 *Schumann*, Optionsanleihen, S. 17. Grundsätzlich weisen Inhaberpapiere unter den Wertpapieren das höchste Maß an Fungibilität auf, da sie stets dem jeweiligen Inhaber der Urkunde die versprochene Leistung zuordnen und die Übertragung des verbrieften Rechts mittels Übereignung der Urkunde nach §§ 929 ff. BGB möglich ist. Um ein vergleichbares Maß an Fungibilität bei einem Orderpapier zu bewirken, ist dieses mit einem Blankoindossament zu versehen, vgl. *Fest*, in: Hopt/Seibt, AktG, § 221 Rn. 769. Ein Blankoindossament besteht nur aus der Unterschrift des Indossanten; der Name des Indossatars ist dagegen nicht angegeben, sodass das Orderpapier jeden Inhaber legitimiert, vgl. *Groh*, in: Creifelds, Indossament; *Marburger*, in: Staudinger, BGB, Vorb. § 793 Rn. 8. Liegt der Optionsanleihe ein Orderpapier zugrunde, handelt es sich um ein gekorenes Orderpapier in Form eines kaufmännischen Verpflichtungsscheins (vgl. § 363 Abs. 1 S. 2 HGB), so auch *Fest*, in: Hopt/Seibt, AktG, § 221 Rn. 769.

60 *Habersack*, in: MüKoAktG, § 221 Rn. 203a; *Seiler*, in: BeckOGK-AktG, § 221 Rn. 139; *Wehrhahn*, Finanzierungsinstrumente, S. 113.

61 *Habersack*, in: MüKoAktG, § 221 Rn. 203a; *Koch*, in: Hüffer/Koch, AktG, § 221 Rn. 48; *Rieder/Holzmann*, in: Grigoleit, AktG, § 221 Rn. 47 jew. m.w.N.

62 *Lenenbach*, Kapitalmarktrecht, Rn. 2.256; *Fest*, in: Hopt/Seibt, AktG, § 221 Rn. 770. Der Optionsschein ist durchweg Inhaberpapier, *Schumann*, Optionsanleihen, S. 26.

63 Gleichsinnig *Baums*, Recht der Unternehmensfinanzierung, § 9 Rn. 3; *Florstedt*, in: KölnerKomm, AktG, § 221 Rn. 98; *Fuchs*, in: MüKoAktG, § 192 Rn. 45; *Hirte*, in: GroßKommAktG, § 221 Rn. 125, 127; *Koch*, in: Hüffer/Koch, AktG, § 221 Rn. 55; *Scholz*, in: MHdB-GesR IV, § 58 Rn. 9; *Weiß*, Aktienoptionspläne für Führungskräfte, S. 153 f.; *Wehrhahn*, Finanzierungsinstrumente, S. 139; *Mackh*, Wandelschuldverschreibungen, S. 39, 74; wohl abw.: *Weitnauer*, in: HdB-VC, Teil F., Rn. 3: „Anders als die Wandelschuldverschreibung bedarf das Wandeldarlehen [...] keines Gesellschafterbeschlusses mit qualifizierter Mehrheit."

unverbrieftes Optionsrecht gewährt wird, vom unmittelbaren Anwendungsbereich des § 221 AktG umfasst. Wandel- und Options*darlehen* – die nicht verbrieft und damit keine Schuldverschreibungen sind, im Übrigen aber Wandel- und Optionsanleihen entsprechen – unterfallen dem analogen Anwendungsbereich der Vorschrift.[64] In Anbetracht dessen gelten die nachfolgenden Ausführungen, obgleich allgemein nur von Optionsanleihen die Rede ist, auch für unverbriefte Finanzierungsinstrumente.

64 *Wehrhahn*, Finanzierungsinstrumente, S. 139; *Mackh*, Wandelschuldverschreibungen, S. 39, 74; wohl a.A. *Weitnauer*, in: HdB-VC, Teil F., Rn. 3; vgl. zu Wandel- und Optionsdarlehen allgemein *Scholz*, in: MHdB-GesR IV, § 58 Rn. 9.

# Kapitel 3 – Die Rechtsnatur des Optionsrechts

Prägendes Element einer jeden Optionsanleihe ist indes das Recht des Gläubigers auf den Bezug von Aktien der Gesellschaft. Dieses zeichnet sich dadurch aus, dass das Zustandekommen eines Zeichnungsvertrages[65] im alleinigen Ermessen des Inhabers der Optionsanleihe steht. In Anbetracht dessen wird gemeinhin von einem „Optionsrecht" gesprochen.

Über die dogmatische Einordnung des einer Optionsanleihe zugrundeliegenden „Optionsrechts" besteht Unsicherheit.[66] Diese ist dem Umstand geschuldet, dass sich das Ziel, das Zustandekommen eines Zeichnungsvertrages in das alleinige Ermessen des Inhabers der Optionsanleihe zu stellen, mittels verschiedener rechtlicher Gestaltungsmöglichkeiten erreichen lässt.[67] Die nachstehenden Gestaltungsformen sind in Anbetracht dessen nicht als verschiedene dogmatische Erklärungsversuche einer einheitlichen rechtlichen Erscheinung zu verstehen.[68] Vielmehr lässt sich ein „Bezugsrecht auf Aktien" i.S.d. § 221 Abs. 1 S. 1 AktG auf verschiedenem Wege begründen, wobei die Parteien die freie Wahl zwischen den unterschiedlichen Gestaltungsformen haben.[69] Welche Konstruktionsmöglichkeit die Parteien gewählt haben, ist mittels einer Auslegung des Vertragsinhalts zu bestimmen (§§ 133, 157 BGB).[70]

Eine Möglichkeit, den Abschluss eines förmlichen Zeichnungsvertrages allein vom Willen des Inhabers der Optionsanleihe abhängig zu machen, besteht darin, diesem einen vorvertraglichen Anspruch auf Abschluss des Zeichnungsvertrages zu gewähren.[71] Ein entsprechender Anspruch stellt sich gegenüber

---

65 Alternativ kann es sich auch um einen Kaufvertrag handeln, eing. hierzu S. 27, 172 ff. Da der Abschluss eines Zeichnungsvertrages jedoch den Regelfall darstellt, ist aus Gründen der Übersichtlichkeit im Folgenden allein von Zeichnungsverträgen die Rede. Die nachfolgenden Ausführungen gelten für den Abschluss eines Kaufvertrages indes entsprechend.

66 *Florstedt*, in: KölnerKomm, AktG, § 221 Rn. 458; *Casper*, Der Optionsvertrag, S. 327.

67 Vgl. *Bork*, in: Staudinger, BGB, Vorb. § 145 Rn. 70.

68 *Bork*, in: Staudinger, BGB, Vorb. § 145 Rn. 72; zustimmend *Wehrhahn*, Finanzierungsinstrumente, S. 120; *Klahold*, Aktienoptionen als Vergütungselement, S. 103.

69 *Wehrhahn*, Finanzierungsinstrumente, S. 120; *Klahold*, Aktienoptionen als Vergütungselement, S. 103.

70 *Florstedt*, in: KölnerKomm, AktG, § 221 Rn. 458; *Casper*, Der Optionsvertrag, S. 328; *Wehrhahn*, Finanzierungsinstrumente, S. 120; *Klahold*, Aktienoptionen als Vergütungselement, S. 103.

71 Statt vieler *Fest*, in: Hopt/Seibt, AktG, § 221 Rn. 207; *Florstedt*, in: KölnerKomm, AktG, § 221 Rn. 458; *Koch*, in: Hüffer/Koch, AktG, § 221 Rn. 7; *Merkt*, in: K. Schmidt/Lutter,

anderen rechtsgeschäftlichen Bezugsrechten kraft der §§ 221, 192 ff. AktG indes als in mehrfacher Hinsicht verstärkt dar.[72] So lässt sich nur das Bezugsrecht i.S.v. § 221 Abs. 1 S. 1 AktG gemäß § 192 Abs. 2 S. 1 AktG mit einem bedingten Kapital unterlegen. Des Weiteren können gewöhnliche rechtsgeschäftliche Bezugsrechte nach § 187 AktG nur nach einem Kapitalerhöhungsbeschluss und unter dem Vorbehalt des gesetzlichen Bezugsrechts der Aktionäre zugesichert werden. § 221 AktG dagegen verdrängt nach zutreffender herrschender Meinung als *lex specialis* § 187 AktG, sodass dem Inhaber der Optionsanleihe das Recht auf den Bezug von Aktien ausnahmsweise vorbehaltlos zugesichert werden kann.[73] Nur wenn und weil das Recht auf den Bezug von Aktien ohne jeden Vorbehalt besteht, liegt das Zustandekommen des Zeichnungsvertrages im alleinigen Ermessen des Inhabers der Optionsanleihe, sodass ihm ein optionsähnliches Recht auf den Bezug von Aktien zusteht.

Um ein Optionsrecht im bürgerlich-rechtlichen Verständnis handelt es sich freilich nicht.[74] Schließlich unterscheidet sich die Option von einem einseitig bindenden Vorvertrag dadurch, dass bei einer Option der Hauptvertrag durch eine einseitige Erklärung des Optionsberechtigten zustande gebracht werden kann, während der einseitig bindende Vorvertrag lediglich einen Anspruch auf den Abschluss des Hauptvertrages begründet.[75] Vor diesem Hintergrund wird mitunter gefordert, Schuldverschreibungen, bei denen den Gläubigern ein Bezugsrecht in Form eines vorvertraglichen Anspruchs eingeräumt wird, nicht als Options-, sondern Bezugsanleihen zu bezeichnen.[76] Da jedoch der Nutzen einer unterschiedlichen Benennung ausgesprochen gering ist und ein einseitig bindender Vorvertrag zumindest ein optionsähnliches Recht begründet, wird nachstehend – dem allgemeinen Sprachgebrauch entsprechend – die einheitliche Bezeichnung als Optionsanleihe verwendet.

Statt das Bezugsrecht i.S.v. § 221 Abs. 1 S. 1 AktG als vorvertraglichen Anspruch auszugestalten, kann die Gesellschaft dem Inhaber der Optionsanleihe

---

AktG, § 221 Rn. 37; *Broichhausen*, Zusammengesetzte Finanzierungsinstrumente, S. 53; *Kniehase*, Derivate auf eigene Aktien, S. 37; *Schumann*, Optionsanleihen, S. 20 ff.

72 *Merkt*, in: K. Schmidt/Lutter, AktG, § 221 Rn. 37; *Lutter*, in: KölnerKomm, 2. Aufl., 1995, AktG, § 221 Rn. 151; *Wehrhahn*, Finanzierungsinstrumente, S. 117.

73 Eing. hierzu S. 65 ff.

74 *Casper*, Der Optionsvertrag, S. 325.

75 BGH WM 1971, 44 (45); OLG Hamburg, NJW-RR 1992, 20 (21); *Larenz*, SchuldR BT 1, S. 157 f.; *Bork*, in: Staudinger, BGB, Vorb. § 145 Rn. 69; *H.-W. Eckert*, in: BeckOK-BGB, § 145 Rn. 28; *Wolf*, in: Soergel, BGB, Vorb. § 145 Rn. 69 f. jew. m.w.N.

76 *Casper*, Der Optionsvertrag, S. 325.

auch ein Optionsrecht im bürgerlich-rechtlichen Verständnis gewähren. Das Optionsrecht lässt sich entweder mittels einer Festofferte oder eines Optionsvertrages begründen.

Eine Festofferte stellt rechtstechnisch nichts anderes als ein mit langer Bindungsdauer (vgl. §§ 145, 148 BGB) versehenes Angebot des Optionsgebers dar.[77] Da die Festofferte dem Angebotsempfänger ermöglicht, einen Vertrag durch einseitige Willenserklärung in Form der Annahme zustande zu bringen, wird sie gemeinhin als Option qualifiziert.[78] Die Optionsbedingungen einer Optionsanleihe sind vereinzelt derart bestimmt, dass sie als befristeter Antrag der Gesellschaft auf Abschluss eines Zeichnungsvertrages auszulegen sind.[79] Die Ausübung des Optionsrechts ist in diesem Fall als Annahmeerklärung zu verstehen, mit deren Zugang der Zeichnungsvertrag zustande kommt (§ 130 BGB).[80]

Soll das Optionsrecht dagegen nicht mittels einer Festofferte, sondern eines Optionsvertrages begründet werden, kommen wiederum zwei Varianten in Betracht.[81] So besteht zum einen die Möglichkeit, einen sog. Angebotsvertrag zu schließen.[82] Dieser enthält die bindende Offerte der Gesellschaft auf Abschluss des Zeichnungsvertrages und zugleich die Bedingungen, unter denen

---

77 *Armbrüster*, in: Erman, BGB, Vorb. § 145 Rn. 52; *Bork*, in: Staudinger, BGB, Vorb. § 145 Rn. 70; *Busche*, in: MüKoBGB, Vorb. § 145 Rn. 73; *Möslein*, in: BeckOGK-BGB, § 145 Rn. 84.

78 RGZ 169, 65 (71); *Armbrüster*, in: Erman, BGB, Vorb. § 145 Rn. 52; *Busche*, in: MüKoBGB, Vorb. § 145 Rn. 73; *von Einem*, Die Rechtsnatur der Option, S. 18 f.; abw. *Georgiades*, in: FS Larenz, 1973, S. 409 (412); *Henrich*, Vorvertrag, S. 231: „Option und bindendes Angebot gleichsetzen, heißt für Wirkung und Ursache den gleichen Begriff verwenden".

79 *Florstedt*, in: KölnerKomm, AktG, § 221 Rn. 458; *Koch*, in: Hüffer/Koch, AktG, § 221 Rn. 7.

80 *Habersack*, in: MüKoAktG, § 221 Rn. 223; *Koch*, in: Hüffer/Koch, AktG, § 221 Rn. 7.

81 *Bork*, in: Staudinger, BGB, Vorb. § 145 Rn. 71; mitunter wird der Ausdruck „Optionsvertrag" allein als Synonym für „Angebotsvertrag" verwendet, vgl. etwa *Busche*, in: MüKoBGB, Vorb. § 145 Rn. 74 f. In der vorliegenden Arbeit wird der Begriff „Optionsvertrag" dagegen als Oberbegriff für den Angebotsvertrag und den bedingten Hauptvertrag mit Optionsvorbehalt gebraucht, so auch *Bork*, in: Staudinger, BGB, Vorb. § 145 Rn. 71.

82 *Wehrhahn*, Finanzierungsinstrumente, S. 119; *Kniehase*, Derivate auf eigene Aktien, S. 37; *Schumann*, Optionsanleihen, S. 20 ff.; *Klahold*, Aktienoptionen als Vergütungselement, S. 102 f.

der Inhaber der Optionsanleihe den Antrag annehmen kann.[83] Damit ähnelt der Angebotsvertrag der Festofferte, unterscheidet sich von ihr aber durch die vertragliche statt einseitige Einräumung des Optionsrechts.[84]

Alternativ kann das Optionsrecht auch dadurch begründet werden, dass die Gesellschaft und der Inhaber der Optionsanleihe einen Zeichnungsvertrag abschließen, dessen Wirksamkeit aber unter die Bedingung der Ausübung des Optionsrechts stellen.[85] Obwohl es sich hierbei um eine reine Wollensbedingung (*condicio si voluero*) handelt, sind Bedenken gegen eine derartige Vertragskonstruktion nicht durchgreifend.[86]

Letztlich ist durch Vertragsauslegung zu ermitteln, welche der möglichen Gestaltungsformen im Einzelfall dem in der Optionsanleihe enthaltenen „Optionsrecht" zugrunde liegt. Dabei sind sowohl die Optionsbedingungen als Wortlaut des Vertrages als auch die Interessen der Parteien zu berücksichtigen (§§ 133, 157 BGB).[87] Als Leitlinie gibt die herrschende Meinung aus, im Falle nicht zu überwindender Auslegungszweifel sei von dem Vorliegen eines Vorvertrages auszugehen, da dieser das am wenigsten weitreichende und belastende Instrument darstellt.[88]

Allgemein kommt die Ausgestaltung als Optionsrecht im bürgerlichrechtlichen Verständnis überhaupt nur in Betracht, sofern der herbeizuführende Zeichnungsvertrag bereits aus den Optionsbedingungen heraus vollumfänglich bestimmt oder bestimmbar ist.[89] Andernfalls muss das „Optionsrecht"

---

83 *Georgiades*, FS Larenz, 1973, 409 (411 ff.); *Bork*, in: Staudinger, BGB, Vorb. § 145 Rn. 71; *Busche*, in: MüKoBGB, Vorb. § 145 Rn. 74; *Möslein*, in: BeckOGK-BGB, § 145 Rn. 84; *Schurig*, Das Vorkaufsrecht im Privatrecht, S. 84 ff.; *Henrich*, Vorvertrag, S. 241 f.

84 *Armbrüster*, in: Erman, BGB, Vorb. § 145 Rn. 52; Auf diese Weise kann die Einräumung der Option als entgeltlich vereinbart werden. So ist der Optionsnehmer in aller Regel zur Zahlung eines sog. Bindungsentgelts verpflichtet, vgl. *Busche*, in: MüKoBGB, Vorb. § 145 Rn. 74; *Möslein*, in: BeckOGK-BGB, § 145 Rn. 84 jew. m.w.N.

85 *Broichhausen*, Zusammengesetzte Finanzierungsinstrumente, S. 53; *Kniehase*, Derivate auf eigene Aktien, S. 37; *Wehrhahn*, Finanzierungsinstrumente, S. 120; vgl. zur aufschiebend bedingten Zeichnungserklärung *Altmeppen*, GmbHG, § 55 Rn. 20; *Lieder*, MüKoGmbHG, § 55 Rn. 134; *Priester/Tebben*, in: Scholz, GmbHG, § 55 Rn. 85 jew. m.w.N.

86 In diesem Sinne RGZ 72, 385 (386); BGHZ 47, 387 (391) = NJW 1967, 1605; *Bork*, in: Staudinger, BGB, Vorb. § 145 Rn. 71; *Busche*, in: MüKoBGB, Vorb. § 145 Rn. 75; *Möslein*, in: BeckOGK-BGB, § 145 Rn. 84; eing. *Flume*, AT II, S. 686.

87 *Casper*, Der Optionsvertrag, S. 328 f.

88 *Casper*, Der Optionsvertrag, S. 81.

89 *Florstedt*, in: KölnerKomm, AktG, § 221 Rn. 458; *Casper*, Der Optionsvertrag, S. 329.

zwingend als vorvertraglicher Anspruch verstanden werden. Schließlich fordert ein Vorvertrag nicht, dass die Parteien eine Einigung über sämtliche Punkte des zu schließenden Hauptvertrages erzielen konnten.[90] Vielmehr besteht die Möglichkeit, dass die Parteien einige Nebenabreden, die notfalls auch unterbleiben könnten, einer erneuten Verhandlung überlassen.[91]

Zudem kommt eine Ausgestaltung als Optionsrecht im bürgerlich-rechtlichen Verständnis nicht in Betracht, sofern die Optionsbedingungen – wie im Regelfall – eine Bestimmung enthalten, nach der die Gesellschaft nach Ausübung des „Optionsrechts" zur Bewirkung der von ihr geschuldeten Leistung sowohl junge als auch bereits existierende Aktien liefern kann. Rechtstechnisch ist eine entsprechende Bestimmung nach herrschender Meinung als Ersetzungsbefugnis (*facultas alternativa*) zu qualifizieren.[92] Durch diese wird der Gesellschaft die Wahl überlassen, nach Ausübung des „Optionsrechts" mit dem Inhaber der Optionsanleihe statt eines Zeichnungs- einen Kaufvertrag über Aktien der Gesellschaft zu schließen. Die Ersetzungsbefugnis verlangt jedoch, dass der Gesellschaft überhaupt die Möglichkeit verbleibt, eine Wahl treffen zu können. Diese Möglichkeit wäre nicht gegeben, wenn das „Optionsrecht" als solches im bürgerlich-rechtlichen Verständnis ausgestaltet wäre. Schließlich könnte der Inhaber der Optionsanleihe in diesem Fall einen Vertrag ohne jegliche Mitwirkung und Möglichkeit der Einflussnahme seitens der Gesellschaft zustande bringen.

Allein wenn das „Optionsrecht" als vorvertraglicher Anspruch ausgestaltet ist, lässt sich der Gesellschaft eine Ersetzungsbefugnis dergestalt einräumen, dass ihr die Wahl verbleibt, einen Zeichnungs- oder einen Kaufvertrag zu schließen. In diesem Fall ist die Gesellschaft nach Ausübung des „Optionsrechts" primär zum Abschluss eines Zeichnungsvertrages verpflichtet. Ihr verbleibt jedoch die Möglichkeit, durch eine andere als die geschuldete Leistung, genauer: eine auf Abschluss eines Kaufvertrages gerichtete Vertragserklärung, Erfüllung herbeizuführen.

---

90 BGH NJW 1967, 153; BGH NJW 1980, 1577 (1578); BGH NJW-RR 1992, 977 (978): „Nach ständiger Rechtsprechung des BGH steht es den Vertragsparteien eines Vorvertrages frei, zunächst nur über gewisse Punkte eine Vereinbarung zu treffen und andere Punkte einer späteren Vereinbarung vorzubehalten"; *Otto*, in: jurisPK-BGB, § 145 Rn. 50; *Casper*, Der Optionsvertrag, S. 81.

91 *Flume*, AT II, S. 615; *Casper*, Der Optionsvertrag, S. 81.

92 *Drygala/Staake*, in: KölnerKomm, AktG, § 198 Rn. 49; *Frey*, in: GroßKommAktG, § 198 Rn. 8; *Fuchs*, in: MüKoAktG, § 198 Rn. 5; *Rieckers*, in: BeckOGK-AktG, § 198 Rn. 6.

Vor diesem Hintergrund ist im Einklang mit der herrschenden Meinung davon auszugehen, dass das in einer Optionsanleihe enthaltene „Optionsrecht“ dogmatisch in der Regel als vorvertraglicher Anspruch einzuordnen ist.[93] Von einem Optionsrecht im bürgerlich-rechtlichen Verständnis kann dagegen nur im Ausnahmefall ausgegangen werden.

## Kapitel 4 – Schlussfolgerung

Die dogmatische Einordnung der in einer Optionsanleihe verbundenen Einzelelemente offenbart, dass Optionsanleihen als Schuldverschreibungen ungeachtet des sie charakterisierenden Optionsrechts rein schuldrechtlicher Natur sind.[94] Eine Optionsanleihe vermittelt dem Inhaber zunächst einen Anspruch auf Verzinsung des zur Verfügung gestellten Kapitals und dessen Rückzahlung nach Ende der vertraglichen Laufzeit.[95] Zugleich gewährt sie klassischerweise einen vorvertraglichen Anspruch auf Abschluss eines Zeichnungsvertrages. Der Inhaber einer Optionsanleihe nimmt damit im Verhältnis zu der Gesellschaft eine rein schuldrechtliche Gläubigerposition ein.[96] Mitgliedschaftliche Rechte oder Pflichten bestehen jedenfalls bis zu der Ausübung des Optionsrechts nicht.[97]

---

93 Im Ergebnis auch *Fest*, in: Hopt/Seibt, AktG, § 221 Rn. 208: marktübliche Ausgestaltung; *Früchtl*, in: Wachter, AktG, § 221 Rn. 5; *Haberstock/Greitemann*, in: Hölters, AktG, § 221 Rn. 11; *Hirte*, in: GroßKommAktG, § 221 Rn. 78; *Koch*, in: Hüffer/Koch, AktG, § 221 Rn. 7; *Merkt*, in: K. Schmidt/Lutter, AktG, § 221 Rn. 37; *Schumann*, Optionsanleihen, S. 21 f.; a.A. *Casper*, Der Optionsvertrag, S. 327 ff.

94 Statt vieler *Florstedt*, in: KölnerKomm, AktG, § 221 Rn. 10, 455; *Habersack*, in: MüKoAktG, § 221 Rn. 27 f.; *Haberstock/Greitemann*, in: Hölters, AktG, § 221 Rn. 9; *Merkt*, in: K. Schmidt/Lutter, AktG, § 221 Rn. 20; *Seiler*, in: BeckOGK-AktG, § 221 Rn. 9; *Georgakopoulos*, ZHR 120 (1957), 84 (87); *Schumann*, Optionsanleihen, S. 26 ff.

95 Eing. S. 30 ff.; vgl. ferner statt aller *Haberstock/Greitemann*, in: Hölters, AktG, § 221 Rn. 9.

96 *Habersack*, in: MüKoAktG, § 221 Rn. 27; *Merkt*, in: K. Schmidt/Lutter, AktG, § 221 Rn. 20; *Schumann*, Optionsanleihen, S. 27 jew. m.w.N.

97 Vgl. statt vieler *Habersack*, in: MüKoAktG, § 221 Rn. 27 f. In Anbetracht dessen geht etwa die Vorstellung fehl, der Inhaber einer Optionsanleihe sei „Gläubiger und Gesellschafter in einer Person“, so aber *Busse von Colbe*, in: Bilanzierung von Optionsanleihen, S. 50.

# Zweiter Abschnitt – Optionsanleihen im Recht der GmbH

## Kapitel 1 – Zum Erwerb neuer Geschäftsanteile berechtigende Optionsanleihen

### § 1 Die Zulässigkeit der Ausgabe von Optionsanleihen durch eine GmbH

Das GmbHG enthält keine § 221 AktG entsprechende Regelung, aus der sich implizit die Zulässigkeit der Ausgabe von Optionsanleihen ergibt. Da eine Optionsanleihe jedoch, wie vorstehend erörtert, rein schuldrechtlicher Natur ist, ist die Zulässigkeit ihrer Ausgabe grundsätzlich durch die auch für Kapitalgesellschaften geltende Privatautonomie gewährleistet.[98] Daher steht das Fehlen einer gesetzlichen Regelung der Zulässigkeit der Ausgabe von Optionsanleihen durch eine GmbH nicht entgegen. Eine Einschränkung erfährt der Grundsatz der Privatautonomie zwar durch zwingendes Recht.[99] Ein gesetzliches Verbot, welches der Begebung von Optionsanleihen generell entgegensteht, ist allerdings nicht ersichtlich.[100]

---

98 *Fest*, in: Hopt/Seibt, AktG § 221 Rn. 748; vgl. ferner *Gätsch/Theusinger*, WM 2005, 1256 (1257).

99 *Dolderer*, Objektive Grundrechtsgehalte, S. 208; *Bönninghaus*, BGB Allgemeiner Teil I, S. 23 ff.

100 Allenfalls könnte erwogen werden, dass der Ausgabe angesichts des rechtsgeschäftlichen Bezugsrechts der Anleihegläubiger der gegebenenfalls entsprechend anzuwendende § 187 AktG entgegensteht. Selbst wenn § 187 AktG im GmbH-Recht entsprechend Anwendung finden sollte, hätte dies allerdings nicht generell die Unzulässigkeit der Begebung von Optionsanleihen zur Folge. Die Norm schränkt nämlich die Zusicherung auf den Bezug junger Aktien nur vor einem Kapitalerhöhungsbeschluss und bei Bestehen gesetzlicher Bezugsrechte ein. Anders gewendet bedeutet dies, dass § 187 AktG keinerlei Auswirkungen auf Zusicherungen hat, welche nach einem Kapitalerhöhungsbeschluss und bei Nichtbestehen gesetzlicher Bezugsrechte erfolgen. Somit steht die Vorschrift – unabhängig davon, ob sie analog im GmbH-Recht anzuwenden ist – der Ausgabe jedenfalls nicht ausnahmslos entgegen.

## § 2 Ausgabevoraussetzungen

Die Frage kann demnach nur sein, welche gesetzlichen Regelungen die Ausgabe von Optionsanleihen beschränken, respektive unter welchen Voraussetzungen die Begebung zulässig ist.

Zu ihrer Klärung sind zunächst die in der Optionsanleihe kombinierten Einzelkomponenten zu untersuchen: Unter welchen Voraussetzungen kann die GmbH ein Optionsrecht auf den Bezug neuer Geschäftsanteile gewähren (dazu unter A.)? Welche Anforderungen sind an die Ausgabe von Schuldverschreibungen zu stellen (dazu unter B.)?

Daran anknüpfend kann der Grundfrage nachgegangen werden, unter welchen Voraussetzungen das aus diesen Einzelkomponenten zusammengesetzte Finanzierungsinstrument, die Optionsanleihe, auszugeben ist (dazu unter C.).

### *A. Optionen auf den Bezug neuer Geschäftsanteile*

Das die Optionsanleihe charakterisierende Optionsrecht zielt, wie bereits dargelegt, ungeachtet seiner konkreten Ausgestaltung im Einzelfall darauf ab, durch Erklärung des Optionsberechtigten einen Zeichnungs- bzw. Übernahmevertrag mit der Gesellschaft zustande zu bringen. Um zu ermitteln, welche Anforderungen an das Gewähren entsprechender Optionsrechte zu stellen sind, ist mithin zu untersuchen, unter welchen Voraussetzungen sich eine GmbH vertraglich zum Abschluss eines Übernahmevertrages verpflichten kann (dazu unter III.).

Hierzu wird zunächst dargestellt, welche Bedeutung einem Übernahmevertrag im Rahmen einer Kapitalerhöhung zukommt (dazu unter I.) und erörtert, welche Pflichten für die Gesellschaft aus dem abzuschließenden Übernahmevertrag resultieren (dazu unter II.)

#### *I. Überblick über den Ablauf einer Kapitalerhöhung*

Eine Erhöhung des Stammkapitals der Gesellschaft erfolgt in zwei Schritten.[101] Als Satzungsänderung bedarf eine Kapitalerhöhung zunächst eines mit

101 *Lieder*, MüKoGmbHG, § 55 Rn. 13; vgl. ferner zum Ablauf einer Kapitalerhöhung *Altmeppen*, GmbHG, § 55 Rn. 5 ff. Die Ausführungen beziehen sich auf die effektive Kapitalerhöhung, bei der Investoren neue Einlagen in das Gesellschaftsvermögen zu leisten haben. Die effektive Kapitalerhöhung ist von der nominellen Kapitalerhöhung zu unterscheiden. Die nominelle Kapitalerhöhung ist im Zusammenhang mit der Zusicherung neuer Geschäftsanteile allerdings ohne Bedeutung, da bei dieser bereits vorhandene Eigenkapitalpositionen der Gesellschaft in Gestalt von Rücklagen in das

satzungsändernder Mehrheit zu fassenden Kapitalerhöhungsbeschlusses (§ 53 Abs. 2 GmbHG).

Der zweite Schritt hat die Durchführung der Kapitalerhöhung zum Gegenstand. Diese vollzieht sich in mehreren Akten und beginnt mit der Übernahme der Geschäftsanteile an dem erhöhten Kapital durch die dazu Berechtigten.[102] Die Übernahme eines Geschäftsanteils erfolgt durch einen Übernahmevertrag, welcher zwischen dem Übernehmern und der Gesellschaft geschlossen wird.[103] Auf Seiten der GmbH sind in Anbetracht des (auch) körperschaftlichen Charakters des Übernahmevertrages nur die Gesellschafter und nicht die Geschäftsführer vertretungsbefugt.[104] Der Übernehmer ist aufgrund des Übernahmevertrages verpflichtet, die vereinbarte Einlage an die Gesellschaft zu leisten.[105] Nach Leistung der Einlage setzt sich die Durchführung der Kapitalerhöhung fort, indem sie zur Eintragung in das Handelsregister angemeldet wird (vgl. § 57 GmbHG). Die Kapitalerhöhung wird registergerichtlich geprüft und anschließend eingetragen.[106] Erst die Eintragung in das Handelsregister macht die Kapitalerhöhung wirksam (§ 54 Abs. 3 GmbHG) und bringt die neuen Geschäftsanteile zur Entstehung.[107]

---

der Kapitalbindung unterliegende Stammkapital umgewandelt werden und dieses entsprechend erhöht wird.

102 Bezugsberechtigt sind nach h.M. grundsätzlich die Gesellschafter. Diese haben ein gesetzliches Bezugsrecht, welches es ihnen erlaubt, beteiligungsproportional an der Kapitalerhöhung zu partizipieren. Wird das gesetzliche Bezugsrecht im Kapitalerhöhungsbeschluss ausgeschlossen, bedarf es eines Gesellschafterbeschlusses, kraft dessen die zur Übernahme der neuen Geschäftsanteile zugelassenen Personen bestimmt werden (sog. Zulassungsbeschluss); vgl. statt vieler *Altmeppen*, GmbHG, § 55 Rn. 38; eing. zum gesetzlichen Bezugsrecht der Gesellschafter s. S. 56 ff.

103 BGH NZG 1999, 495; *Gummert*, in: Henssler/Strohn, GmbHG, § 55 Rn. 6; *Wicke*, GmbHG, § 55 Rn. 12; *Saß*, RNotZ 2016, 213 (216).

104 BGHZ 49, 117 (119 f.) = NJW 1968, 398; OLG Frankfurt, GmbHR 2015, 1040 (1041); *Altmeppen*, GmbHG, § 55 Rn. 15; *Bayer*, in: Lutter/Hommelhoff, GmbHG, § 55 Rn. 34; *Hermanns*, in: MHLS, GmbHG, § 55 Rn. 86; *Lieder*, in: MüKoGmbHG, § 55 Rn. 137; *Schnorbus*, in: Rowedder/Schmidt-Leithoff, GmbHG, § 55 Rn. 46; *Priester/Tebben*, in: Scholz, GmbHG, § 55 Rn. 75; *Servatius*, in: Baumbach/Hueck, GmbHG, § 55 Rn. 34; *Ulmer/Casper*, in: UHL, GmbHG, § 55 Rn. 84; *Ziemons*, in: BeckOK-GmbHG, § 55 Rn. 110a; *Hoene/Eickmann*, GmbHR 2017, 854 (858); a.A. *Bürger*, RNotZ 2006, 156 (167); *Wachter*, DB 2016, 275 (279): Geschäftsführer vertretungsbefugt.

105 BGHZ 140, 258 (261) = NJW 1999, 1252; BGH NJW 2015, 3786 (Rn. 16); statt aller *Altmeppen*, GmbHG, § 55 Rn. 17; *Lieder*, in: MüKoGmbHG, § 55 Rn. 142 jew. m.w.N.

106 Statt aller *Lieder*, in: MüKoGmbHG, § 55 Rn. 13.

107 Statt aller *Altmeppen*, GmbHG, § 55 Rn. 6.

### *II. Pflichten der Gesellschaft aus dem Übernahmevertrag*

Ein Übernahmevertrag legt mithin die Grundlage für den späteren Erwerb der Mitgliedschaft. Er wird gemeinhin als körperschaftlich-schuldrechtlicher Vertrag qualifiziert.[108] Korporationsrechtlichen Charakter hat er, da er darauf gerichtet ist, den Übernehmer neu in die Gesellschaft aufzunehmen oder seine bereits vorhandene mitgliedschaftliche Stellung zu stärken.[109] Schuldrechtlicher Charakter kommt ihm insoweit zu, als er zugleich Leistungspflichten begründet.[110] Nach herrschender Meinung resultiert aus dem Übernahmevertrag die Pflicht der Gesellschaft, für eine zügige und ordnungsgemäße Durchführung der Kapitalerhöhung zu sorgen.[111] Sie habe sich für die Zeichnung des vollen Erhöhungsbetrages auch durch die anderen zur Übernahme zugelassenen Personen einzusetzen, die Mindesteinlage von den Übernehmern einzufordern,

---

108 BGH NJW 2015, 3786 (Rn. 16); *Mülbert*, FS Priester, 2007, 485 (487 ff.); *Schürnbrand*, FS Stilz, 2014, 569 (570); *Bayer*, in: Lutter/Hommelhoff, GmbHG, § 55 Rn. 34; *Lieder*, in: MüKoGmbHG, § 55 Rn. 110; *Priester/Tebben*, in: Scholz, GmbHG, § 55 Rn. 73; *Servatius*, in: Baumbach/Hueck, GmbHG, § 55 Rn. 38; a.A. *Schnorbus*, in: Rowedder/Schmidt-Leithoff, GmbHG, § 55 Rn. 46: rein körperschaftlicher Charakter; ebenso *Ulmer/Casper*, in: UHL, GmbHG, § 55 Rn. 72; wohl auch Ziemons, in: BeckOK-GmbHG, § 55 Rn. 97.

109 BGHZ 49, 117 (119) = NJW 1968, 398; BGHZ 140, 258 (260) = NJW 1999, 1252; BGH NJW 2015, 3786 (Rn. 13); OLG Frankfurt NJW 1982, 2388; *Altmeppen*, GmbHG, § 55 Rn. 15; *Bormann*, in: GBS, GmbHG, § 55 Rn. 36; *Gummert*, in: Henssler/Strohn, GmbHG, § 55 Rn. 12; *Schnorbus*, in: Rowedder/Schmidt-Leithoff, GmbHG, § 55 Rn. 46; *Servatius*, in: Baumbach/Hueck, GmbHG, § 55 Rn. 34; *Ulmer/Casper*, in: UHL, GmbHG, § 55 Rn. 72; *Ziemons*, in: BeckOK-GmbHG, § 55 Rn. 97; *Schürnbrand*, FS Stilz, 2014, 569 (570).

110 BGH NJW 2015, 3786 (Rn. 16); *Bayer*, in: Lutter/Hommelhoff, GmbHG, § 55 Rn. 34; *Hermanns*, in: MHLS, GmbHG, § 55 Rn. 66; *Lieder*, in: MüKoGmbHG, § 55 Rn. 111; *Servatius*, in: Baumbach/Hueck, GmbHG, § 55 Rn. 38; *Bieder*, NZG 2016, 538 (539); *Wachter*, DB 2016, 275 (278); zum Zeichnungsvertrag *Koch*, in: Hüffer/Koch, AktG, § 185 Rn. 4; *Rieder/Holzmann*, in: Grigoleit, AktG, § 185 Rn. 6.

111 BGH NJW 2015, 3786 Rn. 13; *Hellwig*, FS Rowedder, 1994, 141 (147 ff.); *Altmeppen*, GmbHG, § 55 Rn. 24; *Hermann*, in: MHLS, GmbHG, § 55 Rn. 100; *Lieder*, in: MüKoGmbHG, § 55 Rn. 111, 143; *Priester/Tebben*, in: Scholz, GmbHG, § 55 Rn. 100; *Servatius*, in: Baumbach/Hueck, GmbHG, § 55 Rn. 38; *Ulmer/Casper*, in: UHL, GmbHG, § 55 Rn. 87; *Wicke*, GmbHG, § 55 Rn. 15; zweifelnd *Schnorbus*, in: Rowedder/Schmidt-Leithoff, GmbHG, § 55 Rn. 63.

den Erhöhungsbeschluss anzumelden und etwaigen Beanstandungen des Registerrichters abzuhelfen.[112]

Einen Erfüllungsanspruch auf Durchführung der Kapitalerhöhung und somit auf Verschaffung der Mitgliedschaft erwerbe der Übernehmer durch Abschluss des Übernahmevertrages allerdings nicht.[113]

Begründet wird dies damit, dass es der Gesellschafterversammlung als Ausfluss ihrer Satzungsautonomie jederzeit freistehen müsse, den Kapitalerhöhungsbeschluss aufzuheben und die Kapitalmaßnahme scheitern zu lassen.[114] Zudem wird gegen einen Erfüllungsanspruch angeführt, dass „das von dem Übernehmer erstrebte Mitgliedschaftsrecht nicht von der Gesellschaft geliefert" werden könne.[115] Es entstehe vielmehr gemäß §§ 54 Abs. 3, 57 GmbHG kraft Gesetzes.

Bei eingehender Betrachtung können diese Argumente allerdings nicht überzeugen.

### 1. *Vereinbarkeit der Pflicht zur Verschaffung der Mitgliedschaft mit dem Grundsatz der Satzungsautonomie*

Die Satzungsautonomie begründet – für alle Verbandstypen – die Fähigkeit der Mitgliedergliederversammlung, in freier Selbstbestimmung dem Verband eine

---

112 *Hellwig*, FS Rowedder, 1994, 141 (147 ff.); *Ulmer/Casper*, in: UHL, GmbHG, § 55 Rn. 87; *Lieder*, in: MüKoGmbHG, § 55 Rn. 143; ähnlich *Hermanns*, in: MHLS, GmbHG, § 55 Rn. 100.

113 BGHZ 140, 258 (260) = NJW 1999, 1252; BGH NJW 2015, 3786 (Rn. 30, 32); *Gummert*, in: Henssler/Strohn, GmbHG, § 55 Rn. 14; *Schnorbus*, in: Rowedder/Schmidt-Leithoff, GmbHG, § 55 Rn. 49; *Servatius*, in: Baumbach/Hueck, GmbHG, § 55 Rn. 38; *Wicke*, GmbHG, § 55 Rn. 15; *Ziemons*, in: BeckOK-GmbHG, § 55 Rn. 120; *Mohren*, Leistungsstörungen beim Erbringen von Sacheinlagen in Gesellschaften mit beschränkter Haftung, S. 44 f.; zum Zeichnungsvertrag *Lutter*, FS Schilling, 1973, 207 (228 f.); *Ekkenga*, in: KölnerKomm, AktG, § 185 Rn. 125; *Lieder*, in: Bürgers/Körber/Lieder, AktG, § 185 Rn. 4, 15; *Scholz*, in: MHdB-GesR IV, § 57 Rn. 174; *Schürnbrand/Verse*, in: MüKoAktG, § 186 Rn. 46, 60; *Veil*, in: K. Schmidt/Lutter, AktG, § 185 Rn. 4; *Wiedemann*, in: GroßKommAktG, § 185 Rn. 35.

114 BGHZ 140, 258 (260) = NJW 1999, 1252; BGH NJW 2015, 3786 Rn. 30; vgl. *Hermanns*, in: MHLS, GmbHG, § 55 Rn. 64; *Schnorbus*, in: Rowedder/Schmidt-Leithoff, GmbHG, § 55 Rn. 63; *Ulmer/Casper*, in: UHL, GmbHG, § 55 Rn. 87; *Ziemons*, in: BeckOK-GmbHG, § 55 Rn. 120; vgl. ferner *Schürnbrand*, FS Stilz, 2014, 569 (570).

115 BGHZ 140, 258 (260) = NJW 1999, 1252; BGH NJW 2015, 3786 (Rn. 13); *Lutter*, FS Schilling, 1973, 216 (217); vgl. *Hermanns*, in: MHLS, GmbHG, § 55 Rn. 100.

eigene innere Ordnung zu geben und diese beliebig zu ändern.[116] Die Satzungsautonomie ist notwendiger Bestandteil der Selbstbestimmung des Verbandes (sog. „Verbandssouveränität").[117] Die Satzungsautonomie korreliert somit mit dem Verbot der Selbstentmachtung. Es ist den Mitgliedern verboten, sich ihrer ausschließlichen Zuständigkeit für die Gestaltung der Satzung zu begeben und sich selbst zu entmündigen.[118] Eine Übertragung der Satzungsgestaltung auf Außenstehende ist daher im Grundsatz unzulässig. Es muss den Gesellschaftern überlassen bleiben, über die Satzung zu befinden.[119]

Würde ein Übernehmer durch den Abschluss eines Übernahmevertrages einen Erfüllungsanspruch auf Verschaffung der Mitgliedschaft erwerben, wäre die Gesellschaft verpflichtet, ihr Stammkapital zu erhöhen und damit die Satzung zu ändern. Der Übernehmer erhielte also Einfluss auf die Satzungsgestaltung. Den Gesellschaftern stände es nicht mehr frei, über die Kapitalverfassung und damit über die Satzung jederzeit beliebig zu befinden. In Anbetracht dessen liegt es nahe, im Einklang mit der herrschenden Meinung anzunehmen, ein Erfüllungsanspruch auf Verschaffung der Mitgliedschaft und damit auf Durchführung einer Kapitalerhöhung sei mit dem Grundsatz der Satzungsautonomie unvereinbar.

Doch gilt es zu beachten, dass der Grundsatz der Satzungsautonomie Ansprüche Dritter gegen die Gesellschaft auf Satzungsänderung nicht ausnahmslos ausschließt.[120] So ist allgemein anerkannt, dass die Gesellschafter den Geschäftsführer mit satzungsändernder Mehrheit dazu ermächtigen können, die Gesellschaft zu einer genau bestimmten Satzungsänderung für einen konkreten Einzelfall zu verpflichten.[121] Unter Wahrung dieser Voraussetzungen ist

---

116 *Flume*, AT I 2, S. 190, 193; *Eimer*, Zeichnungsverträge und Zeichnungsvorverträge, S. 128; vgl. *K. Schmidt*, Gesellschaftsrecht, S. 84; *Schockenhoff*, AcP 193 (1993), 35 (38); vgl. zum Personengesellschaftsrecht *Flume*, AT I 1, S. 189 ff.

117 *K. Schmidt*, Gesellschaftsrecht, S. 84.

118 *Priester*, FS Werner, 1984, 657 (658); *Wiedemann*, FS Schilling, 1973, 105 (111); *Schockenhoff*, AcP 193 (1993), 35 (39 f.); *Fleck*, ZGR 1988, 104 (109); *Steinbeck*, Vereinsautonomie und Dritteinfluss, S. 82 ff.; *Weber*, Privatautonomie und Außeneinfluß im Gesellschaftsrecht, S. 119 ff.; *Eimer*, Zeichnungsverträge und Zeichnungsvorverträge, S. 144.

119 *Schürnbrand*, FS Stilz, 2014, 569 (570 f.); vgl. *Fleck*, ZGR 1988, 104 (109 ff.); *Schockenhoff*, AcP 193 (1993), 35 (38 ff.).

120 *Schürnbrand*, FS Stilz, 2014, 569 (571).

121 *Altmeppen*, GmbHG, § 53 Rn. 39; *Arnold*, in: Bork/Schäfer, GmbHG, § 53 Rn. 24; *Bayer*, in: Lutter/Hommelhoff, GmbHG, § 53 Rn. 40; *Harbarth*, in: MüKoGmbHG, § 53 Rn. 136; Hoffmann, in: MHLS, GmbHG, § 53 Rn. 49; *Priester/Tebben*, in. Scholz,

sichergestellt, dass die Entscheidung über die Satzungsänderung letztlich bei den Gesellschaftern verbleibt.[122] Sie nehmen die Entscheidung über die Änderung der Satzung durch den Beschluss zur Bevollmächtigung lediglich vorweg.[123] Eine aufgrund der Verpflichtung erfolgende Satzungsänderung ist nicht das Ergebnis eines außerhalb der Gesellschaft stattfindenden Entscheidungsprozesses, sondern das Spiegelbild des im Ermächtigungsbeschluss zu Tage getretenen Willens der Gesellschafter.[124]

Mithin kann unter Wahrung der Satzungsautonomie durchaus eine einklagbare Rechtspflicht der Gesellschaft zu einer Satzungsänderung im Allgemeinen und einer Kapitalerhöhung im Speziellen begründet werden.[125]

Dementsprechend kann ein Übernahmevertrag, ohne dass dem der Grundsatz der Satzungsautonomie entgegenstünde, einen Erfüllungsanspruch auf Verschaffung der Mitgliedschaft zum Inhalt haben, soweit bei Abschluss des Übernahmevertrages die Anforderungen an eine Verpflichtung zu einer Satzungsänderung berücksichtigt werden.[126]

Die Gesellschafter haben also dem Abschluss eines entsprechenden Vertrages mit satzungsändernder Mehrheit zuzustimmen. Zudem muss sich die Verpflichtung auf die Durchführung einer inhaltlich genau bestimmten Kapitalerhöhung beschränken. Letztere Voraussetzung ist zwangsläufig erfüllt, da ein Übernahmevertrag stets die Bezifferung des Nennbetrages des übernommenen Geschäftsanteils enthalten muss, sodass der Umfang der durchzuführenden Kapitalerhöhung exakt bestimmt wird.[127]

Handeln bei Abschluss des Übernahmevertrages die Gesellschafter nicht selbst, sondern ermächtigen sie andere Personen, wie etwa die Geschäftsführer, zur Abgabe der Vertragserklärung für die GmbH, so sind die gleichen Anforderungen an die Ermächtigung zu stellen. Derartige Ermächtigungen

---

GmbHG, § 53 Rn. 35; *Ulmer/Casper*, in: UHL, GmbHG, § 53 Rn. 42; *Fleck*, ZGR 1988, 104 (113).

122 *Harbarth*, in: MüKoGmbHG, § 53 Rn. 136; *Hoffmann*, in: MHLS, GmbHG, § 53 Rn. 49.

123 Vgl. *Altmeppen*, GmbHG, § 53 Rn. 39; *Harbarth*, in: MüKoGmbHG, § 53 Rn. 136; *Fleck*, ZGR 1988, 104 (113).

124 *Eimer*, Zeichnungsverträge und Zeichnungsvorverträge, S. 154 f.

125 *Schürnbrand*, FS Stilz, 2014, 569 (571); *Eimer*, Zeichnungsverträge und Zeichnungsvorverträge, S. 118 ff.

126 Gleichsinnig *Hellwig*, FS Rowedder, 1994, 141 (149); *Schürnbrand*, FS Stilz, 2014, 569 (570 f.); *Eimer*, Zeichnungsverträge und Zeichnungsvorverträge, S. 152 ff.

127 Vgl. *Eimer*, Zeichnungsverträge und Zeichnungsvorverträge, S. 154.

der Geschäftsführer stellen den Regelfall dar und sind meistens konkludent im Zulassungsbeschluss enthalten, sofern die Gesellschafter sich nicht ausdrücklich die Abgabe der Vertragserklärung vorbehalten haben.[128] Da über die Zulassung regelmäßig gemeinsam mit dem ohnehin zwingend mit satzungsändernder Mehrheit zu fassenden Kapitalerhöhungsbeschluss entschieden wird,[129] sind die Anforderungen an eine wirksame Ermächtigung zum Abschluss von Übernahmeverträgen, welche einen Erfüllungsanspruch auf Verschaffung der Mitgliedschaft beinhalten, für gewöhnlich erfüllt.

### 2. *Entstehung des Geschäftsanteils kraft Gesetzes*

Auch das Argument der herrschenden Meinung, einem Erfüllungsanspruch stünde entgegen, dass die Gesellschaft die Mitgliedschaft nicht liefern könne, da diese kraft Gesetzes mit der Eintragung nach §§ 54 Abs. 3, 57 GmbHG entstehe, kann nicht überzeugen.[130]

Dies zeigt ein Blick auf Parallelfälle, in denen eine Rechtsänderung ebenfalls der Eintragung in ein öffentliches Register bedarf.[131] So setzt etwa die Übereignung eines Grundstückes die abschließende Eintragung der Rechtsänderung in ein öffentliches Register voraus (vgl. § 873 Abs. 1 BGB). Dennoch ist aufgrund dessen niemals angezweifelt worden, dass nach Abschluss eines Grundstückkaufvertrages der Käufer einen Anspruch auf Übereignung des Grundstückes hat.[132]

### 3. *Auslegung des Vertragsinhalts*

Die vorstehenden Ausführungen lassen erkennen, dass ein Übernahmevertrag einen Erfüllungsanspruch des Übernehmers auf Verschaffung der Mitgliedschaft beinhalten *kann*. Ob Inhalt eines Übernahmevertrages tatsächlich ein entsprechender Anspruch *ist*, muss im Wege der Vertragsauslegung ermittelt werden.[133]

---

128 BGHZ 49, 117 (120) = NJW 1968, 398; *Hermanns*, in: MHLS, GmbHG, § 55 Rn. 86; *Lieder*, in: MüKoGmbHG, § 55 Rn. 137; *Schnorbus*, in: Rowedder/Schmidt-Leithoff, GmbHG, § 55 Rn. 53; *Ulmer/Casper*, in: UHL, GmbHG, § 55 Rn. 84.

129 *Lieder*, in: MüKoGmbHG, § 55 Rn. 105.

130 Eing. *Eimer*, Zeichnungsverträge und Zeichnungsvorverträge, S. 116 f.

131 *Eimer*, Zeichnungsverträge und Zeichnungsvorverträge, S. 116 f.; so auch *von Falkenhausen/Bruckner*, AG 2009, 732 (737); zustimmend *Schürnbrand*, FS Stilz, 2014, 569 (571); *Hunecke*, Der Zeichnungsvertrag, S. 181.

132 Vgl. *Schürnbrand*, FS Stilz, 2014, 569 (571); *von Falkenhausen/Bruckner*, AG 2009, 732 (737); *Eimer*, Zeichnungsverträge und Zeichnungsvorverträge, S. 116 f.; *Hunecke*, Der Zeichnungsvertrag, S. 181.

133 *Schürnbrand*, FS Stilz, 2014, 569 (571); *Hunecke*, Der Zeichnungsvertrag, S. 181.

Teilweise wird eine Verschaffungspflicht der Gesellschaft im Grundsatz mit der Begründung verneint, der Gesellschaft fehle in aller Regel ein entsprechender Verpflichtungswille.[134] Die weitere Umsetzung der Kapitalmaßnahme sei – für den Übernehmer erkennbar – aus Sicht der Gesellschaft mit erheblichen Unwägbarkeiten verbunden, die eine flexible Reaktion und gegebenenfalls sogar den Abbruch des Vorhabens erfordern.[135] Dem ist zu widersprechen.

Gewiss besteht das Risiko, dass die Durchführung der Kapitalerhöhung aus unterschiedlichen Gründen nach dem Abschluss von Übernahmeverträgen noch scheitert. Allerdings handelt es sich dabei um Risiken, die für die Gesellschaft nicht unvorhersehbar, sondern steuerbar sind:

So besteht zum einen die Gefahr, dass vor Abschluss des Übernahmevertrages eine Kapitalerhöhung um einen bestimmten Betrag beschlossen wurde, die Summe der übernommenen Stammeinlagebeträge den festgesetzten Betrag aber nicht erreicht (sog. „Unterzeichnung").[136] In diesem Fall ist die Kapitalerhöhung gescheitert und darf nicht eingetragen werden.[137] Ferner ist vorstellbar, dass der Erhöhungsbetrag zwar vollständig gezeichnet worden ist, ein oder mehrere Übernehmer die zu leistende Einlage aber nicht erbringen. Auch dann darf die Erhöhung des Stammkapitals nicht zur Eintragung in das Handelsregister angemeldet werden (vgl. § 57 Abs. 2 S. 1 GmbHG).

In beiden Fällen hat die Gesellschaft zwar keinen uneingeschränkten Einfluss auf die Umsetzung der Kapitalerhöhung. Allerdings kann sie das Risiko des Scheiterns der Kapitalerhöhung auf ein verschwindend geringes Maß reduzieren, indem sie zuverlässige Übernehmer auswählt und sich im Voraus vergewissert, dass die neuen Geschäftsanteile vollständig übernommen werden. Die Vorstellung, die Durchführung der Kapitalerhöhung sei für die Gesellschaft mit unvorhersehbaren Risiken verbunden, ist daher verfehlt. Es kann aus diesem Grund nicht davon ausgegangen werden, dass eine beiderseits interessengerechte Auslegung des Inhalts des Übernahmevertrages im Grundsatz ergebe,

---

134 So *Schürnbrand*, FS Stilz, 2014, 569 (571); *Mohren*, Leistungsstörungen beim Erbringen von Sacheinlagen in Gesellschaften mit beschränkter Haftung, S. 44.

135 *Schürnbrand*, FS Stilz, 2014, 569 (571).

136 Vgl. zur Unterzeichnung *Altmeppen*, GmbHG, § 55 Rn. 39; *Bayer*, in: Lutter/Hommelhoff, GmbHG, § 55 Rn. 42; *Hermanns*, in: MHLS, GmbHG, § 57 Rn. 5; *Lieder*, in: MüKoGmbHG, § 57 Rn. 3; *Priester/Tebben*, in: Scholz, GmbHG, § 55 Rn. 51 a.E.; *Ziemons*, in: BeckOK GmbHG, § 57 Rn. 8; *Saß*, RNotZ 2016, 213 (214).

137 Statt aller *Servatius*, in: Baumbach/Hueck, GmbHG, § 55 Rn. 10; *Ziemons*, in: BeckOK-GmbHG, § 55 Rn. 127; *Saß*, RNotZ 2016, 213 (214) jew. m.w.N.

ein Anspruch des Übernehmers auf Erwerb der Mitgliedschaft stehe unter dem Vorbehalt der Durchführung der Kapitalerhöhung.[138]

Vielmehr sprechen Interessenlage und Erwartungshaltung von Übernehmer und Gesellschafter für die Vereinbarung einer vorbehaltlosen, erfolgsbezogenen Verpflichtung.[139] Durch Abschluss des Übernahmevertrages verpflichtet sich der Übernehmer zur Leistung der Einlage. Diese erbringt er als Gegenleistung für die Verschaffung der Mitgliedschaft und nicht lediglich für den Versuch der Gesellschaft, das Kapital zu erhöhen.[140] Ohne entgegenstehende Anhaltspunkte im Übernahmevertrag ist daher anzunehmen, dass sich die Gesellschaft durch Abschluss eines Übernahmevertrages gegenüber dem Übernehmer verpflichtet, die beschlossene Kapitalerhöhung auch durchzuführen.

Ein Übernahmevertrag, zu dessen Abschluss eine Optionsanleihe berechtigt, hat jedenfalls einen Erfüllungsanspruch auf Verschaffung der Mitgliedschaft zum Inhalt. Schließlich soll der Inhaber der Optionsanleihe ein Recht zum Erwerb von Geschäftsanteilen erhalten. Würde die Optionsanleihe lediglich zum Abschluss eines Übernahmevertrages berechtigten, der keine vorbehaltlose, erfolgsbezogene Verpflichtung zur Verschaffung der Geschäftsanteile beinhaltet – der Erwerb der Mitgliedschaft also unter dem Vorbehalt der Durchführung einer Kapitalerhöhung steht –, liefe der Optionsberechtigte Gefahr, dass die Gesellschaft nach Ausübung des Optionsrechts trotz Zustandekommen eines Übernahmevertrages die Durchführung einer Kapitalerhöhung unterlassen würde. Der Erwerb der Geschäftsanteile würde scheitern. Zum Erwerb derartiger Optionsanleihen wäre wohl kaum jemand bereit.

---

138 So aber *Schürnbrand*, FS Stilz, 2014, 569 (571).

139 *Eimer*, Zeichnungsverträge und Zeichnungsvorverträge, S. 115; *Stöber*, BB 2015, 3088 (3091) m. krit. Anm. zu BGH NJW 2015, 3786.

140 *Eimer*, Zeichnungsverträge und Zeichnungsvorverträge, S. 115; treffend auch *Stöber*, BB 2015, 3088 (3091): „Die Gesellschaft verspricht die Verschaffung der Mitgliedschaft um der Erlangung der Einlage willen; und der Übernehmer verpflichtet sich im Gegenzug zur Erbringung der Einlage, um die Gesellschafterstellung zu erlangen"; Dieses Ergebnis wird dadurch bestätigt, dass üblicherweise in Übernahmeverträgen eine Klausel enthalten ist, wonach die Gesellschaft zur Durchführung der Kapitalerhöhung verpflichtet ist, vgl. etwa Abschnitt II 10 des Übernahmevertrages in dem vom BGH am 3.11.2015 (II ZR 13/14 = BGH NJW 2015, 3786) entschiedenen Fall.

### III. *Rechtsgeschäftliche Verpflichtung zum Abschluss eines Übernahmevertrages*

Auf Grundlage dieses Ergebnisses ist der Ausgangsfrage nachzugehen, unter welchen Voraussetzungen sich eine GmbH vertraglich zum Abschluss eines Übernahmevertrages verpflichten kann.

#### 1. *Vertretung der Gesellschaft*

Die Gesellschaft wird bei Abschluss eines Übernahmevertrages aufgrund dessen auch körperschaftlichen Charakters durch die Gesellschafter vertreten.[141] Fraglich ist jedoch, durch welches Gesellschaftsorgan die GmbH bei der Eingehung einer schuldrechtlichen Verpflichtung zum Abschluss eines Übernahmevertrages vertreten wird. Denn für den Abschluss schuldrechtlicher Verträge mit Dritten sind zwar grundsätzlich nur die Geschäftsführer vertretungsbefugt,[142] doch können die Geschäftsführer trotz ihrer im Außenverhältnis unbeschränkbaren organschaftlichen Vertretungsmacht die GmbH nicht zur Vornahme von Rechtsgeschäften verpflichten, die intern im Kompetenzbereich der Gesellschafter liegen.[143] Der von § 37 Abs. 2 GmbHG bezweckte Vertrauensschutz greift insofern nicht ein.[144]

Die Problematik lässt sich allein dadurch überwinden, dass die Gesellschafter die Geschäftsführer zur Eingehung der schuldrechtlichen Verpflichtung ermächtigen und ihnen damit eine von ihrer organschaftlichen Vertretungsmacht nicht gedeckte Vertretungsbefugnis verleihen.[145] Mithin handelt es sich bei einer

141 S. zu Nachweisen Fn. 104.

142 Zu schuldrechtlichen Verpflichtungen im Entscheidungsbereich der Gesellschafter *Fleck*, ZGR 1988, 104 (113); ferner *Ulmer*, FS Werner, 1984, 911 (928); vgl. zur fehlenden organschaftlichen Vertretungsmacht der Gesellschafter *Altmeppen*, GmbHG, § 35 Rn. 8; *Kleindiek*, in: Lutter/Hommelhoff, GmbHG, § 35 Rn. 20: „Gesellschafter [können] den Geschäftsführer nicht aus seiner organschaftlichen Vertretungsmacht entsetzen und selbst die Gesellschaft vertreten".

143 Vgl. RGZ 162, 370 (374); *Harbarth*, in: MüKoGmbHG, § 53 Rn. 136; *Oetker*, in: Henssler/Strohn, GmbHG, § 35 Rn. 53; *Ulmer/Casper*, in: UHL, GmbHG, § 53 Rn. 42; *U. H. Schneider/S. H. Schneider*, in: Scholz, GmbHG, § 35 Rn. 45 ff.; vgl. ferner OLG Zweibrücken, NZG 2001, 763; *Bayer*, in: Lutter/Hommelhoff, GmbHG, § 53 Rn. 40; *Priester/Tebben*, in: Scholz, GmbHG, § 55 Rn. 118; *Fleck*, ZGR 1988, 104 (117).

144 *Harbarth*, in: MüKoGmbHG, § 53 Rn. 136.

145 *Fleck*, ZGR 1988, 104 (113 f.).

schuldrechtlichen Verpflichtung zum Abschluss eines Übernahmevertrages um ein sog. mitwirkungsbedürftiges Vertretungsgeschäft.[146]

An die Bevollmächtigung der Geschäftsführer sind die gleichen Anforderungen zu stellen wie an die auf den Abschluss eines entsprechenden Übernahmevertrages gerichtete Erklärung der Gesellschaft. Andernfalls würden diese unterlaufen.

Da die Geschäftsführer zum Abschluss eines Übernahmevertrages ermächtigt werden, der einen Erfüllungsanspruch auf Verschaffung der Mitgliedschaft zum Inhalt hat, bedarf der Beschluss zur Bevollmächtigung der satzungsändernden Mehrheit. Zudem können die Gesellschafter die Geschäftsführer nur zum Abschluss eines inhaltlich genau bestimmten Übernahmevertrages ermächtigen. Den Geschäftsführern darf kein Entscheidungsspielraum bezüglich des Inhalts des Übernahmevertrages, zu dessen Abschluss er die Gesellschaft verpflichtet, zukommen. Letzteres ergibt sich aus der Überlegung, dass der Inhalt des Übernahmevertrages den Umfang und die Einzelheiten der zur Erfüllung des Anspruchs des Übernehmers auf Verschaffung der Geschäftsanteile durchzuführenden Kapitalerhöhung bestimmt. Ein signifikantes Entscheidungsermessen der Geschäftsführer bezüglich des Inhalts des abzuschließenden Übernahmevertrages würde zu einer Aushöhlung der Satzungsänderungskompetenz der Gesellschafter führen und stünde in unvereinbarem Widerspruch zum Grundsatz der Satzungsautonomie.

### 2. *Gesetzliche Beschränkungen des Zusicherns rechtsgeschäftlicher Bezugsrechte*

Spezielle Regelungen zu schuldrechtlichen Verpflichtungen der Gesellschaft zum Abschluss von Übernahmeverträgen enthält das GmbHG nicht. Anders das Aktiengesetz: § 187 Abs. 2 AktG versagt jeglichen Zusicherungen von Rechten auf den Bezug neuer Aktien die Wirksamkeit gegenüber der AG, sofern sie vor dem Kapitalerhöhungsbeschluss getroffen werden. Zu einem späteren Zeitpunkt sind entsprechende Zusicherungen gemäß § 187 Abs. 1 AktG nur unter dem Vorbehalt des gesetzlichen Bezugsrechts der Aktionäre möglich. Unter den Begriff der Zusicherung fallen insbesondere schuldrechtliche Verpflichtungen

146 Eing. zum mitwirkungsbedürftigen Vertretungsgeschäft *Kleindiek*, in: Lutter/Hommelhoff, GmbHG, § 35 Rn. 20 f.; *U. H. Schneider/S. H. Schneider*, in: Scholz, GmbHG, § 35 Rn. 45 ff.

der AG zum Abschluss von Zeichnungsverträgen.[147] Dies wirft die Frage auf, ob die von § 187 AktG statuierten Beschränkungen in entsprechender Anwendung auch im GmbH-Recht Geltung beanspruchen müssen.

#### *a) Analoge Anwendung des § 187 Abs. 2 AktG*

##### *aa) Rechtslage im Aktienrecht*

§ 187 Abs. 2 AktG erklärt Zusicherungen von Rechten auf den Bezug neuer Aktien vor dem Beschluss über die Erhöhung des Grundkapitals der Gesellschaft gegenüber für unwirksam. Zweck der Bestimmung ist es, die Entscheidungsfreiheit der Hauptversammlung über die Durchführung einer Kapitalerhöhung zu schützen.[148]

Eigenständige Bedeutung kommt der Regelung jedoch nur zu, wenn man im Einklang mit der herrschenden Meinung annimmt, der Vorstand könne kraft seiner organschaftlichen Vertretungsmacht im Namen der AG Zeichnungsverträge, die jedoch keinen Erfüllungsanspruch auf Verschaffung der Mitgliedschaft zum Inhalt haben, schließen und somit die AG auch zum Abschluss entsprechender Zeichnungsverträge verpflichten.[149] Unter dieser Prämisse bedarf es § 187 Abs. 2 AktG, um zu verhindern, dass der Vorstand die Hauptversammlung durch den Abschluss von Zeichnungs(vor)verträgen zur Durchführung einer Kapitalerhöhung drängen kann. Zwar verpflichten die vom Vorstand geschlossenen Zeichnungs(vor)verträge die AG nicht zur Durchführung einer Kapitalerhöhung. Doch sollen nach herrschender Meinung Ansprüche des Zeichners gegen die Gesellschaft auf Ersatz des Vertrauensschadens in Betracht kommen, sollte die Kapitalerhöhung nach dem Abschluss von Zeichnungsverträgen aus von der Gesellschaft zu vertretenden Gründen scheitern.[150] Angesichts dessen

---

147 *Ekkenga*, in: KölnerKomm, AktG, § 187 Rn. 9; *Koch*, in: Hüffer/Koch, AktG, § 187 Rn. 2; *Lieder*, in: Bürgers/Körber/Lieder, AktG, § 187 Rn. 3; *Wiedemann*, in: Groß-KommAktG, § 187 Rn. 5; *Rieder/Holzmann*, in: Grigoleit, AktG, § 187 Rn. 3.

148 *Koch*, in: Hüffer/Koch, AktG, § 187 Rn. 5; *Lieder*, in: Bürgers/Körber/Lieder, AktG, § 187 Rn. 1; *Rieder/Holzmann*, in: Grigoleit, AktG, § 187 Rn. 6; *Schürnbrand/Verse*, in: MüKoAktG, § 187 Rn. 2; *Servatius*, in: BeckOGK-AktG, § 187 Rn. 11.

149 So *Koch*, in: Hüffer/Koch, AktG, § 185 Rn. 23; *Schürnbrand/Verse*, in: MüKoAktG, § 185 Rn. 40; *Servatius*, in: BeckOGK, AktG, § 185 Rn. 11; für Zuständigkeit des Vorstands kraft Ermächtigung durch den Kapitalerhöhungsbeschluss der Hauptversammlung *Ekkenga*, in: KölnerKomm, AktG, § 185 Rn. 86; *Eimer*, Zeichnungsverträge und Zeichnungsvorverträge, S. 38 f.; *Hunecke*, Der Zeichnungsvertrag, S. 108.

150 *Ekkenga*, in: KölnerKomm, AktG, § 185 Rn. 130; *Koch*, in: Hüffer/Koch, AktG, § 185 Rn. 30; *Schürnbrand/Verse*, in: MüKoAktG, § 185 Rn. 47.

bestehe für die Gesellschaft immerhin ein wirtschaftlicher Zwang, die Kapitalerhöhung durchzuführen.[151]

Um zu verhindern, dass der Vorstand auf diese Weise Einfluss auf die Entscheidung der Hauptversammlung über die Durchführung einer Kapitalerhöhung gewinne, seien vor dem Kapitalerhöhungsbeschluss zugesicherte Rechte auf den Bezug neuer Aktien gemäß § 187 Abs. 2 AktG schwebend unwirksam.[152] Die Unwirksamkeit entfalle, wenn die Hauptversammlung aus freien Stücken einen Erhöhungsbeschluss fasse, der die Bedienung der Zusicherung ermögliche.[153]

Allerdings ist umstritten, ob der Vorstand Zeichnungs(vor)verträgen aufgrund seiner organschaftlichen Vertretungsmacht schließen kann. Ein Teil der Literatur spricht sich dafür aus, dass der Vorstand die AG beim Abschluss von Zeichnungs(vor)verträgen, auch wenn diese die AG nicht zur Durchführung einer Kapitalerhöhung verpflichten, nur kraft Ermächtigung durch den Kapitalerhöhungsbeschluss der Hauptversammlung vertreten könne.[154] Unter diesen Umständen hätte § 187 Abs. 2 AktG lediglich klarstellende Bedeutung. Würde der Vorstand vor einem Kapitalerhöhungsbeschluss Zeichnungs(vor)verträge

---

151 *Schürnbrand/Verse*, in: MüKoAktG, § 187 Rn. 13; vgl. *Apfelbacher/Niggemann*, in: Hölters, AktG, § 187 Rn. 8; *Rieder/Holzmann*, in: Grigoleit, AktG, § 187 Rn. 6.

152 *Schürnbrand*, FS Stilz, 2014, 569 (573); *Ekkenga*, in: KölnerKomm, AktG, § 187 Rn. 21; *Koch*, in: Hüffer/Koch, AktG, § 187 Rn. 5; *Schürnbrand/Verse*, in: MüKoAktG, § 187 Rn. 13; *Veil*, in: K. Schmidt/Lutter, AktG, § 187 Rn. 9. Indes ist str., ob die Zusicherung schwebend oder endgültig unwirksam ist: für endgültige Unwirksamkeit *Servatius*, in: BeckOGK-AktG, § 187 Rn. 12; *Wiedemann*, in: GroßKommAktG, § 187 Rn. 10. Überzeugen kann diese Auffassung indes nicht. Um den Normzweck vollends zu erfüllen, genügt schwebende Unwirksamkeit. Im Gegensatz zur endgültigen Unwirksamkeit beschränkt schwebende Unwirksamkeit den Eingriff in die Vertragsfreiheit auf das zur Sicherung der Kompetenzordnung erforderliche Maß, eing. *Schürnbrand*, FS Stilz, 2014, 569 (573).

153 Vgl. *Koch*, in: Hüffer/Koch, AktG, § 187 Rn. 3 ff.; *Ekkenga*, in: KölnerKomm, AktG, § 187 Rn. 4 fordert daher mit Recht, die Norm müsse korrekt formuliert lauten: „Rechte auf den Bezug neuer Aktien können nur unter dem Vorbehalt des Bezugsrechts der Aktionäre zugesichert werden. Eine solche Zusicherung kann auch vor dem Beschluss über die Kapitalerhöhung gegeben werden; eine Verpflichtung der Gesellschaft entsteht daraus jedoch nur, wenn diese ihr Kapital erhöht, das Bezugsrecht der Altaktionäre wirksam ausgeschlossen wird und die Hauptversammlung den Erhöhungsbetrag nicht anderen Dritten zur Zeichnung zuweist."

154 *Eimer*, Zeichnungsverträge und Zeichnungsvorverträge; S. 38 f.; *Hunecke*, Der Zeichnungsvertrag, S. 108; wohl auch *Ekkenga*, in: KölnerKomm, AktG, § 185 Rn. 86.

abschließen, würde er als *falsus procurator* handeln. Die Verträge wären gemäß § 177 Abs. 1 BGB schwebend unwirksam. Die Unwirksamkeit würde entfallen, sobald die Hauptversammlung einen Kapitalerhöhungsbeschluss fasst, durch welchen zumindest konkludent die Zeichnungs(vor)verträge genehmigt würden.

Nimmt man im Einklang mit der hier vertretenen Auffassung an, Übernahme- und auch Zeichnungsverträge begründeten grundsätzlich einen Erfüllungsanspruch auf Verschaffung der Mitgliedschaft, kann der Vorstand weder diese noch Vorverträge, welche die Gesellschaft zum Abschluss von Zeichnungsverträgen verpflichten, kraft seiner organschaftlichen Vertretungsmacht schließen. Die AG kann nur wirksam verpflichtet werden, wenn die Hauptversammlung den Vorstand zum Abschluss entsprechender Zeichnungs(vor)verträge ermächtigt hat. Eine derartige Ermächtigung liegt in aller Regel im Kapitalerhöhungsbeschluss.[155] Insoweit hat § 187 Abs. 2 AktG – wie vorstehend erörtert – allein klarstellende Bedeutung.

Eigenständige Bedeutung käme § 187 Abs. 2 AktG zwar grundsätzlich zu, wenn die Hauptversammlung den Vorstand ausnahmsweise bereits vor dem Kapitalerhöhungsbeschluss zum Abschluss von Zeichnungs(vor)verträgen ermächtigt und der Vorstand sodann im Namen der AG entsprechende Verträge schließt. Doch ist § 187 Abs. 2 AktG genau in diesem Fall angesichts des Schutzzwecks der Norm teleologisch zu reduzieren und auf dieser methodischen Basis nicht anzuwenden. Schließlich bedarf die Entscheidungsfreiheit der Hauptversammlung in Bezug auf die Durchführung einer Kapitalerhöhung keines weiteren Schutzes, sofern die Hauptversammlung in voller Freiheit mit satzungsändernder Mehrheit der Ermächtigung des Vorstands zum Abschluss von Zeichnungs(vor)verträgen, welche die AG zur Durchführung einer Kapitalerhöhung verpflichten, zugestimmt hat.[156] Sie nimmt ihre Entscheidung, das Kapital zu erhöhen, durch die Ermächtigung des Vorstands gewissermaßen vorweg.

Als Zwischenergebnis ist somit zu konstatieren, dass § 187 Abs. 2 AktG jedenfalls bei Zeichnungsverträgen, die einen Erfüllungsanspruch auf Verschaffung der Mitgliedschaft zum Inhalt haben, keine eigenständige Bedeutung zukommt. Das durch § 187 Abs. 2 AktG bewirkte Ergebnis, die Entscheidungsfreiheit der Hauptversammlung über die Durchführung einer Kapitalerhöhung zu schützen,

---

155 Eing. S. 45 f.; ähnlich für die AG *Eimer*, Zeichnungsverträge und Zeichnungsvorverträge, S. 154.

156 Abw. *Ekkenga*, in: KölnerKomm, AktG, § 187 Rn. 22; *Koch*, in: Hüffer/Koch, AktG, § 187 Rn. 5; *Servatius*, in: BeckOGK-AktG, § 187 Rn. 14; *Lieder*, in: Bürgers/Körber/Lieder, AktG, § 187 Rn. 7: Zustimmung aller Aktionäre.

geht bereits aus den allgemeinen Grundsätzen über die Vertretung der Gesellschaft hervor.

*bb) Übertragbarkeit auf das GmbH-Recht*

In Anbetracht dessen besteht kein Bedürfnis, § 187 Abs. 2 AktG entsprechend auf Verpflichtungen der GmbH zum Abschluss eines Übernahmevertrages, welcher einen Erfüllungsanspruch auf Verschaffung der Mitgliedschaft zum Inhalt hat, anzuwenden. Es fehlt an einer Regelungslücke. Allein aufgrund der allgemeinen Grundsätze über die Vertretung der Gesellschaft ist die Entscheidungsfreiheit der Gesellschafterversammlung über die Durchführung einer Kapitalerhöhung vollumfänglich geschützt.

*b) Analoge Anwendung des § 187 Abs. 1 AktG*

*aa) Rechtslage im Aktienrecht*

Eine weitere Einschränkung der Möglichkeit, rechtsgeschäftliche Bezugsrechte auf junge Aktien zuzusagen, findet sich in § 187 Abs. 1 AktG. Dieser ordnet an, dass Rechte auf den Bezug junger Aktien nur unter dem Vorbehalt des gesetzlichen Bezugsrechts der Aktionäre zugesichert werden können.

Sinn und Zweck der Regelung ist es, das gesetzliche Bezugsrecht der Aktionäre zu schützen.[157] Könnten rechtsgeschäftliche Bezugsrechte vorbehaltlos zugesichert werden, hätten sowohl die Inhaber rechtsgeschäftlicher Bezugsrechte als auch die Altaktionäre kraft ihres gesetzlichen Bezugsrechts (§ 186 Abs. 1 AktG) nach einem Kapitalerhöhungsbeschluss einen Anspruch auf den Abschluss von Zeichnungsverträgen. Es würde zu miteinander unvereinbaren Zuteilungspflichten kommen.[158] Die Aktionäre wären vor die Wahl gestellt, auf ihr gesetzliches Bezugsrecht zu verzichten und damit eine Verwässerung ihrer Beteiligungsquote zu erleiden oder Schadensersatzpflichten der Gesellschaft wegen Nichterfüllung der rechtsgeschäftlichen Bezugszusage in Kauf zu nehmen.[159] Um dieses Dilemma zu verhindern, statuiert § 187 Abs. 1 AktG den Vorrang des gesetzlichen Bezugsrechts.

---

157 Statt aller *Koch*, in: Hüffer/Koch, AktG, § 187 Rn. 1; *Lieder*, in: Bürgers/Körber/Lieder, AktG, § 187 Rn. 1; *Schürnbrand/Verse*, in: MüKoAktG, § 187 Rn. 2; *Servatius*, in: BeckOGK-AktG, § 187 Rn. 1.

158 *Rieder/Holzmann*, in: Grigoleit, AktG, § 187 Rn. 4; *Schürnbrand/Verse*, in: MüKoAktG, § 187 Rn. 8.

159 Vgl. *Schürnbrand*, in: FS Stilz, 2014, 569 (573); *Koch*, in: Hüffer/Koch, AktG, § 187 Rn. 3; *Rieder/Holzmann*, in: Grigoleit, AktG, § 187 Rn. 4.

Wie der Vorrang des gesetzlichen Bezugsrechts zu gewährleisten ist, ist allerdings umstritten.[160] Mitunter wird unter Berufung auf den Wortlaut vertreten, eine rechtsgeschäftliche Zusicherung ohne erklärten Vorbehalt des gesetzlichen Bezugsrechts sei gemäß § 134 BGB nichtig.[161]

Dem kann jedoch nicht gefolgt werden. Schließlich wäre nach dieser Auffassung eine entsprechende Zusicherung selbst dann nichtig, wenn gar keine Beeinträchtigung gesetzlicher Bezugsrechte drohen würde.[162] Nehmen die Altaktionäre ihr gesetzliches Bezugsrecht nicht wahr, so gibt es keinen Grund, rechtsgeschäftlichen Bezugsrechten die Anerkennung zu verweigern, nur weil auf die Erklärung des Vorbehalts des gesetzlichen Bezugsrechts verzichtet worden ist.[163] Vielmehr widerspräche ein solches Ergebnis dem Interesse aller Beteiligten.

Daher nimmt die heute wohl herrschende Meinung zu Recht an, dass rechtsgeschäftliche Bezugsrechte kraft Gesetzes unter dem Vorbehalt des gesetzlichen Bezugsrechts stehen.[164] Das Fehlen einer ausdrücklichen Erklärung des Vorbehalts macht das rechtsgeschäftliche Bezugsrecht nicht nichtig. Dadurch wird im Gegensatz zur erstgenannten Auffassung ein übersteigerter Schutz vermieden, aber dennoch dem Schutzzweck des § 187 Abs. 1 AktG in vollem Umfang Rechnung getragen, da die AG stets vor Doppelverpflichtungen bewahrt wird.[165]

#### *bb) Übertragbarkeit auf das GmbH-Recht*

##### *(1) Planwidrige Regelungslücke*

Das GmbHG enthält keinerlei Vorschriften, die das Verhältnis zwischen rechtsgeschäftlichen und gesetzlichen Bezugsrechten regeln. Das überrascht nicht.

---

160 Vgl. *Schürnbrand/Verse*, in: MüKoAktG, § 187 Rn. 9.

161 *Wiedemann*, in: GroßkommAktG, § 187 Rn. 14; ähnlich *Servatius*, in: BeckOGK-AktG, § 187 Rn. 16.

162 Treffend *Jacobi*, in: Klausing/Nipperdey/Nussbaum, Beiträge zum Wirtschaftsrecht, Bd. 2, 1931, S. 970 (973): Schießen „mit Kanonen auf Spatzen"

163 *Schürnbrand*, FS Stilz, 2014, 569 (573); *Ekkenga*, in: KölnerKomm, AktG, § 187 Rn. 14; *Schürnbrand/Verse*, in: MüKoAktG, § 187 Rn. 9.

164 *Ekkenga*, in: KölnerKomm, AktG, § 187 Rn. 14; *Koch*, in: Hüffer/Koch, AktG, § 187 Rn. 4; *Lieder*, in: Bürgers/Körber/Lieder, AktG, § 187 Rn. 5; *Rieder/Holzmann*, in: Grigoleit, AktG, § 187 Rn. 5; *Schürnbrand/Verse*, in: MüKoAktG, § 187 Rn. 9; *Veil*, in: K. Schmidt/Lutter, AktG, § 187 Rn. 7; *Scholz*, in: MHdB-GesR IV, § 57 Rn. 158.

165 Vgl. *Schürnbrand*, FS Stilz, 2014, 569 (573); *Ekkenga*, in: KölnerKomm, AktG, § 187 Rn. 14; *Schürnbrand/Verse*, in: MüKoAktG, § 187 Rn. 9.

Während das Aktienrecht ausdrücklich ein gesetzliches Bezugsrecht der Aktionäre vorsieht (§ 186 AktG), fehlt es im GmbHG an einer entsprechenden Regelung. Von einer planwidrigen Regelungslücke kann daher nur ausgegangen werden, wenn auch den Gesellschaftern einer GmbH ein gesetzliches Bezugsrecht zusteht. Ob ein gesetzliches Bezugsrecht im GmbH-Recht Geltung beanspruchen kann, ist noch immer stark umstritten.

(a) Gesetzliches Bezugsrecht im GmbH-Recht

(aa) Meinungsstand

Nach früher nahezu einhellig und heute nach wie vor vertretener Auffassung ist ein gesetzliches Bezugsrecht der GmbH-Gesellschafter abzulehnen.[166] Schließlich fehle es im GmbHG an einer § 186 Abs. 1 AktG entsprechenden Vorschrift. Gemäß § 55 Abs. 2 S. 1 GmbHG sollen sowohl die bisherigen Gesellschafter als auch Dritte zur Übernahme der neuen Geschäftsanteile zugelassen werden können. Der Entscheidungsspielraum der Gesellschafter werde allerdings dadurch eingeschränkt, dass der Zulassungsbeschluss nicht gegen den Gleichbehandlungsgrundsatz, die Treuepflicht oder die guten Sitten verstoßen dürfe.[167]

Nach der heute überwiegend vertretenen Gegenauffassung steht den GmbH-Gesellschaftern analog § 186 AktG ein gesetzliches Bezugsrecht zu.[168] Ein

---

166 *Schnorbus*, in: Rowedder/Schmidt-Leithoff, GmbHG § 55 Rn. 35; *Ulmer/Casper*, in: UHL, GmbHG, § 55 Rn. 52 ff.; aus dem älteren Schrifttum: *Meyer-Landrut*, in: Meyer-Landrut/Miller/Niehus, 1987, GmbHG, § 55 Rn. 19; *Schilling*, in: Hachenburg, 6. Aufl., 1959, GmbHG, § 55 Anm. 5; *Gottschling*, GmbHR 1955, 217; *Schnorbus*, ZGR 2004, 126 (135 f.); *Hueck*, Der Grundsatz der gleichmäßigen Behandlung im Privatrecht, 1958, S. 345; *Immenga*, Die personalistische Kapitalgesellschaft, S. 227 f.; *Winter*, Mitgliedschaftliche Treuebindungen im GmbH-Recht, S. 267; tendenziell auch *Wegmann*, in: MHdB-GesR III, § 53 Rn. 17.

167 RGZ 122, 159 (165); OLG Stuttgart, JR 1955, 463 (464); *Gummert*, in: Henssler/Strohn, GmbHG, § 55 Rn. 16; *Ulmer/Casper*, in: UHL, GmbHG, § 55 Rn. 58 f.; *Schnorbus*, in: Rowedder/Schmidt-Leithoff, GmbHG, § 55 Rn. 36.

168 *Altmeppen*, GmbHG, § 55 Rn. 27; *Bayer*, in: Lutter/Hommelhoff, GmbHG, § 55 Rn. 19; *Bormann*, in: GBS, GmbHG, § 55 Rn. 17; *Hermanns*, in: MHLS, GmbHG, § 55 Rn. 39; *Lieder*, in: MüKoGmbHG, § 55 Rn. 70; *Priester/Tebben*, in: Scholz, GmbHG, § 55 Rn. 42; *Servatius*, in: Baumbach/Hueck, GmbHG, § 55 Rn. 20; *Wicke*, GmbHG, § 55 Rn. 11; *Ziemons*, in: BeckOK-GmbHG, § 55 Rn. 71; *Lutter*, AcP 180 (1980), 84 (123); *Priester*, DB 1980, 1925 ff.; *Ehlke*, GmbHR 1985, 284 (288); *Gaiser*, GmbHR 1999, 210 (211); *Heckschen*, DStR 2001, 1437 (1438 f.); *Rottnauer*, ZGR 2007, 401 (407 ff.); *Fleischer*, GmbHR 2008, 673 (680); *Munzig*, Das gesetzliche Bezugsrecht bei der GmbH, S. 259; *Heitsch*, Das Bezugsrecht der Gesellschafter der GmbH bei

Unterschied der Interessenlage zwischen AG und GmbH sei nicht erkennbar.[169] Der in § 186 AktG enthaltene Rechtsgedanke, den bisherigen Gesellschaftern die Möglichkeit der Beibehaltung ihrer Beteiligungsquote zu sichern, gelte vielmehr auch in der GmbH.[170] § 55 Abs. 2 GmbHG stehe einem entsprechenden Verständnis nicht entgegen, da lediglich klargestellt werde, dass das neue Kapital nicht in jedem Fall von den bisherigen Gesellschaftern übernommen werden müsse, sondern auch Dritte im Wege der Kapitalerhöhung der Gesellschaft beitreten können.[171] Ein Zulassungsbeschluss nach § 55 Abs. 2 GmbHG sei nur erforderlich, wenn das Bezugsrecht der bisherigen Gesellschafter ganz oder teilweise ausgeschlossen werde.[172]

(bb) Stellungnahme

In Übereinstimmung mit der mittlerweile herrschenden Meinung ist ein Bezugsrecht in analoger Anwendung des § 186 Abs. 1 AktG auch im GmbH-Recht anzuerkennen.

Die Schutzwürdigkeit des Interesses der einzelnen Gesellschafter, verhältniswahrend an der Ausgabe neuer Geschäftsanteile partizipieren zu können, ist unumstritten und allgemein anerkannt. Wird nach traditioneller Ansicht angenommen, diesem Interesse könne durch die für den Zulassungsbeschluss bestehenden Schranken – namentlich dem Gleichbehandlungsgrundsatz und der Treuepflicht – Rechnung getragen werden, sodass es an einer Regelungslücke im GmbH-Recht fehle, ist dem jedoch zu widersprechen.[173] Allein die aus dem Gleichbehandlungsgrundsatz und der Treuepflicht resultierenden Stimmrechtsschranken beim Zulassungsbeschluss geben den Gesellschaftern nicht

---

Kapitalerhöhungen, S. 170; *Norden*, Bezugsrecht und GmbH, S. 131; *K. Schmidt*, Gesellschaftsrecht, S. 1174 ff.

169 *Altmeppen*, GmbHG, § 55 Rn. 27; *Servatius*, in: Baumbach/Hueck, GmbHG, § 55 Rn. 20.

170 *Lutter*, AcP 180 (1980), 84 (Fn. 184).

171 *Priester/Tebben*, in: Scholz, GmbHG, § 55 Rn. 46; *Servatius*, in: Baumbach/Hueck, GmbHG, § 55 Rn. 20; *Priester*, DB 1980, 1925 (1928).

172 *Altmeppen*, GmbHG, § 55 Rn. 27; *Lieder*, in: MüKoGmbHG, § 55 Rn. 71; *Priester/Tebben*, in: Scholz, GmbHG, § 55 Rn. 41; *Servatius*, in: Baumbach/Hueck, GmbHG, § 55 Rn. 21; *Heitsch*, Das Bezugsrecht der Gesellschafter der GmbH bei Kapitalerhöhungen, S. 184 f.

173 So aber *Ulmer/Casper*, in: UHL, GmbHG, § 55 Rn. 52 ff.; *Schnorbus*, in: Rowedder/Schmidt-Leithoff, GmbHG, § 55 Rn. 35 f.

den Schutz, der einem gesetzlichen Bezugsrecht gleichwertig entspricht.[174] So ist der Gleichbehandlungsgrundsatz als Schranke wirkungslos, wenn nur Dritte zugelassen, alle bisherigen Gesellschafter also von der Kapitalerhöhung ausgeschlossen werden.[175] Zudem ist zweifelhaft, inwieweit die Treuepflicht und die guten Sitten geeignete Zulässigkeitskriterien darstellen, handelt es sich hierbei schließlich um grobe, dem Mehrheitswillen ein breites Feld belassende Beurteilungsmaßstäbe.[176] Überdies gilt zu beachten, dass ein Zulassungsbeschluss, der einen Gesellschafter unter Verstoß gegen die Treuepflicht von der Übernahme ausschließt, zwar anfechtbar ist. Jedoch trifft den klagenden Gesellschafter die Beweislast für das Vorliegen des Verstoßes.[177] Erkennt man hingegen ein gesetzliches Bezugsrecht der GmbH-Gesellschafter an, hätte die Gesellschaft bei einem Ausschluss des Bezugsrechts das Vorliegen der materiellen Voraussetzungen zu beweisen.[178] Aus diesen Gründen bleibt der von einem Zulassungsbeschluss nach § 55 Abs. 2 GmbHG vermittelte Schutz der Gesellschafter in mehrfacher Hinsicht hinter dem eines gesetzlichen Bezugsrechts zurück, sodass im GmbHG eine Lücke besteht.

Diese Lücke hat der Gesetzgeber nicht bewusst vorgesehen. Die Notwendigkeit eines gesetzlichen Bezugsrechts wurde – auch für das Aktienrecht – lange Zeit nicht erkannt.[179] Dem ADHGB war ein gesetzliches Bezugsrecht der Aktionäre noch fremd. Erst das im Jahre 1900 in Kraft getretene HGB verschaffte den Aktionären durch § 282 a.F. das Recht, bei einer Kapitalerhöhung im Verhältnis ihrer bisherigen Beteiligung junge Aktien zu beziehen. Als das GmbHG im Jahre

---

174 *Bayer*, in: Lutter/Hommelhoff, GmbHG, § 55 Rn. 19; *Servatius*, in: Baumbach/Hueck, GmbHG, § 55 Rn. 20; *Priester*, DB 1980, 1925 f.; abw. *Ulmer/Casper*, in: UHL, GmbHG, § 55 Rn. 53; *Lieder*, in: MüKoGmbHG, § 55 Rn. 72; *Fleischer*, GmbHR 2008, 673 (680): Unterschiede im Ergebnis gering.

175 *Priester*, DB 1980, 1925 f.; vgl. *Habersack*, ZIP 2004, 1121 (1122).

176 *Priester*, DB 1980, 1925.

177 *Schnorbus*, in: Rowedder/Schmidt-Leithoff GmbHG § 55 Rn. 39; wohl auch *Servatius*, in: Baumbach/Hueck GmbHG, § 55 Rn. 20.

178 *Hüffer*, FS Fleck, 1988, 151 (164); *Altmeppen*, GmbHG § 55 Rn. 42; *Bayer*, in: Lutter/Hommelhoff GmbHG, § 55 Rn. 27; *Lieder*, in: MüKoGmbHG, § 55 Rn. 102; *Servatius*, in: Baumbach/Hueck GmbHG, § 55 Rn. 27; *Timm*, ZGR 1987, 403 (412 f.); *Lutter*, ZGR 1979, 401 (413); *Bayer/Illhardt* GmbHR 2011, 751 (761); *Natterer*, Kapitalveränderung, S. 229 ff.; *Heitsch*, Das Bezugsrecht der Gesellschafter der GmbH bei Kapitalerhöhungen, S. 140 ff., 152; a.A. BGH WM 2018, 1550 (Rn. 45 ff.): Beweislast bei dem betroffenen Gesellschafter.

179 *Lieder*, in: MüKoGmbHG, § 55 Rn. 70; *Priester*, DB 1980, 1925 (1926); *Natterer*, Kapitalveränderung, S. 68 ff.; *Norden*, Bezugsrecht und GmbH, S. 129.

1892 erlassen wurde, war man sich also über das Erfordernis eines gesetzlichen Bezugsrechts noch gar nicht bewusst.[180]

Dass auch in der Folgezeit das gesetzliche Bezugsrecht keine Aufnahme in das GmbHG gefunden hat, ist der Geschichte der GmbH-Reformen geschuldet.[181] Sowohl der Reformentwurf des Reichsjustizministeriums 1939[182] als auch derjenige der Bundesregierung 1971/1973[183] sahen ein gesetzliches Bezugsrecht der Gesellschafter vor. Allein da die GmbH-Rechts-Reform 1939 „wegen der Kriegszustände"[184] nicht fortgeführt wurde und die Reform 1971/1973 aus politstrategischen Gründen scheiterte, kam es nicht zu einer Einführung des gesetzlichen Bezugsrechts in das GmbHG.[185] Die folgenden Gesetzesreformen – die GmbH-Novelle 1980 und das MoMiG 2008 – verzichteten zwar auf eine Normierung eines gesetzlichen Bezugsrechts im GmbHG. Dies ist jedoch auf die Ziele der Reformen zurückzuführen.[186] Die GmbH-Novelle 1980 hat sich bewusst auf wenige, besonders im Gläubigerinteresse dringende Änderungen beschränkt.[187] Das MoMiG sollte vornehmlich der Modernisierung, Vereinfachung und Missbrauchsbekämpfung dienen und hatte die Regelung des § 55 GmbHG nicht unmittelbar zum Gegenstand. Zwar kam es zu einer Änderung des § 55 Abs. 2 GmbHG. Diese bestand jedoch lediglich in der Anpassung an die Terminologie des GmbHG nach dem MoMiG – der Begriff „Stammeinlage" wurde durch „Geschäftsanteil" ersetzt.[188] Eine inhaltliche Auseinandersetzung des Gesetzgebers mit der Norm erfolgte nicht. Ein bewusster Verzicht des Gesetzgebers

---

180 *Altmeppen*, GmbHG, § 55 Rn. 16; *Lieder*, in: MüKoGmbHG, § 55 Rn. 70; *Priester/Tebben*, in: Scholz GmbHG, § 55 Rn. 47; *Priester*, DB 1980, 1925 (1928).

181 Vgl. *Priester*, DB 1980, 1925 (1928); *Norden*, Bezugsrecht und GmbH, S. 130 f.

182 Vgl. § 103 Abs. 1 GmbH-E 1939: „Jedem Gesellschafter ist auf sein Verlangen ein seinem Stammanteil entsprechender Anteil am neuen Stammkapital zuzuteilen." abgedruckt bei: *Schubert*, Entwurf des Reichsjustizministeriums zu einem Gesetz über die Gesellschaften mit beschränkter Haftung von 1939, 1985, S. 123 f.; vgl. ferner *Priester/Tebben*, in: Scholz GmbHG, § 55 Rn. 47.

183 RegE BT-Drucks. 7/253, S. 47; vgl. hierzu *Fleischer*, GmbHR 2008, 673 (680).

184 *Schubert*, Entwurf des Reichsjustizministeriums zu einem Gesetz über Gesellschaften mit beschränkter Haftung von 1939, S. 90.

185 Vgl. zur Geschichte der Reformvorschläge *Fleischer*, in: MüKoGmbHG, Einleitung Rn. 94 ff., 99 ff.; s. ferner Fn. 379.

186 Vgl. *Ulmer/Casper*, in: UHL, GmbHG, § 55 Rn. 52; *Priester*, DB 1980, 1925 (1928); a.A. *Schnorbus*, in: Rowedder/Schmidt-Leithoff GmbHG, § 55 Rn. 35: bewusstes Verzichten.

187 BT-Drucks. 8/3908, S. 66.

188 *Altmeppen*, GmbHG, § 55 Rn. 1; *Lieder*, in: MüKoGmbHG, § 55 Rn. 70.

auf das gesetzliche Bezugsrecht im GmbH-Recht kann daher nicht angenommen, das Vorliegen einer planwidrigen Regelungslücke mithin nicht abgestritten werden.

Die Regelungslücke ist durch die analoge Anwendung des § 186 Abs. 1 AktG zu schließen, da die Norm einen Grundsatz enthält, der auch in der GmbH Geltung beanspruchen muss.[189] Der einzelne Gesellschafter ist vor der Gefahr einer Umverteilung von Macht und Vermögen infolge einer Veränderung der Kapitalstruktur der Gesellschaft zu schützen.[190] Nur indem er verhältniswahrend an der Ausgabe neuer Geschäftsanteile partizipieren kann, besteht für ihn die Möglichkeit, eine Verwässerung seiner Vermögens- und Herrschaftsrechte abzuwenden. Insoweit entspricht die Interessenlage im GmbH-Recht der im Aktienrecht. Hat der Gesetzgeber ein Recht zur Beibehaltung der Beteiligungsquote für den Aktionär für erforderlich gehalten, so muss dem GmbH-Gesellschafter dieses erst recht zustehen. Denn der Gesellschafter einer GmbH hat aufgrund des regelmäßig personalistischen Charakters der Gesellschaft ein weitaus stärkeres Interesse an einer beteiligungsproportionalen Erhöhung des Kapitals als ein Aktionär einer in ihrem realtypischen Erscheinungsbild kapitalistisch strukturierten Publikums-AG.[191]

(b) Konsequenzen für das Bestehens einer durch § 187 Abs. 1 AktG zu schließenden planwidrigen Regelungslücke

Da das gesetzliche Bezugsrecht auch in der GmbH Geltung beanspruchen kann, ist das Bestehen einer planwidrigen Regelungslücke im GmbHG im Hinblick auf eine Regelung zum Verhältnis zwischen dem gesetzlichen und rechtsgeschäftlichen Bezugsrecht offensichtlich: Weil das GmbHG aus den bereits genannten Gründen keine Regelung zum gesetzlichen Bezugsrecht vorsieht, lassen sich selbstverständlich auch keine an ein gesetzliches Bezugsrecht anknüpfende Regelungen im GmbHG finden.[192]

---

189 *Lutter*, AcP 180 (1980), 84 (Fn. 184).

190 Statt aller *Rieder/Holzmann*, in: Grigoleit AktG, § 186 Rn. 1.

191 *Altmeppen*, GmbHG, § 55 Rn. 27; *Bayer*, in: Lutter/Hommelhoff GmbHG, § 55 Rn. 19; *Lieder*, in: MüKoGmbHG, § 55 Rn. 70; *Servatius*, in: Baumbach/Hueck GmbHG, § 55 Rn. 20; *Heckschen*, DStR 2001, 1437 (1438); *Heitsch*, Das Bezugsrecht der Gesellschafter der GmbH bei Kapitalerhöhungen, S. 88 ff., 170.

192 Der Reformentwurf zum GmbHG der Jahre 1971/1973, der die Normierung eines gesetzlichen Bezugsrechts vorsah, beinhaltete konsequenterweise in Form von § 158 Abs. 2 RegE zugleich eine § 187 Abs. 1 AktG entsprechende Regelung, s. RegE BT-Drucks. 7/253 S. 47.

*(2) Vergleichbare Interessenlage*

Indem in analoger Anwendung des § 186 AktG auch im GmbH-Recht ein gesetzliches Bezugsrecht besteht, könnte es im GmbH-Recht in gleicher Weise wie im Aktienrecht zu miteinander unvereinbaren Zuteilungspflichten aus gesetzlichen und rechtsgeschäftlichen Bezugsrechten kommen. Um das gesetzliche Bezugsrecht der Gesellschafter zu schützen, ordnet § 187 Abs. 1 AktG dessen Vorrang gegenüber rechtsgeschäftlichen Bezugszusagen an. Der durch § 187 Abs. 1 AktG vermittelte Schutz ist im GmbH-Recht in gleichem, wenn nicht sogar in noch stärkerem Maße erforderlich als im Aktienrecht. Schließlich ist die GmbH in der Rechtswirklichkeit durch eine weitaus engere Verbundenheit zwischen den Gesellschaftern gekennzeichnet als die AG. Das gesetzliche Bezugsrecht in der GmbH ist daher von noch größerer Bedeutung, sodass sein Schutz jedenfalls nicht hinter dem in der AG zurückbleiben darf.[193] Infolgedessen kann § 187 Abs. 1 AktG im GmbH-Recht entsprechend Geltung beanspruchen.

### 3. *Zwischenergebnis betreffs rechtsgeschäftlicher Verpflichtungen zum Abschluss von Übernahmeverträgen*

Eine GmbH kann nur wirksam zum Abschluss eines Übernahmevertrages, welcher einen Erfüllungsanspruch auf Verschaffung der Mitgliedschaft beinhaltet, verpflichtet werden, sofern die Gesellschafter mit satzungsändernder Mehrheit (§ 53 Abs. 2 GmbHG) den Geschäftsführer zur Eingehung einer entsprechenden Verpflichtung ermächtigt haben. Der Anspruch steht nach § 187 Abs. 1 AktG analog kraft Gesetzes unter dem Vorbehalt des gesetzlichen Bezugsrechts der Gesellschafter.

## *IV. Auswirkungen auf das Gewähren von Optionsrechten*

Dieses Ergebnis hat für das Gewähren von Optionsrechten auf den Bezug neuer Geschäftsanteile weitreichende Folgen. Das in einer Optionsanleihe enthaltene Optionsrecht zeichnet sich dadurch aus, dass das Zustandekommen des Zeichnungs- bzw. Übernahmevertrages im alleinigen Ermessen des Anleihegläubigers steht. Wenn und weil die GmbH aber nur unter dem Vorbehalt des gesetzlichen Bezugsrechts ein Recht auf Abschluss eines Übernahmevertrages rechtsgeschäftlich zusichern kann (vgl. § 187 Abs. 1 AktG analog), kann sie grundsätzlich keine Options- bzw. optionsähnlichen Rechte gewähren.[194] Denn

---

193 Vgl. grds. *Priester*, DB 1980, 1925 (1927 f.).

194 Treffend *Schumann*, Optionsanleihen, S. 172: „Ein Bezugsrecht, das noch unter Vorbehalt steht, ist aber kein Optionsrecht".

steht das Recht auf Abschluss des Übernahmevertrages unter dem Vorbehalt des gesetzlichen Bezugsrechts, liegt der Abschluss des Übernahmevertrages nicht im alleinigen Ermessen des Anleihegläubigers. Anders gewendet: Das Gewähren eines Options- bzw. optionsähnlichen Rechts erfordert, dass ein Recht auf Abschluss eines Übernahmevertrages vorbehaltlos zugesichert werden kann. Aufgrund des im GmbH-Recht analog anzuwendenden § 187 Abs. 1 AktG muss dazu ausgeschlossen sein, dass gesetzliche Bezugsrechte der rechtsgeschäftlichen Zusicherung entgegenstehen. Daher ist das Gewähren von Optionsrechten auf den Bezug neuer Geschäftsanteile grundsätzlich nur möglich, wenn die Gesellschafter ihr gesetzliches Bezugsrecht ausgeschlossen haben.

### *V. Zwischenergebnis betreffs des Gewährens von Optionen auf den Bezug neuer Geschäftsanteile*

Ein Optionsrecht auf den Bezug neuer Geschäftsanteile kann nur wirksam begründet werden, sofern die Gesellschafter die Geschäftsführer mit satzungsändernder Mehrheit zum Gewähren entsprechender Rechte ermächtigt haben und keine gesetzlichen Bezugsrechte auf die optierbaren Geschäftsanteile bestehen.

## *B. Ausgabevoraussetzungen von Schuldverschreibungen*

An die Ausgabe von Schuldverschreibungen durch eine GmbH sind keine besonderen Anforderungen zu stellen. Allenfalls kann nach § 49 Abs. 2 GmbHG die Mitwirkung der Gesellschafterversammlung erforderlich sein.[195] Nach allgemeinen Grundsätzen gebietet das Interesse der Gesellschaft die Einberufung der Gesellschafterversammlung bei schwerwiegenden, ungewöhnlichen und besonders riskanten Maßnahmen.[196] Ob die Ausgabe von Schuldverschreibungen in Anbetracht dessen der Mitwirkung der Gesellschafterversammlung bedarf, ist eine Frage des Einzelfalls und richtet sich vorwiegend nach der Höhe der Rückzahlungs- und Zinsverbindlichkeiten sowie der Laufzeit der Anleihe.[197]

---

195 *Fest*, in: Hopt/Seibt, AktG, § 221 Rn. 752,

196 Vgl. statt vieler *Altmeppen*, GmbHG, § 49 Rn. 14; *Fest*, in: Hopt/Seibt, AktG, § 221 Rn. 752; *Liebscher*, in: MüKoGmbHG, § 49 Rn. 51; *Schindler*, in: BeckOK-GmbHG, § 49 Rn. 39 jew. m.w.N.

197 *Fest*, in: Hopt/Seibt, AktG, § 221 Rn. 752.

## C. *Ausgabevoraussetzungen von Optionsanleihen*

### I. *Ausgabevoraussetzungen nach allgemeinen Regeln*

Da eine Optionsanleihe nicht mehr als eine Kombination von Schuldverschreibung und Optionsrecht auf den Bezug von Geschäftsanteilen ist, erscheint es konsequent, dass bei ihrer Ausgabe sowohl die Voraussetzungen für die Ausgabe von Schuldverschreibungen als auch die für das Gewähren von Optionsrechten auf den Bezug neuer Geschäftsanteile Beachtung finden müssen. Somit würde die Ausgabe einer Optionsanleihe aufgrund des in ihr enthaltenen Optionsrechts stets der Zustimmung der Gesellschafter mit satzungsändernder Mehrheit und des Nichtbestehens gesetzlicher Bezugsrechte auf die optierbaren Geschäftsanteile bedürfen.

Das Erfordernis des Nichtbestehens gesetzlicher Bezugsrechte auf die optierbaren Geschäftsanteile (vgl. § 187 Abs. 1 AktG analog) würde die Ausgabe von Optionsanleihen jedoch nahezu unmöglich machen:

Das Nichtbestehen gesetzlicher Bezugsrechte auf die optierbaren Geschäftsanteile ließe sich nur dadurch bewirken, dass bereits vor Ausgabe der Optionsanleihen die Kapitalerhöhung zur Bedienung der zu gewährenden Optionsrechte beschlossen und das gesetzliche Bezugsrecht im Kapitalerhöhungsbeschluss ausgeschlossen würde.

Zwingender Inhalt eines jeden Kapitalerhöhungsbeschlusses ist jedoch der Betrag, um den das Stammkapital erhöht wird.[198] Den genauen Erhöhungsbetrag kann die Gesellschaft allerdings erst definieren, nachdem die Optionsfrist der auszugebenden Optionsanleihen abgelaufen ist. Denn erst zu diesem Zeitpunkt steht fest, wie viele Gläubiger ihre Optionsrechte ausgeübt und damit neue Geschäftsanteile übernommen haben. Davor, also zum Zeitpunkt des Kapitalerhöhungsbeschlusses, kann die Gesellschaft den Erhöhungsbetrag nur im Sinne einer Obergrenze bestimmen.

Die Festlegung eines Höchstbetrages ist nach herrschender Meinung zwar zulässig.[199] Problematisch ist allerdings, dass bei derartigen Rahmenbeschlüssen

---

198 Statt aller *Hermanns*, in: MHLS, GmbHG, § 55 Rn. 16; *Lieder*, in: MüKoGmbHG, § 55 Rn. 34; *Servatius*, in: Baumbach/Hueck, GmbHG, § 55 Rn. 10; *Ziemons*, in: BeckOK-GmbHG, § 55 Rn. 33.

199 RGZ 85, 205 (207); OLG Hamburg NZG 2000, 549; *Nietsch*, FS U. H. Schneider, 2011, 873 (889); *Altmeppen*, GmbHG, § 55 Rn. 7; *Bayer*, in: Lutter/Hommelhoff, GmbHG, § 55 Rn. 9; *Priester/Tebben*, in: Scholz, GmbHG, § 55 Rn. 19; *Schnorbus*, in: Rowedder/Schmidt-Leithoff, GmbHG, § 55 Rn. 11; *Gerber/Pilz*, GmbHR 2005, 1324 (1325); *Lieder*, ZGR 2010, 868 (896) jew. m.w.N.

die Übernahme der neuen Geschäftsanteile unverzüglich bzw. in einer bestimmten kurzen Frist durchzuführen ist, um den Effekt einer bedingten Kapitalerhöhung auszuschließen.[200] So sollen zwischen dem Erhöhungsbeschluss und der Übernahme neuer Geschäftsanteile nicht mehr als sechs Monate liegen dürfen.[201]

Für die Ausgabe von Optionsanleihen hat Vorstehendes zur Folge, dass diese nur erfolgen kann, indem der vor der Ausgabe zu fassende Kapitalerhöhungsbeschluss unter Ausschluss des gesetzlichen Bezugsrechts einen Erhöhungsbetrag im Sinne einer Obergrenze bestimmt und die Optionsberechtigten innerhalb einer Frist von maximal sechs Monaten eine Entscheidung über die Übernahme der durch die Kapitalerhöhung zu schaffenden Geschäftsanteile und damit die Ausübung ihres Optionsrechts treffen. Mit anderen Worten: Die Optionsfrist der Optionsanleihen dürfte maximal sechs Monate betragen. Eine derartig kurze Optionsfrist ist allerdings absolut unüblich. In aller Regel beträgt die Optionsfrist mehrere Jahre.[202]

## *II. Ausgabevoraussetzungen von Optionsanleihen nach § 221 AktG*

### *1. Rechtslage im Aktienrecht*

#### *a) Überblick*

Im Aktienrecht würde sich dieses Problem grundsätzlich entsprechend stellen. Hier hat der Gesetzgeber allerdings Abhilfe geschaffen, indem er in § 221 AktG spezielle Voraussetzungen zur Ausgabe von Optionsanleihen aufgestellt hat.

Nach § 221 Abs. 1 S. 1 AktG dürfen Optionsanleihen nur auf Grund eines Beschlusses der Hauptversammlung ausgegeben werden. Der Beschluss bedarf einer Mehrheit, die mindestens drei Viertel des bei der Beschlussfassung vertretenen Grundkapitals umfasst, § 221 Abs. 1 S. 2 AktG. Zudem ordnet § 221 Abs. 4

---

200 *Altmeppen*, GmbHG, § 55 Rn. 7.

201 *Bayer*, in: Lutter/Hommelhoff, GmbHG, § 55 Rn. 9; *Priester/Tebben*, in: Scholz, GmbHG, § 55 Rn. 19; *Bayer/Hoffmann/Lieder*, GmbHR 2010, 9 (16); zustimmend für die AG: OLG Hamburg AG 2000, 326 (327).

202 Diesem Problem könnte zumindest ansatzweise begegnet werden, indem keine reguläre Kapitalerhöhung beschlossen, sondern ein genehmigtes Kapital geschaffen wird und die Gesellschafter das gesetzliche Bezugsrecht bereits im Ermächtigungsbeschluss selbst ausschließen. Sodann kann für die Dauer der Ermächtigung der Bezug von Geschäftsanteilen zugesichert werden, auf welche die Gesellschafter kein gesetzliches Bezugsrecht haben. Da die Dauer der Ermächtigung auf fünf Jahre begrenzt ist, könnten auf diese Weise Optionsrechte mit einer Optionsfrist von maximal fünf Jahren gewährt werden. Mit Blick auf die üblichen, noch längeren Optionsfristen, erscheint allerdings auch dies keine praktikable Lösung darzustellen.

AktG an, dass den Aktionären ein gesetzliches Bezugsrecht auf die auszugebenen Optionsanleihen zusteht.

*b) Verhältnis zu § 187 AktG*

Im Einklang mit der herrschenden Meinung sind die von § 221 Abs. 1, 4 AktG statuierten Voraussetzungen zur Ausgabe von Optionsanleihen als *lex specialis* gegenüber denen sich aus § 187 AktG ergebenden zu qualifizieren.[203]

*aa) Verhältnis von § 221 Abs. 1 AktG zu § 187 Abs. 2 AktG*

Nach den allgemeinen Regelungen zum Zusichern rechtsgeschäftlicher Bezugsrechte wäre die Ausgabe von Optionsanleihen nur nach einem Kapitalerhöhungsbeschluss möglich, vgl. § 187 Abs. 2 AktG. Würden diese Regelungen neben die des § 221 Abs. 1 S. 1 AktG treten und nicht als *lex generalis* verdrängt, wäre die von § 221 Abs. 1 S. 1 AktG angeordnete Zustimmung der Hauptversammlung redundant.[204] Die Ausgabe von Optionsanleihen würde ohnehin bereits von der Zustimmung der Hauptversammlung abhängen, da diese, um den Schranken des § 187 AktG Genüge zu tun, eine reguläre Kapitalerhöhung, ein bedingtes oder genehmigtes Kapital beschließen müsste.[205]

Zudem bewirkt § 221 Abs. 1 AktG den durch § 187 Abs. 2 AktG bezweckten Schutz der Entscheidungshoheit der Hauptversammlung über die Durchführung einer Kapitalerhöhung in gleichem Maße. Schließlich ist es im Hinblick auf

---

203 *Lutter*, FS Kastner, 1972, 245 (255 ff.); *Florstedt*, in: KölnerKomm, AktG, § 221 Rn. 295; *Habersack*, in: MüKoAktG, § 221 Rn. 117, 214; *Fest*, in: Hopt/Seibt, AktG, § 221 Rn. 85; *Scholz*, in: MHdB-GesR IV, § 64 Rn. 41; *Rozijn*, ZBB 1998, 77 (89); *Busch*, AG 1999, 58 (63); *Schlitt/Löschner*, BKR 2002, 150 (154); *Spiering/Grabbe*, AG 2004, 91 (93 f.); *Gätsch/Theusinger*, WM 2005, 1256 (1261); *Kniehase*, AG 2006, 180 (184); *Bormann/Trautmann*, GmbHR 2016, 37 (38); *Schumann*, Optionsanleihen, S. 171 ff.; *Wehrhahn*, Finanzierungsinstrumente, S. 152; *Gallego Sanchez*, Das Erwerbsrecht, S. 41; *Reiswich*, Das Rechtsprinzip des Verwässerungsschutzes, S. 98 f.; abweichend *Schlitt/Seiler/Singhof*, AG 2003, 254 (257); a.A. *Wiedemann*, in: GroßKommAktG, § 187 Rn. 9: Zusicherungen von Bezugsrechten bei der Gewährung von Optionsanleihen erst wirksam, sobald die Hauptversammlung zu deren Bedienung ein bedingtes Kapital beschlossen hat.

204 Ähnlich *Lutter*, FS Kastner, 1972, 245 (257): „gänzlich überflüssig".

205 *Lutter*, FS Kastner, 1972, 245 (256 f.); *Gallego Sanchez*, Das Erwerbsrecht, S. 41; im Falle einer regulären Kapitalerhöhung und einer Kapitalerhöhung aus genehmigtem Kapital wäre überdies angesichts des § 187 Abs. 1 AktG ein Bezugsrechtsausschluss erforderlich.

die Entscheidungshoheit ohne Unterschied, ob die Aktionäre unmittelbar über eine Kapitalerhöhung oder über die Eingehung einer Verpflichtung, welche die AG mittelbar zu einer Kapitalerhöhung verpflichtet, entscheiden.

Letztlich verkörpert § 221 Abs. 1 AktG lediglich den bereits geäußerten Gedanken, dass § 187 Abs. 2 AktG teleologisch zu reduzieren ist, wenn die Aktionäre mit satzungsändernder Mehrheit einer Zusicherung von Rechten auf den Bezug junger Aktien zugestimmt haben.

#### *bb) Verhältnis von § 221 Abs. 4 AktG zur § 187 Abs. 1 AktG*

§ 187 Abs. 1 AktG wird als *lex generalis* durch § 221 Abs. 4 AktG verdrängt.[206] Indem § 187 Abs. 1 AktG rechtsgeschäftliche Bezugszusagen unter den Vorbehalt des gesetzlichen Bezugsrechts stellt, wird verhindert, dass die Aktionäre durch rechtsgeschäftliche Bezugszusagen vor die Wahl gestellt werden, eine Verwässerung ihrer Beteiligungsquote oder Schadensersatzpflichten der Gesellschaft in Kauf zu nehmen.

Diese Zwangslage vermeidet § 221 Abs. 4 AktG gleichermaßen. Indem den Aktionären ein gesetzliches Bezugsrecht auf auszugebende Optionsanleihen zusteht, können sie selbst die rechtsgeschäftlichen Bezugsrechte auf Aktien erwerben, welche mit ihrem gesetzlichen Bezugsrecht (§ 186 AktG) in Konkurrenz stehen. Infolgedessen können sie auf ihr gesetzliches Bezugsrecht (§ 186 AktG) verzichten, um Schadensersatzpflichten der Gesellschaft wegen Nichterfüllung der rechtsgeschäftlichen Bezugszusagen zu vermeiden, ohne jedoch eine Verwässerung ihrer Beteiligungsquote hinnehmen zu müssen. Schließlich können sie diese aufrechterhalten, indem sie selbst ihr Optionsrechts ausüben und junge Aktien der Gesellschaft beziehen. Des durch § 187 Abs. 1 AktG vermittelten Schutzes bedarf es somit nicht. Das in Optionsanleihen enthaltene Recht auf den Bezug junger Aktien steht mithin nicht gemäß § 187 Abs. 1 AktG unter Vorbehalt des gesetzlichen Bezugsrechts nach § 186 AktG.

### *c) Konsequenzen für die Ausgabe von Optionsanleihen*

Indem die Ausgabe von Optionsanleihen allein an die Voraussetzungen des § 221 Abs. 1, 4 AktG geknüpft ist, werden die vorstehend beschriebenen Probleme vermieden, die bestünden, wenn den allgemeinen Anforderungen des

---

206 Wohl auch *Wehrhahn*, Finanzierungsinstrumente, S. 152; *Kniehase*, Derivate auf eigene Aktien, S. 66; *Schumann*, Optionsanleihen, S. 218: „Entscheidung des Gesetzes, das Bezugsrecht der Aktionäre auf die optierbaren Aktien durch ein Bezugsrecht auf die Optionsanleihe zu ersetzen.

§ 187 AktG Rechnung getragen werden müsste. Zugleich gewährleisten die Voraussetzungen des § 221 Abs. 1, 4 AktG jedoch das gleiche Maß an Schutz wie § 187 AktG – lediglich auf eine andere Art und Weise.

### *2. Analoge Anwendung im GmbH-Recht*

In Anbetracht des Umstands, dass die allgemeinen Regeln über das Zusichern rechtsgeschäftlicher Bezugsrechte der Ausgabe von Optionsanleihen durch eine GmbH praktisch entgegenstehen, das AktG indes besondere Ausgabevoraussetzungen vorsieht, welche die Begebung erleichtern, stellt sich die Frage, ob diese im GmbH-Recht entsprechend Geltung beanspruch können.

#### *a) Analoge Anwendung des § 221 Abs. 1 AktG*

Die analoge Anwendung des § 221 Abs. 1 AktG setzt zunächst das Bestehen einer Regelungslücke im GmbH-Recht voraus. Besondere Bestimmungen zur Ausgabe von Optionsanleihen kennt das GmbHG nicht. Ob angesichts dessen eine durch § 221 Abs. 1 AktG zu schließende Regelungslücke besteht, ist dennoch zweifelhaft:

Die vorstehenden Untersuchungen haben gezeigt, dass eine GmbH, vertreten durch ihre Geschäftsführer, nach den allgemeinen Regeln über das Zusichern rechtsgeschäftlicher Bezugsrechte Optionsanleihen unter zwei Voraussetzungen ausgeben kann: Neben dem Nichtbestehen gesetzlicher Bezugsrechte auf die optierbaren Geschäftsanteile (vgl. § 187 Abs. 1 AktG analog) ist die Zustimmung der Gesellschafter mit satzungsändernder Mehrheit (§ 53 Abs. 2 GmbHG) insofern erforderlich, als dass sie die Geschäftsführer zur Ausgabe zu ermächtigen haben. Schließlich soll die Optionsanleihe zum Abschluss eines Übernahmevertrages berechtigen, der wiederum einen Erfüllungsanspruch auf Verschaffung der Mitgliedschaft zum Inhalt hat, sodass die Gesellschaft mittelbar zu einer Satzungsänderung verpflichtet wird.

Ordnet § 221 Abs. 1 AktG an, dass es zur Ausgabe von Optionsanleihen der Zustimmung der Hauptversammlung mit satzungsändernder Mehrheit bedarf, so entspricht dies mithin der bereits nach den allgemeinen Regelungen über das Zusichern rechtsgeschäftlicher Bezugsrechte geltenden Rechtslage. Vor diesem Hintergrund kann das Bestehen einer Regelungslücke, welche mittels analoger Anwendung des § 221 Abs. 1 AktG zu schließen ist, nicht angenommen werden.

Als Zwischenergebnis ist somit festzuhalten, dass die Ausgabe von Optionsanleihen durch eine GmbH zwar der Zustimmung der Gesellschafter mit satzungsändernder Mehrheit bedarf.[207] Dies folgt aber nicht erst aus einer analogen

207 Wird angenommen, § 221 Abs. 1 AktG finde im GmbH-Recht analog Anwendung,

Anwendung des § 221 Abs. 1 AktG, sondern vielmehr allein daraus, dass dem Geschäftsführer ohne eine entsprechende Zustimmung der Gesellschafter die Vertretungsmacht zur Ausgabe der Optionsanleihen fehlt.

#### *b) Analoge Anwendung des § 221 Abs. 4 AktG*

##### *aa) Planwidrige Regelungslücke*

In Anbetracht des Fehlens besonderer Vorschriften zur Ausgabe von Optionsanleihen und des Umstands, dass sich – anders als im Falle des § 221 Abs. 1 AktG – der Regelungsgehalt des § 221 Abs. 4 AktG nicht bereits aus den allgemeinen Regeln zum Gewähren rechtsgeschäftlicher Bezugsrechte ergibt, besteht insoweit eine Regelungslücke im GmbH-Recht. Um diese im Wege der analogen Anwendung des § 221 Abs. 4 AktG zu schließen, darf der Gesetzgeber nicht bewusst darauf verzichtet haben, für die GmbH keine die Ausgabe von Optionsanleihen erleichternden Sonderregelungen vorzusehen. Ein bewusster Verzicht kann allerdings nicht angenommen werden.

Wandelschuldverschreibungen kamen erstmals in den 1920er Jahren in größerem Umfang in Deutschland zum Einsatz.[208] Als das GmbHG 1892 erlassen wurde, dachte hierzulande also noch niemand an die Ausgabe von Wandelschuldverschreibungen.

Dass auch in der Folgezeit eine Vorschrift, welche Voraussetzungen zur Ausgabe von Optionsanleihen normiert, keine Aufnahme in das GmbHG gefunden hat, ist primär dem fehlenden praktischen Bedürfnis geschuldet.

---

wird mitunter in Anlehnung an den Wortlaut des § 221 Abs. 1 S. 2 AktG vertreten, der Beschluss der Gesellschafterversammlung bedürfe einer Mehrheit von drei Vierteln des bei der Beschlussfassung vertretenen Stammkapitals, s. *Fest*, in: Hopt/Seibt, AktG, § 221 Rn. 755. Jedoch gilt es zu beachten, dass dem GmbH-Recht im Gegensatz zum Aktienrecht eine qualifizierte Kapitalmehrheit fremd ist. Als qualifizierte Mehrheit sieht das GmbHG die qualifizierte Stimmenmehrheit vor, vgl. *Ziemons*, in: BeckOK-GmbHG, § 55 Rn. 80. Dieser Unterscheid wäre – sollte man die analoge Anwendbarkeit des § 221 Abs. 1 AktG bejahen – auch bei dem Gesellschafterbeschluss über die Ausgabe von Optionsanleihen zu berücksichtigen, sodass dieser in entsprechender Anwendung des § 221 Abs. 1 S. 2 AktG einer Mehrheit von drei Vierteln der abgegebenen Stimmen bedürfte, so auch *Mackh*, Wandelschuldverschreibungen, S. 213; unklar *Helmreich*, GWR 2011, 561 (564).

208 Zur Geschichte der Wandelschuldverschreibungen ausführlich *Linnhoff*, Optionsanleihen, S. 19 ff.; Schumann, Optionsanleihen, S. 6 ff.; s. auch *Florstedt*, in: KölnerKomm, AktG, § 221 Rn. 46 ff.; *Habersack*, in: MüKoAktG, § 221 Rn. 9 ff.; *Hirte*, in: GroßkommAktG, § 221 Rn. 80 ff.; *Mackh*, Wandelschuldverschreibungen, S. 11 ff.

Bis zur Einführung des § 55a GmbHG im Jahre 2008 war als einzige Kapitalerhöhungsform die reguläre Kapitalerhöhung vorgesehen. Wären Optionsanleihen ausgegeben worden, die neue Geschäftsanteile als Gegenstand des Optionsrechts gehabt hätten, wären diese zwingend im Wege der regulären Kapitalerhöhung zu schaffen gewesen. Da dies jedoch mit immensen Nachteilen verbunden ist[209], fehlte es am Bestreben zur Begebung von Optionsanleihen durch eine GmbH, sodass eine § 221 AktG entsprechende Regelung entbehrlich war. Erst durch Einführung des § 55a GmbHG im Zuge des MoMiG ist eine Form der Kapitalerhöhung gegeben, die es ermöglicht, Anteile nach Ausübung von Optionsrechten auf den Bezug junger Geschäftsanteile flexibel und bedarfsabhängig zu schaffen.[210]

Die Bedeutung der Ausgabe von Optionsanleihen durch eine GmbH sollte allerdings auch nach der Einführung des § 55a GmbHG nicht überbewertet werden. Schließlich besteht die Besonderheit einer Optionsanleihe für den Gläubiger in der ihm eröffneten Möglichkeit zur Spekulation. Das Optionsrecht berechtigt den Gläubiger, Geschäftsanteile zu einem bei Ausgabe der Anleihen bestimmten Optionspreis zu erwerben. Bei ökonomisch sinnvollem Verhalten wird der Gläubiger das Optionsrecht ausüben, sollte der Optionspreis unter dem tatsächlichen Anteilswert liegen. Bei börsennotierten Aktiengesellschaften ist es dem Gläubiger ein Leichtes, festzustellen, ob der aktuelle Aktienkurs über dem Optionspreis liegt und das Optionsrecht daher ausgeübt werden sollte. Im GmbH-Recht ist hingegen eine Unternehmensbewertung erforderlich, um den inneren Wert des optierbaren Geschäftsanteils zu ermitteln. Erst auf Grundlage dieses Ergebnisses kann festgestellt werden, ob die Ausübung des Optionsrechts geboten erscheint. Angesichts des damit verbundenen Aufwandes wird die Ausgabe von Optionsanleihen durch eine Gesellschaft in der Rechtsform der GmbH trotz der Einführung des § 55a GmbHG verhältnismäßig selten als Finanzierungsform gewählt werden. Daher überrascht es nicht, dass das ohnehin im Grundsatz von einer geringen gesetzlichen Regelungsdichte geprägte GmbHG keine Ausgabevoraussetzungen für Optionsanleihen kodifiziert.

---

209 Eing. hierzu S. 138 ff.

210 Ebenso *Stadler*, in: Bürgers/Körber/Lieder, AktG, § 221 Rn. 1; *Weitnauer*, BKR 2009, 18; vgl. ferner *Altmeppen*, GmbHG, § 55a Rn. 1; *Lieder*, in: MüKoGmbHG, § 55a Rn. 9; *Priester/Tebben*, in: Scholz GmbHG, § 55a Rn. 3; *Helmreich* GWR 2011, 561 ff.; *Bormann/Trautmann*, GmbHR 2016, 37; *Lieder*, in: Bayer/Koch, Aktuelles GmbH-Recht, 2013, 142 (163); *Milch*, BB 2016, 1538 ff.; *Reiner-Pechtl*, Das genehmigte Kapital im System des GmbH-Rechts, S. 195 ff.

Infolgedessen ist die im GmbHG bestehende Regelungslücke hinsichtlich der Voraussetzungen zur Begebung von Optionsanleihen planwidrig.

#### *bb) Vergleichbare Interessenlage*

Die planwidrige Regelungslücke ist im Wege der analogen Anwendung des § 221 Abs. 4 AktG zu schließen, soweit die Gegebenheiten in GmbH und AG in einem Maße vergleichbar sind, dass angenommen werden kann, der Gesetzgeber wäre bei einer Interessenabwägung, bei der er sich von den gleichen Grundsätzen hätte leiten lassen wie bei dem Erlass des § 221 Abs. 4 AktG, zu dem gleichen Abwägungsergebnis gekommen.[211]

Indem sowohl § 186 AktG als auch § 187 Abs. 1 AktG im GmbH-Recht entsprechend Anwendung finden, entspricht die Interessenlage in der GmbH derjenigen in der AG: Das Gewähren eines auf den Erwerb neuer Geschäftsanteile bzw. Aktien gerichteten Optionsrechts erfordert, dass ein Recht auf Abschluss bzw. Herbeiführung eines Zeichnungs- bzw. Übernahmevertrages vorbehaltlos rechtsgeschäftlich zugesichert werden kann. Da jedoch sowohl Aktionäre als auch Gesellschafter ein gesetzliches Bezugsrecht auf neu zu schaffende Geschäftsanteile bzw. Aktien zusteht und rechtsgeschäftliche Bezugszusagen unter Vorbehalt des gesetzlichen Bezugsrechts stehen, ist die Ausgabe von Optionsanleihen nach den allgemeinen Regeln über das Zusichern rechtsgeschäftlicher Bezugsrechte nahezu unmöglich. Insofern besteht kein Unterschied zwischen den Gegebenheiten in der AG und der GmbH. Angesichts dessen ist es konsequent, den diesem Problem Abhilfe schaffenden § 221 Abs. 4 AktG im GmbH-Recht entsprechend anzuwenden.

### *III. Ergebnis*

Optionsanleihen, welche zum Erwerb neuer Geschäftsanteile berechtigen, können nur auf Grundlage eines mit satzungsändernder Mehrheit zu fassenden Gesellschafterbeschlusses ausgegeben werden. Dies folgt nicht erst aus einer analogen Anwendung des § 221 Abs. 1 AktG, sondern allein daraus, dass dem Geschäftsführer ohne eine entsprechende Zustimmung der Gesellschafter die Vertretungsmacht zur Ausgabe der Optionsanleihen fehlt. In analoger Anwendung des § 221 Abs. 4 AktG steht den Gesellschaftern ein gesetzliches Bezugsrecht auf die auszugebenden Optionsanleihen zu. § 221 Abs. 4 AktG analog verdrängt als *lex specialis* den grundsätzlich im GmbH-Recht ebenfalls entsprechend anzuwendenden § 187 Abs. 1 AktG.

---

211 Vgl. BGHZ 105, 140 (143) = NJW 1988, 2734; BGHZ 120, 239 (252) = NJW 1993, 925; BGH NJW 2003, 1932 (1933).

# § 3 Der Ermächtigungsbeschluss

## A. *Wirkung und Inhalt des Beschlusses*

Die GmbH wird bei der Ausgabe von Optionsanleihen aufgrund deren rein schuldrechtlichen Charakters – wie vorstehend erörtert – durch die Geschäftsführer vertreten. Da eine Optionsanleihe zum Abschluss eines Übernahmevertrages berechtigt, welcher einen Erfüllungsanspruch auf Verschaffung der Mitgliedschaft zum Inhalt hat – die Gesellschaft also zur Durchführung einer Kapitalerhöhung verpflichtet wird –, müssen die Geschäftsführer jedoch von den Gesellschaftern zur Ausgabe ermächtigt werden.[212]

Um dem Grundsatz der Satzungsautonomie Rechnung zu tragen, muss die Ermächtigung darauf beschränkt sein, die Gesellschaft zum Abschluss eines inhaltlich genau bestimmten Übernahmevertrages zu verpflichten. Den Geschäftsführern darf kein substantielles Entscheidungsermessen eingeräumt werden, da der Inhalt des Übernahmevertrages den Umfang und die Einzelheiten der zur Erfüllung des Anteilserwerbsanspruchs durchzuführenden Kapitalerhöhung bestimmt.[213] Demgemäß haben die Gesellschafter

---

212 Die h.M. im Aktienrecht nimmt hingegen an, die Rechtswirkung des nach § 221 Abs. 1 AktG erforderlichen Hauptversammlungsbeschlusses erschöpfe sich darin, dem Vorstand die Ausgabe von Optionsanleihen als Maßnahme der Geschäftsführung zu gestatten, s. OLG Frankfurt ZIP 2013, 212 (214); *Habersack*, FS Nobbe, 2009, 539 (540); *Fest*, in: Hopt/Seibt, AktG § 221 Rn. 554, 767; *Florstedt*, in: KölnerKomm, AktG, § 221 Rn. 202; *Früchtl*, in: Wachter, AktG, § 221 Rn. 38; *Habersack*, in: MüKo-AktG, § 221 Rn. 132, 150; *Hirte*, in: GroßkommAktG, § 221 Rn. 100; *Koch*, in: Hüffer/Koch AktG, § 221 Rn. 52; *Merkt*, in: K. Schmidt/Lutter AktG, § 221 Rn. 10; *Rieder/Holzmann*, in: Grigoleit AktG, § 221 Rn. 15; *Georgakopoulos*, ZHR 120 (1957), 84 (143); *Hüffer*, ZHR 161 (1997), 214 (224 f.); Dem liegt die Annahme zugrunde, der Vorstand könne kraft seiner organschaftlichen Vertretungsmacht im Namen der AG Zeichnungsverträge, die jedoch keinen Erfüllungsanspruch auf Verschaffung der Mitgliedschaft zum Inhalt haben, schließen und somit die AG auch zum Abschluss entsprechender Zeichnungsverträge verpflichten, eing. S. 51 ff. Dementsprechend beeinflusse die Missachtung der Hauptversammlungskompetenz die Wirksamkeit der Begebung nicht, vgl. statt aller *Florstedt*, in: KölnerKomm, AktG, § 221 Rn. 178. Der Vorstand verletze lediglich seine Pflichten und werde der Gesellschaft aus § 93 Abs. 2 S. 1 AktG schadensersatzpflichtig, s. *Florstedt*, in: KölnerKomm, AktG, § 221 Rn. 202 m.w.N.

213 *Harbarth*, in: MüKoGmbHG, § 53 Rn. 136: Möglich sei allenfalls, dem Geschäftsführer einen gewissen Spielraum bei der genauen Formulierung des Vertragsinhalts zu belassen.

die wesentlichen Grundzüge der in der Optionsanleihe gewährten Rechte zu bestimmen.[214]

Um diesen Anforderungen zu entsprechen, haben die Gesellschafter zunächst den Gesamtnennbetrag der Anleihe festzulegen.[215] Dieser allein betrifft zwar nicht das Optionsrecht und hat damit keine Bedeutung für die Zusicherung der Geschäftsanteile. Doch haben die Gesellschafter darüber hinaus das sog. Optionsrechtsverhältnis anzugeben.[216] Dieses bestimmt das Verhältnis zwischen dem Nennwert einer Teilschuldverschreibung und dem (Gesamt-)Nennwert der pro Optionsanleihe optierbaren Geschäftsanteile.[217] In Korrelation mit der Angabe des Gesamtnennbetrages der Anleihe lässt sich somit der Maximalbetrag einer zur Bedienung der Optionsrechte erforderlichen Kapitalerhöhung festlegen.

Zugleich obliegt es den Gesellschaftern, den Optionspreis – also den Ausgabepreis der optierbaren Geschäftsanteile – zu bestimmen.[218] Dabei haben die Gesellschafter die gleichen Grundsätze wie bei der Bestimmung des Ausgabepreises von Geschäftsanteilen im Rahmen einer ordentlichen Kapitalerhöhung einzuhalten. Insbesondere ist das Verbot der Unterpari-Emission zu beachten, welches nur im Aktienrecht ausdrücklich in § 9 Abs. 1 AktG geregelt ist. Es gilt allerdings in der GmbH gleichermaßen.[219] Der Optionspreis darf daher nicht unter dem Nennbetrag des optierbaren Geschäftsanteils liegen. Die Angabe eines festen Ausgabebetrages ist indes nicht zwingend erforderlich. Die Gesellschafter

---

214 *Lutter/Drygala*, FS Claussen, 1997, 261 (273).

215 *Groß*, in: Marsch-Barner/Schäfer, HdB-AG, Rn. 51.34; *Seibt*, CFL 2010, 165 (167); *Schlitt/Seiler/Singhof*, AG 2003, 254 (255); es besteht die Möglichkeit, den Gesamtnennbetrag lediglich als Höchstbetrag festzusetzen s. *Koch*, in: Hüffer/Koch, AktG, § 221 Rn. 10; s. zum Parallelfall der Angabe eines Höchstbetrages in einem Kapitalerhöhungsbeschluss: *Altmeppen*, GmbHG, § 55 Rn. 7.

216 Vgl. *Fest*, in: Hopt/Seibt, AktG § 221 Rn. 511 f.; *Florstedt*, in: KölnerKomm, AktG, § 221 Rn. 195; weitergehend *Hirte*, in: GroßkommAktG, § 221 Rn. 101; regelmäßig werden die Begriff Options- oder Bezugsverhältnis verwendet. Um Missverständnisse auszuschließen, sollte dies jedoch vermieden werden, da die Begriffe bereits mit anderen Definitionen belegt sind; s. *Schumann*, Optionsanleihen, S. 56 f.; dem folgend *Hirte*, in: GroßKomm AktG, § 221 Rn. 101.

217 *Schumann*, Optionsanleihen, S. 55 f.; vgl. ferner *Hirte*, in: GroßkommAktG, § 221 Rn. 101.

218 Vgl. *Fest*, in: Hopt/Seibt, AktG § 221 Rn. 511; *Haberstock/Greitemann*, in: Hölters, AktG, § 221 Rn. 52; *Casper*, Das Optionsrecht, S. 340 f.

219 *Altmeppen*, GmbHG, § 5 Rn. 7.

können auch lediglich einen Mindestausgabepreis oder die Berechnungsgrundlage für den Ausgabebetrag angeben.[220]

Über die wenigen notwendigen Angaben hinaus ist es den Gesellschaftern möglich, den Inhalt der Anleihe- und Optionsbedingungen zu konkretisieren. Alle näheren Vorgaben sind jedoch fakultativer Inhalt des Beschlusses.[221]

Hervorzuheben ist in diesem Zusammenhang die Möglichkeit, das Bezugsrecht der Gesellschafter auf die auszugebenen Optionsanleihen gemäß §§ 221 Abs. 4 S. 2, 186 Abs. 3 S. 1 AktG analog auszuschließen. Da ein bloßer Beschluss der Gesellschafter über die Ausgabe der Optionsanleihen noch keine Entscheidung über das Bezugsrecht trifft und dieses *ex lege* besteht, muss der Ausschluss im Beschluss gesondert angeordnet werden.[222] Haben die Gesellschafter das gesetzliche Bezugsrecht ausgeschlossen, können sie über die Person des Erwerbers der Optionsanleihe entscheiden, indem sie entweder den Umfang der Ermächtigung der Geschäftsführer auf die Ausgabe an bestimmte Personen beschränken oder die unbeschränkt ermächtigten Geschäftsführer kraft ihrer übergeordneten Geschäftsführungskompetenz (vgl. §§ 6 Abs. 3, 37 Abs. 1, 38 Abs. 1, 46 Nr. 5, Nr. 6 GmbHG) zur Ausgabe an diese Personen anweisen.

Sollen die zu beziehenden Geschäftsanteile andere Rechte und Pflichten – bspw. Nebenpflichten, Nachschusspflichten, Sondervorteilen etc. – vermitteln als die bislang bestehenden Geschäftsanteile, so muss auch dies im Beschluss festgelegt werden.[223]

## *B. Form und Publizität des Beschlusses*

### *I. Notarielle Beurkundung und Eintragung im Handelsregister analog §§ 53 Abs. 2 S. 1, 54 GmbHG*

Ungeklärt ist, ob der Ermächtigungsbeschluss der notariellen Beurkundung und der Eintragung im Handelsregister bedarf. Zuweilen wird angenommen, an

220 Vgl. *Groß*, in: Marsch-Barner/Schäfer, HdB-AG, Rn. 51.35; *Haberstock/Greitemann*, in: Hölters, AktG, § 221 Rn. 52.

221 Insb. Bestimmungen zu Verzinsung und Fälligkeit des Kapitals, Kündigungsrechte etc. vgl. *Florstedt*, in: KölnerKomm, AktG, § 221 Rn. 196; zu weiteren fakultativen Inhalten *Fest*, in: Hopt/Seibt, AktG § 221 Rn. 515; *Schumann*, Optionsanleihen, S. 51 ff.

222 Vgl. *Habersack*, in: MüKoAktG, § 221 Rn. 137; *Koch*, in: Hüffer/Koch AktG, § 221 Rn. 10; näher S. 82 ff.

223 Vgl. dazu *Altmeppen*, GmbHG, § 55 Rn. 6; *Bayer*, in: Lutter/Hommelhoff, GmbHG, § 55 Rn. 13; *Priester/Tebben*, in: Scholz, GmbHG, § 55 Rn. 26; *Servatius*, in: Baumbach/Hueck, GmbHG, § 55 Rn. 14.

einen Beschluss, durch welchen die Geschäftsführer ermächtigt werden, die Gesellschaft zu einer Satzungsänderung zu verpflichten, seien in formeller Hinsicht dieselben Anforderungen zu stellen wie an den Satzungsänderungsbeschluss selbst (vgl. §§ 53 Abs. 2 S. 1, 54 GmbHG).[224] Begründet wird dies damit, dass der notariellen Beurkundung satzungsändernder Beschlüsse neben Beweiszwecken auch eine Warn- und Belehrungsfunktion zukomme.[225] Der aus der Warn- und Belehrungsfunktion resultierende Schutz werde ausgehöhlt, wenn nicht bereits die Vollmachtserteilung der Formvorschrift genügen müsse.

Zudem sei ein entsprechender Ermächtigungsbeschluss mit der Schaffung eines genehmigten Kapitals (§ 55a GmbHG) vergleichbar.[226] In beiden Fällen werde eine Kompetenz der Gesellschafter an die Geschäftsführer delegiert.[227] Da der Gesellschafterbeschluss zur Schaffung eines genehmigten Kapitals als Satzungsänderung (vgl. § 55a Abs. 2 GmbHG) unstreitig der notariellen Beurkundung und der Eintragung im Handelsregister bedarf, müsse entsprechendes für einen Beschluss gelten, durch welchen die Geschäftsführer ermächtigt werden, die Gesellschaft zu einer Satzungsänderung zu verpflichten.[228]

Des Weiteren sei die Eintragung im Handelsregister zum Schutze neu eintretender Gesellschafter erforderlich.[229] Diese seien darüber zu unterrichten, dass Kompetenzen der Gesellschafterversammlung durch ein anderes Organ ausgeübt werden können.[230]

Diese Auffassung kann indes nicht überzeugen. So geht zunächst die Annahme fehl, der notariellen Beurkundung satzungsändernder Beschlüsse komme eine über die Beweisfunktion hinausgehende Warn- und Belehrungsfunktion zu.[231]

---

224 So *Priester/Tebben*, in: Scholz, GmbHG, § 53 Rn. 35; *Hoene/Eickmann*, GmbHR 2017, 854 (855); abw. *Fleck*, ZGR 1988, 104 (114): nur notarielle Beurkundung.

225 *Fleck*, ZGR 1988, 104 (114); unter Verweis auf BGHZ 80, 76 (79) = NJW 1981, 1160; ähnlich BGHZ 105, 324 (328) = NJW 1989, 295; OLG Hamm NJW 1974, 1057 (1058).

226 *Hoene/Eickmann*, GmbHR 2017, 854 (855 f.).

227 *Hoene/Eickmann*, GmbHR 2017, 854 (855).

228 Statt aller *Altmeppen*, GmbHG, § 55a Rn. 24; *Hermanns*, in: MHLS, GmbHG, § 55a Rn. 12; *Servatius*, in: Baumbach/Hueck, GmbHG, § 53 Rn. 9; *Wicke*, GmbHG, § 55a Rn. 3; *Ziemons*, in: BeckOK-GmbHG, § 53 Rn. 13.

229 *Hoene/Eickmann*, GmbHR 2017, 854 (856).

230 *Hoene/Eickmann*, GmbHR 2017, 854 (856).

231 So auch *Lieder*, in: FS Bergmann, 2018, 473 (481); *Altmeppen*, GmbHG, § 53 Rn. 41; *Harbarth*, in: MüKoGmbHG, § 53 Rn. 137; *Zöllner/Noack*, in: Baumbach/Hueck, GmbHG, § 53 Rn. 71; *K. J. Müller*, GmbHR 2007, 113 (114); *Sieger/Schulte*, GmbHR 2002, 1050 (1052).

Nach dem eindeutigen Wortlaut des § 53 Abs. 2 S. 1 GmbHG ist ausschließlich „der Beschluss“ zu beurkunden. Die Beurkundung des Beschlusses wird als „sonstiger Vorgang“ nach Maßgabe der §§ 36 f. BeurkG durchgeführt.[232] Eine Beurkundung der einzelnen Stimmabgaben als Beurkundung von Willenserklärungen nach §§ 8 ff. BeurkG ist hingegen weder erforderlich noch ausreichend.[233] Vor diesem Hintergrund ist die von § 53 Abs. 2 S. 1 GmbHG angeordnete notarielle Beurkundung sowohl eine Warn- als auch eine Belehrungsfunktion abzusprechen. Letzteres ist evident, da aufgrund des fehlenden Erfordernisses der Beurkundung der einzelnen Stimmabgaben nach §§ 8 ff. BeurkG auch § 17 BeurkG keine Anwendung findet, sodass der notariellen Beurkundung eine Belehrungsfunktion gar nicht zuteilwerden kann.[234]

Des Weiteren ist eine Ermächtigung der Geschäftsführer zur Eingehung einer Verpflichtung der Gesellschaft zu einer Satzungsänderung nicht mit der Schaffung eines genehmigten Kapitals vergleichbar. § 55a GmbHG stellt, da die Geschäftsführer anstelle der Gesellschafter die maßgebliche Entscheidung über die Erhöhung des Stammkapitals treffen, eine Durchbrechung der ausschließlichen Kompetenz der Gesellschafterversammlung für Satzungsänderungen dar.[235] Durch eine Ermächtigung der Geschäftsführer zur Eingehung einer Verpflichtung zu einer Satzungsänderung begeben sich die Gesellschafter dagegen gerade nicht ihrer Satzungshoheit![236] Schließlich können die Geschäftsführer, wie bereits ausführlich dargestellt, nur zu einer inhaltlich genau bestimmten Satzungsänderung für einen konkreten Einzelfall ermächtigt werden; ein

---

232 OLG Celle NZG 2017, 422; *Lieder*, FS Bergmann, 2018, 473 (481); *Bayer*, in: Lutter/Hommelhoff, GmbHG, § 53 Rn. 16; *Gummert*, in: Henssler/Strohn, GmbHG, § 53 Rn. 21; *Harbarth*, in: MüKoGmbHG, § 53 Rn. 68; *Hoffmann*, in: MHLS, GmbHG, § 53 Rn. 70; *Priester/Tebben*, in: Scholz, GmbHG, § 53 Rn. 69; *Schnorbus*, in: Rowedder/Schmidt-Leithoff, GmbHG, § 53 Rn. 58; *Ulmer/Casper*, in: UHL, GmbHG, § 53 Rn. 48; *Zöllner/Noack*, in: Baumbach/Hueck, GmbHG, § 53 Rn. 71; *Röll*, DNotZ 1979, 644 (644 ff.); *Grotheer*, RNotZ 2015, 4.

233 OLG Celle, NZG 2017, 422; *Lieder*, in: FS Bergmann, 2018, 473 (481); *Altmeppen*, GmbHG, § 53 Rn. 41; *Gummert*, in: Henssler/Strohn, GmbHG, § 53 Rn. 21; *Hoffmann*, in: MHLS, GmbHG, § 53 Rn. 70; *Ulmer/Casper*, in: UHL, GmbHG, § 53 Rn. 48; *Röll*, DNotZ 1979, 644 (651 f.).

234 *Lieder*, in: FS Bergmann, 2018, 473 (481).

235 *Altmeppen*, GmbHG, § 55a Rn. 2; *Schnorbus/Donner*, NZG 2009, 1241; zweifelnd *Gummert*, in: Henssler/Strohn, GmbHG, § 55a Rn. 26 unter Hinweis auf das unbeschränkte Weisungsrecht der Gesellschafterversammlung.

236 *Altmeppen*, GmbHG, § 53 Rn. 39.

substantielles Entscheidungsermessen kann ihnen hingegen nicht eingeräumt werden.[237] Die Entscheidung über die Satzungsänderung verbleibt damit im Ergebnis bei den Gesellschaftern. Sie nehmen die Entscheidung durch den Beschluss zur Bevollmächtigung lediglich vorweg.[238]

Die herrschende Meinung geht daher zu Recht davon aus, dass der ermächtigende Gesellschafterbeschluss nicht notariell zu beurkunden ist.[239] Diese Annahme wird durch die Wertung des § 167 Abs. 2 BGB bestätigt.[240] Wenn eine Vollmacht nicht der Form des Rechtsgeschäfts bedarf, auf das sich die Vollmacht bezieht, so bedarf sie erst recht nicht der Form, welche *zur Erfüllung* des Rechtsgeschäfts, auf das sich die Vollmacht bezieht, vorgeschrieben ist.[241] § 167 Abs. 2 BGB ist zwar regelmäßig teleologisch zu reduzieren; nämlich dann, wenn dem Formerfordernis des Rechtsgeschäfts, auf das sich die Vollmacht bezieht, eine Warnfunktion zukommt, weil bereits die Vollmachtserteilung die Möglichkeit des Eintritts desjenigen Nachteils begründet, vor dem die Formvorschrift warnend schützen soll.[242] Da allerdings, wie bereits erörtert, dem Formerfordernis des § 53 Abs. 2 GmbHG allein eine Beweisfunktion zukommt, scheidet eine teleologische Reduktion des § 167 Abs. 2 BGB im Ansatz aus.[243] Mithin bedarf ein Beschluss, durch welchen die Geschäftsführer ermächtigt werden, die Gesellschaft zu einer Satzungsänderung zu verpflichten, nicht der notariellen Beurkundung.

---

237 *Harbarth*, in: MüKoGmbHG, § 53 Rn. 136; *Fleck*, ZGR 1988, 104 (114); näher S. 44 f.

238 Näher S. 44 f.

239 Vgl. *Altmeppen*, GmbHG, § 53 Rn. 39; *Bayer*, in: Lutter/Hommelhoff, GmbHG, § 53 Rn. 40; *Harbarth*, in: MüKoGmbHG, § 53 Rn. 137; *Hoffmann*, in: MHLS, GmbHG, § 53 Rn. 50; *Ulmer/Casper*, in: UHL, GmbHG, § 53 Rn. 42; *Lieder*, in: FS Bergmann, 2018, 473 (483 ff.); *Sieger/Schulte*, GmbHR 2002, 1050 (1052); *Milch*, BB 2016, 1538 (1539 f.); *Winneke*, Schuldrechtliche Vereinbarungen über Kapitalbeschaffungsmaßnahmen, S. 99.

240 *Lieder*, FS Bergmann, 2018, 473 (484); *Altmeppen*, GmbHG, § 53 Rn. 39; *Hoffmann*, in: MHLS, GmbHG, § 53 Rn. 50; *Milch*, BB 2016, 1538 (1539 f.).

241 *Hoffmann*, in: MHLS, GmbHG, § 53 Rn. 50.

242 *Flume*, BGB AT II, S. 861 f.; *Schilken*, in: Staudinger, BGB, § 167 Rn. 20; Die h.M. fordert darüber hinaus, dass der Vertretene durch die Bevollmächtigung ebenso gebunden wird wie durch die Vornahme des formbedürftigen Rechtsgeschäfts selbst, s. RGZ 62, 335 (336); RGZ 76, 182 (183); BGH NJW 1952, 1210 (1211); BGH NJW 2008, 845; *Leptien*, in: Soergel, BGB, § 167 Rn. 12; *Schubert*, in: MüKoBGB, § 167 Rn. 21.

243 *Lieder*, FS Bergmann, 2018, 473 (484).

Auch die Eintragung im Handelsregister ist nicht erforderlich.[244] Die von § 54 GmbHG angeordnete Publizität bezweckt grundsätzlich nur die Offenlegung des geltenden Satzungsrechts, nicht aber die Information über zukünftige Änderungen.[245] Einer Ausnahme von diesem Grundsatz zum Schutze neu eintretender Gesellschafter bedarf es nicht. Der Gegenauffassung ist zwar zuzugestehen, dass ein in die Gesellschaft eintretender Gesellschafter vor Verpflichtungen der Gesellschaft zur Änderung der Satzung zu schützen ist.[246] Einen angemessenen Schutz kann der neu eintretende Gesellschafter jedoch durch entsprechende und in der Praxis durchaus übliche Garantien des Anteilsveräußerers selbst bewirken.[247]

### *II. Publizitätspflichten analog § 221 Abs. 2 S. 2, 3 AktG*

Ferner kommt in Betracht, dass der Beschluss über die Ausgabe von Optionsanleihen in analoger Anwendung des § 221 Abs. 2 S. 2 AktG öffentlich bekannt zu machen ist. § 221 Abs. 2 S. 2 AktG statuiert, dass der Vorstand und der Vorsitzende des Aufsichtsrats den Beschluss über die Ausgabe der Wandelschuldverschreibungen sowie eine Erklärung über deren Ausgabe beim Handelsregister zu hinterlegen haben. Darüber hinaus ist gemäß § 221 Abs. 2 S. 3 AktG ein Hinweis auf den Beschluss und eine Erklärung über die erfolgte Ausgabe der Optionsanleihen in den Gesellschaftsblättern bekanntzumachen. Nach herrschender Meinung gelten die Publikationspflichten für jedweden Beschluss über die Ausgabe von Wandelschuldverschreibungen.[248]

---

244 *Lieder*, in: FS Bergmann, 2018, 473 (483 ff.); *Altmeppen*, GmbHG, § 53 Rn. 39; *Bayer*, in: Lutter/Hommelhoff, GmbHG, § 53 Rn. 40; *Harbarth*, in: MüKoGmbHG, § 53 Rn. 137; *Hoffmann*, in: MHLS, GmbHG, § 53 Rn. 50; *Ulmer/Casper*, in: UHL, GmbHG, § 53 Rn. 42; *Milch*, BB 2016, 1538 (1540); *Winneke*, Schuldrechtliche Vereinbarungen über Kapitalbeschaffungsmaßnahmen, S. 99.

245 *Hoffmann*, in: MHLS, GmbHG, § 53 Rn. 50; *Milch*, BB 2016, 1538 (1540).

246 So auch *Harbarth*, in: MüKoGmbHG, § 53 Rn. 137; *Fleck*, ZGR 1988, 104 (114).

247 *Harbarth*, in: MüKoGmbHG, § 53 Rn. 137; *Milch*, BB 2016, 1538 (1540); ähnlich *Fleck*, ZGR 1988, 104 (114): Es „kann und muß erwartet werden, daß dem neuen Mitglied vor seinem Eintritt in die GmbH alle notwendigen Aufschlüsse über die bestehende Verpflichtung gegeben werden. Ein Gesellschafter, der dies bei Abtretung seines Anteils versäumt und dadurch die Interessen des Erwerbers verletzt, schuldet diesem Schadensersatz."

248 D.h. sowohl für einen Zustimmungsbeschluss nach § 221 Abs. 1 AktG als auch für einen Ermächtigungsbeschluss nach § 221 Abs. 2 AktG, s. *Fest*, in: Hopt/Seibt, AktG, § 221 Rn. 548; *Groß*, in: Marsch-Barner/Schäfer, HdB-AG, Rn. 51.45; *Habersack*, in: MüKoAktG, § 221 Rn. 148; *Haberstock/Greitemann*, in: Hölters, AktG, § 221

Sinn und Zweck des Publizitätserfordernisses ist nach herrschender Meinung die Unterrichtung der Allgemeinheit über die infolge der Ausgabe der Optionsanleihen bestehende Möglichkeit einer künftigen Veränderung der Kapitalstruktur der AG.[249] Dieser Gedanke ist dahingehend zu präzisieren, dass die Publizitätspflicht primär dem Schutz neu eintretender Aktionäre dient. Diese haben ein Interesse daran, *vor* dem Aktienerwerb von einer erfolgten oder erfolgenden Ausgabe von Optionsanleihen Kenntnis zu haben. Schließlich droht unter diesen Umständen in Zukunft eine Verwässerung der zu erwerbenden Beteiligungen, indem die Optionsrechte ausgeübt und neue Aktien ausgegeben werden.

Im Aktienrecht erscheint es aufgrund des großen und in seiner Zusammensetzung regelmäßig wechselnden Aktionärskreises durchaus zweckmäßig, dem Schutzbedürfnis neu hinzutretender Aktionäre grundlegend und einmalig durch die Publizität des Ausgabebeschlusses und einer Erklärung über die erfolgte Ausgabe nachzukommen. Im GmbH-Recht gestaltet sich die Interessenlage hingegen anders. Da die Verkehrsfähigkeit von GmbH-Geschäftsanteilen durch eine Reihe rechtlicher und tatsächlicher Umstände enorm eingeschränkt ist, dürfte die Zahl neu eintretender Gesellschafter äußerst gering sein. Dies macht eine flexiblere und individuellere Handhabung als im Aktienrecht möglich. So kann, wie bereits dargelegt, ein angemessener und geeigneter Schutz insbesondere durch entsprechende Garantien des Anteilsveräußerers bewirkt werden. Einer entsprechenden Anwendung des § 221 Abs. 2 S. 2, 3 AktG bedarf es nicht.

## *C. Kein Ermächtigungsbeschluss analog § 221 Abs. 2 S. 1 AktG*

Über die Ausgabe von Optionsanleihen und die Grundzüge der in den Optionsanleihen gewährten Rechte, aufgrund derer die Gesellschaft zur Durchführung einer Kapitalerhöhung verpflichtet ist, haben in Anbetracht des Grundsatzes der Satzungsautonomie die Gesellschafter zu entscheiden. Dem in Vollzug des Gesellschafterbeschlusses die Optionsanleihen ausgebenden Geschäftsführer kommt kein substantielles Entscheidungsermessen zu.

Entsprechendes gilt im Aktienrecht für den Ausgabebeschluss nach § 221 Abs. 1 AktG. Doch besteht nach § 221 Abs. 2 S. 1 AktG im Aktienrecht nebstdem

---

Rn. 80; *Koch*, in: Hüffer/Koch, AktG, § 221 Rn. 20; *Rieder/Holzmann*, in: Grigoleit, AktG, § 221 Rn. 16; *Scholz*, in: MHdB-GesR IV, § 64 Rn. 29; *Stadler*, in: Bürgers/Körber/Lieder, AktG, § 221 Rn. 41.

249 *Habersack*, in: MüKoAktG, § 221 Rn. 147; *Haberstock/Greitemann*, in: Hölters, AktG, § 221 Rn. 80; *Mackh*, Wandelschuldverschreibungen, S. 215.

die Möglichkeit, den Vorstand für einen Zeitraum von bis zu fünf Jahren zur Ausgabe von Optionsanleihen zu ermächtigen. Innerhalb der im Ermächtigungsbeschluss vorgesehen Frist ist der Vorstand nicht nur frei, ob und wann er Optionsanleihen ausgibt. Auch bleibt ihm nach herrschender Meinung – anders als im Falle des § 221 Abs. 1 AktG – die Festlegung der Bezugskonditionen überlassen.[250]

Wird im Einklang mit der hier vertretenen Auffassung davon ausgegangen, dass Zeichnungs- bzw. Übernahmeverträge einen Erfüllungsanspruch auf Verschaffung der Mitgliedschaft gewähren, stellt § 221 Abs. 2 AktG – ähnlich wie das genehmigte Kapital (§ 202 AktG, § 55a GmbHG) – eine Durchbrechung des Grundsatzes der Satzungsautonomie dar. Denn ermächtigt die Hauptversammlung den Vorstand zur Ausgabe von Optionsanleihen, ohne über die Grundzüge der in der Optionsanleihe zu gewährenden Rechte zu entscheiden, aufgrund derer die Gesellschaft gegebenenfalls eine Kapitalerhöhung durchzuführen hat, so bevollmächtigt sie der Vorstand, die Gesellschaft mittelbar zu einer Kapitalerhöhung zu verpflichten, ohne die Ermächtigung auf eine genau bestimmte Kapitalmaßnahme für einen konkreten Einzelfall zu beschränken. Dem Vorstand wird also ein Entscheidungsspielraum im Hinblick auf den Inhalt der vorzunehmenden Satzungsänderung eingeräumt.[251]

Zweck des § 221 Abs. 2 S. 1 AktG ist es, die Flexibilität der AG bei der Ausgabe von Optionsanleihen zu erhöhen. Dem Vorstand wird ermöglicht, auf sich ändernde Kapital- und Marktanforderungen kurzfristig zu reagieren.[252] Dieser Form der Ausgabe bedarf es, da die Ausgabe nach § 221 Abs. 1 AktG ein vergleichsweise langwieriger und schwerfälliger Vorgang ist, der es nicht erlaubt, kurzzeitig bietende Marktsituationen zu nutzen.[253]

Überwiegend wird angenommen, § 221 Abs. 2 S. 1 AktG müsse im GmbH-Recht entsprechend Anwendung finden.[254] Dies erscheint angesichts des Zwecks

250 *Habersack*, in: MüKoAktG, § 221 Rn. 155.

251 S. zum Umfang der Ermächtigung *Hoffmann*, in: MHLS, GmbHG, § 53 Rn. 49.

252 Zum Parallelfall des genehmigten Kapitals *Bayer*, in: MüKoAktG, § 202 Rn. 1; *Hermanns*, in: MHLS, GmbHG, § 55a Rn. 1.

253 Vgl. *Mackh*, Wandelschuldverschreibungen, S. 221.

254 *Fest*, in: Hopt/Seibt, AktG, § 221 Rn. 753 f., der zu Recht darauf hinweist, dass der analogen Anwendung nicht entgegensteht, dass § 221 Abs. 2 AktG der Umsetzung des Art. 29 Abs. 2 Richtlinie 77/91/EWG dient, deren Anwendungsbereich gemäß Art. 1 UAbs. 1 Richtlinie 77/91/EWG auf Aktiengesellschaften beschränkt ist. Schließlich sind die Mitgliedstaaten dadurch nicht gehindert, die Möglichkeit einer weitreichenden Ermächtigung zur Ausgabe von Optionsanleihen auf Gesellschaften anderer Rechtsformen zu erstrecken; ferner *Mackh*, Wandelschuldverschreibungen, S. 221.

der Regelung jedoch äußerst zweifelhaft. Die Interessenlage in der GmbH ist insoweit eine andere, als das Bedürfnis nach einer vermeintlich schnelleren und flexibleren Form der Ausgabe von Optionsanleihen nicht besteht. Aufgrund des meist kleinen Gesellschafterkreises ist es problemlos möglich, dass die Gesellschafter kurzfristig und bedarfsabhängig für jedes Vorhaben über die Ausgabe von Optionsanleihen entscheiden.[255] Eine analoge Anwendung des § 221 Abs. 2 S. 1 AktG ist daher nicht geboten.

---

255 Hiergegen ließe sich zwar anführen, dass das gleiche Argument gegen das Bedürfnis eines genehmigten Kapitals im GmbH-Recht vorgebracht wurde, s. statt aller *Ulmer*, in: UHW, GmbHG, § 55 Rn. 11. Dennoch hielt der Gesetzgeber des MoMiG ein genehmigtes Kapital auch im GmbH-Recht für erforderlich und führte § 55a GmbHG ein. Doch kann dieser Einwand nicht überzeugen, da der Gesetzgeber das genehmigte Kapital auch einführte, weil es der Gesellschaft ermöglicht, Kosten bei der Kapitalerhöhung zu sparen, s. BT-Drs. 16/9737, S. 56. So entfällt bei einer Kapitalerhöhung aus genehmigtem Kapital der notariell zu beurkundende Kapitalerhöhungsbeschluss. Die analoge Anwendung des § 221 Abs. 2 AktG hätte hingegen nicht zur Folge, dass die Ausgabe von Optionsanleihen mit einem geringeren Kostenaufwand für die Gesellschaft verbunden wäre. So haben die vorstehenden Ausführungen gezeigt, dass auch der herkömmliche Gesellschafterbeschluss betreffs der Ausgabe von Optionsanleihen weder der notariellen Beurkundung noch der Eintragung im Handelsregister bedarf. Daher bleiben die Vorteile, die eine analoge Anwendung des § 221 Abs. 2 AktG mit sich brächte, hinter denen eines genehmigten Kapitals zurück.

## § 4 Das gesetzliche Bezugsrecht der Gesellschafter

### *A. Überblick*

Den Gesellschaftern steht in analoger Anwendung des § 221 Abs. 4 AktG bei der Ausgabe von Optionsanleihen kraft Gesetzes ein gesetzliches Bezugsrecht zu. Dieses folgt gemäß § 221 Abs. 4 S. 2 AktG analog den Grundsätzen des gesetzlichen Bezugsrechts auf Aktien nach § 186 AktG.[256] Es ist daher auch im Rahmen des § 221 Abs. 4 AktG zwischen dem abstrakten Bezugsrecht, welches ein unselbstständiger Teil der Mitgliedschaft ist und unabhängig von einem konkreten Ausgabevorhaben existiert, und dem konkreten Bezugsanspruch zu unterscheiden.[257] Der konkrete Bezugsanspruch erwächst mit dem Beschluss zur Ermächtigung der Geschäftsführer zur Ausgabe der Optionsanleihen dem mitgliedschaftlichen Bezugsstammrecht und vermittelt jedem Gesellschafter das Recht, auf sein Verlangen ein seinem Anteil am bisherigen Stammkapital entsprechenden Anteil der auszugebenen Optionsanleihen zu übernehmen.

### *B. Ausübung des Bezugsrechts*

Da der einzelne Gesellschafter nur „auf sein Verlangen" an der Ausgabe der Optionsanleihen zu beteiligen ist, obliegt es ihm, den durch das gesetzliche Bezugsrecht vermittelten Anspruch auf Erwerb der Optionsanleihen gegenüber der Gesellschaft geltend zu machen.[258] Die dazu erforderliche Bezugserklärung ist empfangsbedürftig, aber nicht formgebunden; sie kann somit auch mündlich erklärt werden.[259] Gemäß §§ 221 Abs. 4 S. 2, 186 Abs. 1 S. 2 AktG analog ist für die Ausübung des Bezugsrechts eine Frist von mindestens zwei Wochen zu bestimmen. Dadurch wird gewährleistet, dass den Gesellschaftern hinreichend Bedenkzeit zur Verfügung steht, um eine rationale Entscheidung über den Umgang mit ihrem Bezugsrecht treffen zu können.[260] Zugleich wird dem

---

256 OLG Braunschweig, AG 1999, 84 (85); *Habersack*, in: MüKoAktG, § 221 Rn. 161; *Rieder/Holzmann*, Grigoleit, AktG, § 221 Rn. 32; *Groß*, DB 1994, 2431 (2435).

257 Vgl. *Fest*, in: Hopt/Seibt, AktG, § 221 Rn. 573 f.; *Rieder/Holzmann*, in: Grigoleit, AktG, § 221 Rn. 32.

258 Vgl. *Schürnbrand/Verse*, in: MüKoAktG, § 186 Rn. 52; *Servatius*, in: BeckOGK-AktG, § 186 Rn. 18.

259 *Fest*, in: Hopt/Seibt, AktG, § 221 Rn. 581; s. jeweils zu § 186 AktG: KG AG 2006, 201; *Lieder*, in: Bürgers/Körber/Lieder, AktG, § 186 Rn. 19; *Schürnbrand/Verse*, in: MüKo-AktG, § 186 Rn. 53.

260 Vgl. *Ekkenga*, in: KölnerKomm, AktG, § 186 Rn. 42; *Schürnbrand/Verse*, in: MüKo-AktG, § 186 Rn. 56; *Servatius*, in: BeckOGK-AktG, § 221 Rn. 20.

Umstand Rechnung getragen, dass der Gesellschaft daran gelegen ist, innerhalb eines überschaubaren Zeitraums zu erfahren, in welchem Umfang die Berechtigten ihr Bezugsrecht in Anspruch nehmen.[261] Verzichten Gesellschafter auf die Ausübung ihres Bezugsrechts, stehen die nicht bezogenen Optionsanleihen den bezugswilligen Mitgesellschaftern, welche ihr gesetzliches Bezugsrecht bereits vollständig ausgeübt haben, anteilig zu (sog. „Nachbezugsrecht").[262]

## *C. Der Ausschluss des gesetzlichen Bezugsrechts*

Beabsichtigt die Gesellschaft, die Optionsanleihen nicht an die Altgesellschafter, sondern an Dritte auszugeben, so ist ein Ausschluss des gesetzlichen Bezugsrechts erforderlich. Ein solcher Bezugsrechtsausschluss ist gemäß § 221 Abs. 4 S. 2 i.V.m. § 186 Abs. 3, 4 AktG analog nur unter strengen formellen und materiellen Voraussetzungen zulässig.

### *I. Formelle Voraussetzungen*

In Anlehnung an den Bezugsrechtsausschluss im Rahmen einer ordentlichen Kapitalerhöhung muss der Ausschluss des gesetzlichen Bezugsrechts auf Optionsanleihen Bestandteil des Beschlusses der Gesellschaft über die Ausgabe der Optionsanleihen sein.[263]

Der Ausschluss bedarf in entsprechender Anwendung des § 221 Abs. 4 S. 2 i.V.m. § 186 Abs. 3 S. 2 AktG einer Mehrheit von mindestens drei Vierteln der abgegebenen Stimmen.[264] Teilweise wird aus Gründen des Minderheitenschutzes darüber hinaus eine Dreiviertel-Kapitalmehrheit für erforderlich

261 Vgl. *Ekkenga*, in: KölnerKomm, AktG, § 186 Rn. 42; *Schürnbrand/Verse*, in: MüKoAktG, § 186 Rn. 56; mit Kritik an der aktuellen Gesetzeslage *Meyer/Weber*, CFL 2012, 249 (254): für Verkürzung der Bezugsfrist auf sechs Werktage *de lege ferenda*.

262 Vgl. zum Bezugsrecht auf Geschäftsanteile *Altmeppen*, GmbHG, § 55 Rn. 39; *Servatius*, in: Baumbach/Hueck, GmbHG, § 55 Rn. 24.

263 Vgl. *Habersack*, in: MüKoAktG, § 221 Rn. 172; *Haberstock/Greitemann*, in: Hölters, AktG, § 221 Rn. 99; zum Bezugsrechtsausschluss bei einer regulären Kapitalerhöhung *Altmeppen*, GmbHG, § 55 Rn. 28; *Bayer*, in: Lutter/Hommelhoff, GmbHG, § 55 Rn. 23; *Inhester*, in: Saenger/Inhester, GmbHG, § 55 Rn. 34; *Lieder*, in: MüKoGmbHG, § 55 Rn. 83; *Priester/Tebben*, in: Scholz, GmbHG, § 55 Rn. 61; *Servatius*, in: Baumbach/Hueck, GmbHG, § 55 Rn. 25.

264 Unstr. vgl. *Hermanns*, in: MHLS GmbHG, § 55 Rn. 46; *Lieder*, in: MüKoGmbHG, § 55 Rn. 83; *Servatius*, in: Baumbach/Hueck GmbHG, § 55 Rn. 25a; *Heckschen*, DStR 2001, 1437 (1439 f.) jew. m.w.N.

gehalten.[265] Offenbar wird befürchtet, andernfalls könne gegen den Willen einer Kapitalmehrheit das Bezugsrecht ausgeschlossen werden, da in der GmbH eine disproportionale Stimmgewichtung zulässig ist, die einer Kapitalminderheit die Stimmenmehrheit verschaffen kann.[266] Jedoch ist dem GmbHG nicht nur eine Dreiviertel-Kapitalmehrheit fremd. Auch ist ein effektiver Minderheitenschutz allein durch die materiellen Anforderungen an einen Bezugsrechtsausschluss gewährleistet.[267] Der Bezugsrechtsausschluss bedarf daher neben einer Dreiviertel-Stimmenmehrheit keiner Dreiviertel-Kapitalmehrheit.[268]

Angesichts der weitreichenden Folgen und des damit einhergehenden Informationsbedürfnisses der Gesellschafter darf ein Bezugsrechtsausschluss nach § 221 Abs. 4 S. 2 i.V.m. § 186 Abs. 4 S. 1 AktG nur erfolgen, wenn dieser zuvor ausdrücklich in der Tagesordnung (§ 51 Abs. 2 GmbHG) angekündigt worden ist.[269] Umstritten ist, ob es darüber hinaus in analoger Anwendung des § 186 Abs. 4 S. 2 AktG eines schriftlichen Berichts des Geschäftsführers bedarf, in welchem dieser umfassend und konkret über die für die Rechtfertigung des beabsichtigten Bezugsrechtsausschlusses entscheidenden Tatsachen aufzuklären und den geplanten Ausgabebetrag und die Ausgabekonditionen darzulegen und zu begründen hat.[270] Durch einen entsprechenden Bericht soll den Gesellschaftern die Möglichkeit gegeben werden, die Vor- und Nachteile eines Bezugsrechtsausschlusses zu erörtern und abzuwägen.[271] Mitunter wird angenommen, die Bestimmung des § 186 Abs. 4 S. 2 AktG sei auf die GmbH nicht übertragbar, da

265 Vgl. *Gummert*, in: Henssler/Strohn, GmbHG, § 55 Rn. 17; *Servatius*, in: Baumbach/Hueck GmbHG, § 55 Rn. 25a.

266 So wohl *Servatius*, in: Baumbach/Hueck GmbHG, § 55 Rn. 25a i.V.m. Fn. 82: Satzungsändernde Mehrheit zum Schutz der Minderheit zu wenig, da Mehrstimmrechte unbegrenzt zulässig sind; zum überproportionalen (Mehrfach-)Stimmrecht vgl. *Altmeppen*, GmbHG, § 47 Rn. 27, 46.

267 *Priester/Tebben*, in: Scholz GmbHG, § 55 Rn. 61.

268 So für den Bezugsrechtsausschluss bei der regulären Kapitalerhöhung auch *Altmeppen*, GmbHG, § 55 Rn. 29; *Hermanns*, in: MHLS GmbHG, § 55 Rn. 46; *Priester/Tebben*, in: Scholz, GmbHG, § 55 Rn. 61 jew. m.w.N.

269 Vgl. *Altmeppen*, GmbHG, § 55 Rn. 29; *Bayer*, in: Lutter/Hommelhoff GmbHG, § 55 Rn. 23; *Lieder*, in: MüKoGmbHG, § 55 Rn. 84; *Priester/Tebben,* in: Scholz GmbHG, § 55 Rn. 61; *Servatius*, in: Baumbach/Hueck GmbHG, § 55 Rn. 25b; *Heckschen*, DStR 2001, 1437 (1440); *Rottnauer*, ZGR 2007, 401 (410); wohl a.A. *Hermanns*, in: MHLS GmbHG, § 55 Rn. 46.

270 Vgl. *Rieder/Holzmann*, in: Grigoleit, AktG, § 221 Rn. 37.

271 Vgl. *Habersack*, in: MüKoAktG, § 221 Rn. 178; *Haberstock/Greitemann*, in: Hölters, AktG, § 221 Rn. 99.

wegen des regelmäßig kleineren Gesellschafterkreises eine flexible Handhabung gebotener erscheine.[272] Eine ausreichende Information der Gesellschafter über die Gründe des beabsichtigten Bezugsrechtsausschlusses könne auch anderweitig gewahrt werden.[273] Allerdings wird dadurch unberücksichtigt gelassen, dass die schriftliche Begründung nicht nur den Zweck erfüllt, dem Informationsbedürfnis der Gesellschafter Rechnung zu tragen. Die schriftliche Begründung dient auch als Grundlage für die gerichtliche Überprüfung des Beschlusses in einem etwaigen anschließenden Anfechtungsverfahren.[274] Aus Gründen des Schutzes der Gesellschafter und der Rechtsklarheit ist daher auch im GmbH-Recht ein schriftlicher Bericht über den Grund des Bezugsrechtsausschlusses zu fordern.[275]

### *II. Materielle Voraussetzungen*

Ein Ausschluss des gesetzlichen Bezugsrechts auf neue *Geschäftsanteile* stellt einen Eingriff in das Mitgliedschaftsrecht der Gesellschafter dar. Er ist daher nur gerechtfertigt, wenn der damit verbundene Nachteil für die betroffenen Gesellschafter nicht außer Verhältnis zu dem für die Gesellschaft erstrebten Vorteil steht.[276] Da § 221 Abs. 4 S. 1 AktG die entsprechende Anwendung des 186 Abs. 3 AktG auf die Ausgabe von Optionsanleihen anordnet, müssen diese materiellen Anforderungen auch für den Ausschluss des Bezugsrechts auf *Optionsanleihen* gelten, sofern ihre Ausgabe unter Ausschluss des gesetzlichen Bezugsrechts die mitgliedschaftliche Rechtsstellung der Gesellschafter in vergleichbarer Weise beeinträchtigt.[277]

---

272 Vgl. *Arnold/Born*, in: Bork/Schäfer, GmbHG, § 55 Rn. 27; *Hermanns*, in: MHLS, GmbHG, § 55 Rn. 46; *Priester/Tebben*, in: Scholz, GmbHG, § 55 Rn. 61a.

273 Vgl. *Arnold/Born*, in: Bork/Schäfer, GmbHG, § 55 Rn. 27; *Hermanns*, in: MHLS, GmbHG, § 55 Rn. 46 *Priester/Tebben*, in: Scholz, GmbHG, § 55 Rn. 61a.

274 Für die AG: BGHZ 83, 319 (326) = NJW 1982, 2444; OLG Stuttgart DB 1998, 1757 (1760); OLG München ZIP 2009, 718 (720 f.); für die GmbH *Lieder*, in: MüKoGmbHG, § 55 Rn. 84; *Heckschen*, DStR 2001, 1437 (1440).

275 So für den Bezugsrechtsausschluss bei einer regulären Kapitalerhöhung: *Altmeppen*, GmbHG § 55 Rn. 29; *Lieder*, in: MüKoGmbHG, § 55 Rn. 84; *Heckschen*, DStR 2001, 1437 (1440).

276 *Altmeppen*, GmbHG, § 55 Rn. 31; *Servatius*, in: Baumbach/Hueck, GmbHG, § 55 Rn. 26 jew. m.w.N.

277 Vgl. BGHZ 120, 141 (146) = AG 1993, 134 – Bremer Bankverein (zu Genussrechten); *Fest*, in: Hopt/Seibt, AktG, § 221 Rn. 628.

Zwar wird durch die Ausgabe von Optionsanleihen an Dritte die mitgliedschaftliche Rechtsstellung der Altgesellschafter nicht unmittelbar beeinträchtigt. Doch tritt eine Beeinträchtigung auf, sobald die Optionsrechte ausgeübt werden und Dritte die neuen Geschäftsanteile erwerben. Angesichts dessen beeinträchtigt der Ausschluss des Bezugsrechts auf Optionsanleihen die mitgliedschaftliche Rechtsstellung der Gesellschafter – wenn auch nur indirekt – in gleicher Weise wie der Ausschluss des Bezugsrechts auf neue Geschäftsanteile.[278] Daher bedarf der Ausschluss des Bezugsrechts auf Optionsanleihen der gleichen sachlichen Rechtfertigung wie ein Bezugsrechtsausschluss im Rahmen einer Kapitalerhöhung.[279]

Somit müssen die vom BGH in der *Kali+Salz*-Entscheidung[280] formulierten Grundsätze beim Ausschluss des gesetzlichen Bezugsrechts auf Optionsanleihen sinngemäß Geltung beanspruchen.[281] Dies bedeutet, dass der Ausschluss des Bezugsrechts nur zulässig ist, wenn er erforderlich und verhältnismäßig ist.[282] Bei der Anwendung dieses Grundsatzes ist im GmbH-Recht im Allgemeinen eine strenge Handhabung zu fordern, um der besonderen Bedeutung des gesetzlichen Bezugsrechts in der personalistisch strukturierten GmbH Rechnung zu tragen.[283] So ist der Ausschluss des Bezugsrechts nicht bereits dann erforderlich,

278 *Fest*, in: Hopt/Seibt, AktG, § 221 Rn. 631.

279 So im Ergebnis auch BGH, AG 2006, 246 (247); BGH AG 2007, 863 (864); OLG München ZIP 2009, 718 (720); OLG Schleswig AG 2003, 48 (49); OLG Braunschweig, AG 1999, 84 (85); *Baums*, FS Claussen, 1997, 3 (40); *Fest*, in: Hopt/Seibt, AktG, § 221 Rn. 631; *Früchtl*, in: Wachter, AktG, § 221 Rn. 31; *Habersack*, in: MüKoAktG, § 221 Rn. 185; *Haberstock/Greitemann*, in: Hölters, AktG, § 221 Rn. 106; *Hirte*, in: GroßKommAktG, § 221 Rn. 143; *Koch*, in: Hüffer/Koch, AktG, § 221 Rn. 42; *Merkt*, in: K. Schmidt/Lutter, AktG, § 221 Rn. 101; *Rieder/Holzmann*, in: Grigoleit, AktG, § 221 Rn. 38; *Schlitt*, in: Unternehmensfinanzierung am Kapitalmarkt, Rn. 11.48; *Scholz*, in: MHdB-GesR IV, § 64 Rn. 31; *Stadler*, in: Bürgers/Körber/Lieder, AktG, § 221 Rn. 67; *Hirte*, WM 1994, 321 (323); *Hofmeister*, NZG 2000, 713 (719); *Hofmeister*, Der erleichterte Bezugsrechtsausschluss bei Wandelschuldverschreibungen, S. 56; *Schumann*, Optionsanleihen, S. 192.

280 BGHZ 71, 40 = NJW 1978, 1316 – Kali+Salz.

281 Vgl. OLG Braunschweig AG 1999, 84 (85); *Fest*, in: Hopt/Seibt, AktG, § 221 Rn. 634.

282 Vgl. BGHZ 71, 40 = NJW 1978, 1316 – Kali+Salz; BGHZ 83, 319 (321) = NJW 1982, 2444 – Philipp Holzmann; BGHZ 125, 239 = NJW 1994, 1410 – Deutsche Bank; BGHZ 136, 133 (139) = NJW 1997, 2815 – Siemens/Nold II; *Lutter*, ZGR 1979, 401 (403 ff.); *Hirte*, Bezugsrechtsausschluss und Konzernbildung, S. 20 ff.

283 *Lieder*, in: MüKoGmbHG, § 55 Rn. 80; *Priester/Tebben*, in: Scholz, GmbHG, § 55 Rn. 54.

wenn er für die Gesellschaft zweckmäßig ist.[284] Vielmehr ist notwendig, dass das von der Gesellschaft angestrebte Ziel ohne den Bezugsrechtsausschluss nur unter Hinnahme bedeutsamer Nachteile für die Gesellschaft erreicht werden kann.[285]

Um zu ermitteln, ob der Bezugsrechtsausschluss zudem verhältnismäßig ist, sind die durch den Bezugsrechtsausschluss entstehenden Nachteile auf Seiten der von dem Ausschluss betroffenen Gesellschafter gegen die Vorteile der Gesellschaft abzuwägen.[286] Im Rahmen der Abwägung ist zu beachten, dass der Gesellschafter zwar kraft seiner Mitgliedschaft dem mit der Gesellschaft gemeinsam verfolgten Zweck verpflichtet ist, seine eigenen Interessen denen der Gesellschaft aber nicht gänzlich unterzuordnen hat.[287]

Unter Beachtung dieser Anforderungen kommen im Wesentlichen drei Konstellationen in Betracht, in denen ein Ausschluss des gesetzlichen Bezugsrechts auf Optionsanleihen ohne Weiteres zulässig ist: Die wohl bedeutsamste betrifft den Fall, dass keiner der Gesellschafter bereit oder in der Lage ist, der Gesellschaft dringend benötigte neue finanzielle Mittel zur Verfügung zu stellen. Zugleich können zusätzliche Finanzmittel im Wege einer reinen Fremdfinanzierung nicht beschafft werden oder die daraus resultierenden Zinslasten würden die Gesellschaft enorm belasten.[288] In diesem Fall verbleibt der Gesellschaft nur die Möglichkeit, einen neuen Gesellschafter, welcher ihr Eigenkapital zuführt, aufzunehmen oder niedrig verzinste[289] Optionsanleihen an Dritte auszugeben.

Die zweite Konstellation betrifft die Ausgabe isolierter Optionsrechte im Rahmen von Mitarbeiterbeteiligungsprogrammen.[290] Um leitenden Mitarbeitern einen starken Anreiz zur Steigerung des Unternehmenswertes zu geben und diese sodann an das Unternehmen zu binden, besteht die Möglichkeit, ihnen ein

---

284 *Priester/Tebben*, in: Scholz, GmbHG, § 55 Rn. 55.

285 *Priester/Tebben*, in: Scholz, GmbHG, § 55 Rn. 55.

286 *Lieder*, in: MükoGmbHG, § 55 Rn. 89; *Priester/Tebben*, in: Scholz, GmbHG, § 55 Rn. 55.

287 *Priester/Tebben*, in: Scholz, GmbHG, § 55 Rn. 55.

288 *Seiler*, in: BeckOGK-AktG, § 221 Rn. 94; ferner *Altmeppen*, GmbHG, § 55 Rn. 39; *Hermanns*, in: MHLS, GmbHG, § 55 Rn. 52; *Priester/Tebben*, in: Scholz, GmbHG, § 55 Rn. 57; *Schnorbus*, in: Rowedder/Schmidt-Leithoff, GmbHG, § 55 Rn. 37; *Ulmer/Casper*, in: UHL, GmbHG, § 55 Rn. 60.

289 Der Zinssatz einer Optionsanleihe liegt aufgrund des zusätzlichen Optionsrechts in aller Regel erheblich unter dem klassischer Bankdarlehen oder herkömmlicher Industrieobligationen, eing. S. 193.

290 *Florstedt*, in: KölnerKomm, AktG, § 221 Rn. 247.

Optionsrecht auf den Erwerb von Anteilen der Gesellschaft zu gewähren.[291] Ein dazu erforderlicher Ausschluss des gesetzlichen Bezugsrechts ist zulässig, sofern er in Anbetracht der besonderen Bedeutung des Mitarbeiters für das Unternehmen im Vergleich zur Belastung der ausgeschlossenen Gesellschafter nicht unangemessen erscheint.[292]

Des Weiteren ist der Ausschluss des gesetzlichen Bezugsrechts zulässig, wenn er darauf abzielt, bedeutsame Kooperationen mit potenziellen Investoren und anderen Unternehmen zu begründen oder zu intensivieren.[293] So kann die Gesellschaft ein betriebswirtschaftliches Interesse an der Beteiligung eines bestimmten Investors aufgrund dessen Kompetenzen, Erfahrungen oder Beziehungen haben, dieser jedoch zunächst lediglich dazu bereit sein, der Gesellschaft Fremdkapital zur Verfügung zu stellen. Seine Beteiligung an der Gesellschaft und sein endgültiges Engagement will er hingegen von der künftigen Entwicklung der Gesellschaft abhängig machen.[294] In diesem Fall bietet es sich an, unter Ausschluss des gesetzlichen Bezugsrechts Optionsanleihen an den potenziellen Investor auszugeben.

### *III. Verletzung des gesetzlichen Bezugsrechts*

Gibt der Geschäftsführer Optionsanleihen an Dritte aus, ohne dass im Ermächtigungsbeschluss das Bezugsrecht der Gesellschafter ausgeschlossen wurde, liegt eine Verletzung des gesetzlichen Bezugsrechts vor. Da der Geschäftsführer kraft seiner organschaftlichen Vertretungsmacht keine Optionsanleihen ausgeben kann und der Ermächtigungsbeschluss der Gesellschafter die Ausgabe an Dritte nicht erfasst, überschreitet der Geschäftsführer durch die Ausgabe seine Vertretungsmacht.[295] Die ausgegebenen Optionsanleihen haben folglich keine

---

291 Dazu auch *Stenzel*, DStR 2018, 139 (140); zur AG *Hüffer*, ZHR 161 (1997), 214; *Kohler*, ZHR 161 (1997), 246; *Schanz*, NZA 2000, 626; *Feddersen/Pohl*, AG 2001, 26.

292 *Lieder*, in: MüKoGmbHG, § 55 Rn. 97.

293 *Seiler*, in: BeckOGK-AktG, § 221 Rn. 94; ferner BGHZ 83, 319 (323) = NJW 1982, 2444 – Philipp Holzmann; *Altmeppen*, GmbHG, § 55 Rn. 39; *Hermanns*, in: MHLS, GmbHG, § 55 Rn. 54; *Lieder*, in: MüKoGmbHG, § 55 Rn. 98; *Ulmer/Casper*, in: UHL, GmbHG, § 55 Rn. 60.

294 *Florstedt*, in: KölnerKomm, AktG, § 221 Rn. 250.

295 Die h.M. im Aktienrecht nimmt hingegen – unter der Prämisse, die Rechtswirkung des nach § 221 Abs. 1 AktG erforderlichen Hauptversammlungsbeschlusses erschöpfe sich darin, dem Vorstand die Ausgabe von Optionsanleihen als Maßnahme der Geschäftsführung zu gestatten – an, die Gültigkeit der ausgegebenen Optionsanleihen bleibe unberührt, sollten Optionsanleihen an außenstehende Dritte ausgegeben worden sein, obwohl ein dahingehender Bezugsrechtsausschluss nicht vorliegt, *Schumann*,

Wirkung für und gegen die Gesellschaft (vgl. § 177 Abs. 1 BGB). Ihre Wirksamkeit hängt von der Genehmigung der Gesellschaft ab. Zu dieser bedarf es eines Zustimmungsbeschlusses der Gesellschafter, in welchem das gesetzliche Bezugsrecht unter Beachtung der vorstehenden Voraussetzungen wirksam ausgeschlossen werden muss. Sollten die Gesellschafter die Genehmigung verweigern, haftet der Geschäftsführer nach § 179 Abs. 1 BGB als *falsus procurator*.

Eine Verletzung des gesetzlichen Bezugsrechts liegt zudem vor, sofern es rechtswidrig ausgeschlossen worden ist. Mängel des Ermächtigungsbeschlusses, in welchem die Gesellschafter das Bezugsrechts ausgeschlossen haben, kann jeder Gesellschafter nach §§ 241 ff. AktG analog geltend machen.[296] Sind die formellen Voraussetzungen des Bezugsrechtsausschlusses nicht eingehalten worden, ist insbesondere die Ausschließungsabsicht fehlerhaft bekannt gemacht worden oder hat der Geschäftsführer die Berichtspflicht verletzt, ist der Beschluss analog § 243 Abs. 1 Alt. 1 AktG anfechtbar.[297] Auch die fehlende sachliche Rechtfertigung des Bezugsrechtsausschlusses führt zur Anfechtbarkeit.[298]

War die Beschlussanfechtung erfolgreich, ist der gesamte Ermächtigungsbeschluss *ex tunc* nichtig.[299] Sollte der Geschäftsführer bereits Optionsanleihen an Dritte ausgegeben haben, hat dies zur Folge, dass die Rechtslage der des nicht erfolgten Bezugsrechtsausschlusses gleicht. Der Geschäftsführer hat ohne Vertretungsmacht gehandelt, sodass die begebenen Optionsanleihen vorbehaltlich

---

Optionsanleihen, S. 219. Die Aktionäre, deren gesetzliches Bezugsrecht verletzt worden ist, sind auf Schadensersatzansprüche gegen die AG beschränkt. Als Anspruchsgrundlage kommen §§ 280 Abs. 1, 3, 283 BGB, § 823 Abs. 2 BGB i.V.m. §§ 221 Abs. 4, 186 AktG sowie §§ 826, 31 BGB in Betracht, vgl. *Schumann*, Optionsanleihen, S. 219; ferner *Ekkenga*, in: KölnerKomm, AktG, § 186 Rn. 47; *Rieder/Holzmann*, in: Grigoleit, AktG, § 186 Rn. 27. Die Gesellschaft kann ihrerseits gemäß § 93 Abs. 2 AktG bei den Vorstandsmitgliedern Regress nehmen, die für die Verletzung des Bezugsrechts verantwortlich sind, *Schumann*, Optionsanleihen, S. 219; vgl. *Rieder/Holzmann*, in: Grigoleit, AktG, § 186 Rn. 27.

296 Vgl. BGH NJW 2005, 551 (553); *Bayer*, in: Lutter/Hommelhoff, GmbHG, § 55 Rn. 27; *Hermanns*, in: MHLS, GmbHG, § 55 Rn. 55; *Lieder*, in: MüKoGmbHG, § 55 Rn. 101 jew. mwN.

297 *Fest*, in: Hopt/Seibt, AktG, § 221 Rn. 712; ferner *Koch*, in: Hüffer/Koch, AktG, § 186 Rn. 42; *Rieder/Holzmann*, in: Grigoleit, AktG, § 186 Rn. 81 f.; *Hermanns*, in: MHLS, GmbHG, § 55 Rn. 55; *Lieder*, in: MüKoGmbHG, § 55 Rn. 101.

298 Vgl. BGHZ 71, 40 = NJW 1978, 1316 – Kali+Salz.

299 Vgl. OLG Köln AG 1999, 471; *Koch*, in: Hüffer/Koch, AktG, § 248 Rn. 6; *Schäfer*, in: MüKoAktG, § 248 Rn. 14; *Vatter*, in: BeckOGK-AktG, § 248 Rn. 8; *K. Schmidt*, AG 1977, 205 f.

ihrer Genehmigung unwirksam sind. Fraglich ist allerdings, ob auch in diesem Fall eine Haftung des Geschäftsführers als *falsus procurator* in Betracht kommt. Schließlich wird dieser in der Regel keinerlei Kenntnis von der fehlenden Vertretungsmacht gehabt haben, sondern darauf vertraut haben, dass er zur Ausgabe der Optionsanleihen ermächtigt ist. Aus diesem Grund kommt ihm jedenfalls die Haftungsbeschränkung auf das negative Interesse nach § 179 Abs. 2 BGB zugute. Zudem wird von Teilen des Schrifttums vertreten, die Haftung des *falsus procurator* aus § 179 Abs. 2 BGB müsse im Wege der teleologischen Reduktion entfallen, sofern der Mangel der Vertretungsmacht außerhalb jeder Erkenntnis- und Beurteilungsmöglichkeit des Vertreters liegt.[300]

300 *Flume*, AT II, S. 807 f.; zustimmend *Canaris*, Die Vertrauenshaftung im deutschen Privatrecht, S. 535; *Prölls*, JuS 1986, 169 (170); *Ostheim*, AcP 169 (1969), 193 (203 f., 208); *Leptien*, in: Soergel, BGB, § 179 Rn. 18; a.A. *Schilken*, in: Staudinger, BGB, § 179 Rn. 17; *Schubert*, in: MüKoBGB, § 179 Rn. 52.

# § 5 Die Begründung der Rechte aus der Optionsanleihe

## *A. Überblick*

Der Gesellschafterbeschluss betreffs der Begebung von Optionsanleihen begründet keinerlei Pflichten der Gesellschaft. Diese entstehen erst, indem der Geschäftsführer im Namen der Gesellschaft einen auf die Einräumung der jeweiligen Rechte gerichteten Vertrag mit dem Anleihegläubiger schließt.[301]

Ein entsprechender Vertrag könnte, da er die Einräumung eines Optionsrechts bzw. vorvertraglichen Anspruchs auf Abschluss eines Übernahmevertrages zum Gegenstand hat, analog § 55 Abs. 1 GmbHG formgebunden sein: Nach verbreiteter Ansicht richtet sich die Form eines Optionsvertrages nach der des Hauptvertrages, und auch ein Vorvertrag soll der Form des Hauptvertrages bedürfen, jedenfalls soweit das Formerfordernis vor einer übereilten Bindung warnen soll.[302] Demgemäß müsste, da nach § 55 Abs. 1 GmbHG eine Übernahmeerklärung notariell zu beglaubigen oder zu beurkunden ist, die auf den Abschluss des Options- bzw. Vorvertrages gerichtete Erklärung des Optionsnehmers grundsätzlich analog § 55 Abs. 1 GmbHG formgebunden sein. Ob dem gefolgt werden kann, wird nachstehend erörtert.

---

301 *Habersack*, in: MüKoAktG, § 221 Rn. 199; *Haberstock/Greitemann*, in: Hölters, AktG, § 221 Rn. 85; *Koch*, in: Hüffer/Koch, AktG, § 221 Rn. 47; *Rieder/Holzmann*, in: Grigoleit, AktG, § 221 Rn. 45; s. zum Begebungsvertrag, der nach h.M. die schuldrechtliche Einigung der Parteien über die Begründung der verbrieften Forderung beinhaltet, *Habersack*, in: MüKoBGB, Vorb. § 793 Rn. 26 ff.; *Marburger*, in: Staudinger, BGB, § 793 Rn. 14 f.; *Vogel*, in: BeckOGK-BGB, § 793 Rn. 128; *Wilhelmi*, in: Erman, BGB, Vorb. § 793 Rn. 7 ff.

302 Zum Optionsvertrag *Georgiades*, FS Larenz, 1973, 409 (425 f.); *Bork*, in: Staudinger, BGB, Vorb. § 145 Rn. 74; *Busche*, in: MüKoBGB, Vorb. § 145 Rn. 75; *Ellenberger*, in: Palandt, BGB, Vorb. § 145 Rn. 23; *Möslein*, in: BeckOGK-BGB, § 145 Rn. 86; *Weber*, JuS 1990, 249 (254); zum Vorvertrag *Busche*, in: MüKoBGB, Vorb. § 145 Rn. 64; *H.-W. Eckert*, in: BeckOK-BGB, § 145 Rn. 24; *Ellenberger*, in: Palandt, BGB, Vorb. § 145 Rn. 20; *Möslein*, in: BeckOGK-BGB, § 145 Rn. 81; *Ritzinger* NJW 1990, 1201 (1203 f.); *Wolf*, DNotZ 1995, 179 (182 ff.).

## *B. Formgebundenheit des auf die Einräumung des Bezugsrechts gerichteten Vertrages*

### *I. Formbedürftigkeit eines Vorvertrages im Allgemeinen*

#### *1. Meinungsstand*

Die Frage nach der Formbedürftigkeit eines auf den Abschluss eines formbedürftigen Hauptvertrages gerichteten Vorvertrages beschäftigt Literatur und Rechtsprechung seit langem. Das Reichsgericht vertrat zunächst die Auffassung, ein formloses Abkommen auf Eingehung eines Vertrages müsse ungültig sein, wenn für die Gültigkeit des abzuschließenden Vertrages eine bestimmte Form vorgeschrieben ist.[303] In einer späteren Entscheidung revidierte das Reichsgericht seine anfangs vertretene Auffassung und räumte ein, der von ihm verfochtene Rechtsgrundsatz könne nicht ausnahmslos Geltung beanspruchen.[304] Vielmehr bestimme sich nach dem Zweck der Formvorschrift, ob sich das Formgebot auch auf den Vorvertrag erstrecke.[305]

An diese Rechtsprechung des Reichsgerichts knüpft der BGH an. Er vertritt, dass „die Gültigkeit des Vorvertrages von der Wahrung der für den Hauptvertrag gesetzlichen vorgeschriebenen Form jedenfalls dann [abhängt], wenn diese Form zumindest auch den Zweck hat, die Vertragsparteien vor einer übereilten Bindung zu warnen“[306]. Diese Auffassung entspricht der allgemeinen Ansicht im Schrifttum. Sie ergänzt den vom BGH proklamierten Rechtsgrundsatz dahingehend, dass der Vorvertrag nicht der für den Hauptvertrag gesetzlich vorgeschrieben Form bedürfe, soweit dem Formerfordernis nur eine Beweisfunktion zukommt.[307]

#### *2. Stellungnahme*

Die Frage nach dem Formerfordernis eines Vorvertrages, der zum Abschluss eines formbedürftigen Hauptvertrages verpflichtet, kann nicht pauschal beantwortet werden. Es bedarf vielmehr einer differenzierten Betrachtung, bei der

---

303 RGZ 43, 136 (139).

304 RGZ 86, 30 (32).

305 RGZ 86, 30 (32); eing. zur Rspr. des RG *Ritzinger*, NJW 1990, 1201 (1203).

306 BGHZ 61, 4 = NJW 1973, 1839 unter Berufung auf RGZ 169, 185 (189); RGZ 112, 199 (201); ähnlich BAG NJW 2010, 1100 (Rn. 25).

307 *Armbrüster*, in: Erman, BGB, Vorb. § 145 Rn. 48; *Bork*, in Staudinger, BGB, Vorb. § 145 Rn. 60; *Busche*, in: MüKoBGB, Vorb. § 145 Rn. 64; *Wolf*, in: Soergel, BGB, Vorb. § 145 Rn. 64; wohl auch BGH NJW 2007, 1817 Rn. 14.

sowohl der Zweck der Formvorschrift als auch der Umstand Berücksichtigung finden muss, ob durch den Vorvertrag nur eine oder beide Parteien zum Abschluss des Hauptvertrages verpflichtet werden.

### *a) Wirkungen von Formerfordernissen*

Im Allgemeinen kann die Formbedürftigkeit eines Rechtsgeschäftes drei zentralen Zwecken dienen: So kann einer Formvorschrift eine Warnfunktion, eine Beratungs- und Belehrungsfunktion und/oder eine Klarstellungs- und Beweisfunktion zuteilwerden.[308] Da jene Begriffe oftmals uneinheitlich oder synonym verwendet werden, gilt es zunächst zu definieren, was unter den einzelnen Formwirkungen zu verstehen ist.[309]

Nahezu jedem gesetzlich angeordneten Formerfordernis kommt eine Warnfunktion zu.[310] Die Formvorschrift bezweckt in diesem Fall, den Erklärenden vor einer übereilten Bindung bei bedeutenden oder riskanten Geschäften zu schützen.[311] Die Warnfunktion ist mithin als Übereilungsschutz zu verstehen.[312]

Davon zu trennen ist die Beratungs- und Belehrungsfunktion, die ebenso einer Formvorschrift zuteilwerden kann. Bei besonders bedeutsamen und rechtlich komplizierten Vorgängen schreibt das Gesetz die notarielle Beurkundung (vgl. § 128 BGB) vor.[313] Dadurch wird eine Beratung und Belehrung der Beteiligten durch Mitwirkung eines unabhängigen und unparteiischen Organs der Rechtspflege sichergestellt.[314] Der Notar ist verpflichtet, die Beteiligten über die rechtliche Bedeutung des Geschäfts, über mögliche Risiken und Haftungsgefahren zu belehren.[315]

---

308 Statt aller *Dörner*, in: Schulze, BGB, § 125 Rn. 2; *Einsele*, in: MüKoBGB, § 125 Rn. 8 f.; *Hertel*, in: Staudinger, BGB, § 125 Rn. 34 ff.; *Mansel*, in: Jauernig, BGB, § 125 Rn. 3.

309 Exemplarisch *Hergerth/Mingau*, DStR 2001, 1217 (1220): „Auch hat der Notar keine Prüfungs- und Belehrungspflicht. Damit kann die notarielle Beglaubigung weder der Beweisbarkeit noch der Warnung des Unterzeichnenden dienen"; *Hertel*, in: Staudinger, BGB, § 125 Rn. 41 ff., der zwischen Klarstellungs- und Beweisfunktion differenziert.

310 *Hertel*, in: Staudinger, BGB, § 125 Rn. 37.

311 Statt vieler Arnold, in: *Erman*, BGB, § 125 Rn. 2; *Dörner*, in: Schulze, BGB, § 125 Rn. 2; *Einsele*, in: MüKoBGB, § 125 Rn. 8; *Mansel*, in: Jauernig, BGB, § 125 Rn. 3.

312 *Einsele*, in: MüKoBGB, § 125 Rn. 8; *Hecht*, in: BeckOGK-BGB, § 125 Rn. 7; ferner *Hertel*, in: Staudinger, BGB, § 125 Rn. 37 f.

313 *Kindler*, in: Beck'sches Notar-HdB, § 31 Rn. 22.

314 *Hertel*, in: Staudinger, BGB, § 125 Rn. 38; *Kindler*, in: Beck'sches Notar-HdB, § 31 Rn. 22.

315 *Regler*, in: BeckOGK-BeurkG, § 17 Rn. 22 ff.

Wird einer Formvorschrift hingegen eine Klarstellungs- und Beweisfunktion zugesprochen, so wird durch das Formerfordernis bezweckt, das Zustandekommen und den Inhalt des Rechtsgeschäftes eindeutig zu bestimmen.[316] Oftmals dient das Formgebot dazu, Vertragsverhandlungen, welche noch nicht rechtlich verbindlich sind, vom bindenden Vertragsschluss abzugrenzen.[317]

### *b) Zweiseitig verpflichtender Vorvertrag*

Werden durch einen Vorvertrag *beide* Parteien zum Abschluss des Hauptvertrages verpflichtet, so ist im Einklang mit der herrschenden Meinung davon auszugehen, dass der Vorvertrag der für den Hauptvertrag vorgeschriebenen Form bedarf, soweit dem Formerfordernis eine Warnfunktion zukommt.

Da durch den Abschluss des Vorvertrages mittelbar die Verpflichtung begründet wird, vor dessen übereilter Eingehung die Formvorschrift warnen soll, kann die Warnfunktion nur erfüllt werden, wenn die Form bereits bei Abschluss des Vorvertrages gewahrt wird.[318] Es ist hinsichtlich der Schutzbedürftigkeit ohne Belang, ob die Verpflichtung, vor deren Eingehung zu warnen ist, unmittelbar durch Abschluss des Hauptvertrages entsteht oder sich die Parteien zum Abschluss eines Hauptvertrages verpflichten, welcher seinerseits jene Verpflichtung begründet.

Entsprechendes muss gelten, wenn die Formvorschrift sicherstellt, dass die Parteien vor Abschluss des Vertrages über die rechtliche Bedeutung des Geschäfts, mögliche Risiken und Haftungsgefahren durch einen Notar belehrt werden (Beratungs- und Belehrungsfunktion).

Wird einer Formvorschrift allein eine Klarstellungs- und Beweisfunktion zugesprochen, geht die herrschende Meinung davon aus, dass der Vorvertrag nicht der für den Hauptvertrag angeordneten Form bedürfe. Die herrschende Meinung verweist in diesem Zusammenhang auf den BGH, der im Einklang mit dem Reichsgericht in ständiger Rechtsprechung vertritt, ein auf den Abschluss eines mehrjährigen Mietvertrages gerichteter Vorvertrag bedürfe nicht der Form des § 550 S. 1 BGB.[319]

---

316 Statt vieler *Arnold*, in: Erman, BGB, § 125 Rn. 3; *Einsele*, in: MüKoBGB, § 125 Rn. 9; *Mansel*, in: Jauernig, BGB, § 125 Rn. 3.

317 *Einsele*, in: MüKoBGB, § 125 Rn. 9; *Hertel*, in: Staudinger, BGB, § 125 Rn. 42.

318 Vgl. zum Optionsvertrag *Casper*, Der Optionsvertrag, S. 127.

319 Vgl. RGZ 86, 30 (32 ff.); RGZ 104, 131 (132); BGH BeckRS 1953, 31197649; BGH NJW 2006, 2843 (Rn. 15); BGH NJW 2007, 1817 (Rn. 14).

Obgleich letzteres überzeugt – dazu sogleich –, ist es nicht unbedenklich, daraus den Schluss zu ziehen, ein Vorvertrag bedürfe generell nicht der für den Hauptvertrag gesetzlich vorgeschrieben Form, soweit dem Formerfordernis eine Klarstellungs- und Beweisfunktion zukommt. Durch das Formerfordernis soll nicht allein nachgewiesen werden, *dass* das Rechtsgeschäft zustande gekommen ist. Vielmehr soll auch der Inhalt des Vertrages fixiert werden.[320] Da sich der Inhalt des Hauptvertrages nach dem des Vorvertrages bestimmt, ist grundsätzlich davon auszugehen, dass auch der Vorvertrag der für den Hauptvertrag angeordneten Form bedarf. Diese Annahme kann zudem darauf gestützt werden, dass durch Formvorschriften mit Klarstellungs- und Beweisfunktion intendiert wird, den Bindungswillen der Parteien klarzustellen und zu verdeutlichen, dass es sich um einen bindenden Vertragsschluss handelt (vgl. etwa § 518 Abs. 1 BGB). Da bei einem Vorvertrag die Abgrenzung zu allgemeinen Vorverhandlungen ohne Rechtsbindungswillen ohnehin bereits voller Schwierigkeiten ist,[321] erscheint die Formgebundenheit des Vorvertrages zum Zwecke der Klarstellung des Bindungswillens *erst recht* geboten.

Allerdings kann die Annahme, ein Vorvertrag bedürfe der Form des Hauptvertrages, soweit dem Formerfordernis eine Klarstellungs- und Beweisfunktion zukommt, nicht ausnahmslos überzeugen. So ist etwa dem BGH darin zuzustimmen, dass ein auf den Abschluss eines mehrjährigen Mietvertrages gerichteter Vorvertrag nicht der Form des § 550 S. 1 BGB bedarf. § 550 S. 1 BGB steht in enger Beziehung zu § 566 Abs. 1 BGB.[322] Durch § 550 S. 1 BGB soll sichergestellt werden, dass ein Grundstückserwerber, der kraft Gesetzes auf Seiten des Vermieters in ein auf mehr als ein Jahr abgeschlossenes Mietverhältnis eintritt, dessen Bedingungen aus einem schriftlichen Vertrag ersehen kann.[323] Der

---

320 Statt vieler *Arnold*, in: Erman, BGB, § 125 Rn. 3; *Einsele*, in: MüKoBGB, § 125 Rn. 9; vgl. zum Optionsvertrag hierzu eing. *Casper*, Der Optionsvertrag, S. 128 f.

321 S. dazu *Bork*, in: Staudinger, BGB, Vorb. § 145 Rn. 52; *H.-W. Eckert*, in: BeckOK-BGB, § 145 Rn. 26; *Kösters*, NZG 1999, 623 ff.; *Wagner*, NotBZ 2000, 69 (71); *Jahn*, Der Letter of Intent, S. 28.

322 BGHZ 52, 25 (28) = NJW 1969, 1063; *Herrmann*, in: BeckOK-BGB, § 550 Rn. 1.

323 RGZ 86, 30 (32); RGZ 103, 381 (383 f.); RGZ 104, 131 (132); RGZ 118, 105 (106); BGHZ 25, 1 (4) = NJW 1957, 1514; BGHZ 52, 25 (28) = NJW 1969, 1063; BGHZ 160, 97 (104) = NJW 2004, 2962; BGHZ 176, 301 (304) = NJW 2008, 2178; BGH NJW 2010, 1518 (Rn. 14); BGHZ 200, 98 (Rn. 26) = NJW 2014, 1087; BGHZ 218, 70 (Rn. 21) = NJW 2018, 1540; BGHZ 220, 235 (Rn. 26) = NJW 2019, 990; *Bieber*, in: MüKoBGB, § 550 Rn. 2; *Emmerich*, in: Staudinger, BGB, § 550 Rn. 3; eing. zum Zweck *Emmerich*, in: FS Spellenberg, 2010, 3; *Günter*, NZM 2019, 561 (567).

Normzweck des § 550 S. 1 BGB ginge bei einem Vorvertrag ins Leere, da nach allgemeiner Meinung nur die Rechte und Pflichten aus einem *bestehenden* Mietverhältnis, nicht aber solche aus einem Vorvertrag, der auf die Begründung eines Mietverhältnisses gerichtet ist, gemäß § 566 Abs. 1 BGB auf den Grundstückserwerber übergehen.[324]

Ähnlich verhält es sich bei einem auf den Abschluss eines Übernahmevertrages gerichteten Vorvertrag. Das Formerfordernis des § 55 Abs. 1 GmbHG dient nach einhelliger Ansicht primär dem Schutze des Rechtsverkehrs.[325] Durch die notarielle Beglaubigung (vgl. § 129 BGB) wird gewährleistet, dass der Übernehmer des Stammkapitals eindeutig identifiziert wird und für die Gesellschaft und Dritte somit zuverlässig nachvollziehbar ist, wer für die Erbringung der Stammeinlage haftet.[326] Der Übernehmer ist erst durch Abschluss des Übernahmevertrages zur Leistung der Einlage verpflichtet.[327] Durch einen bloßen Vorvertrag zum Abschluss eines Übernahmevertrages dagegen (selbstverständlich) nicht, sodass jener den Rechtsverkehr nicht tangiert. Es besteht mithin keine Notwendigkeit, den Anwendungsbereich des § 55 Abs. 1 GmbHG aufgrund dessen Klarstellungs- und Beweisfunktion auf einen Vorvertrag zum Abschluss eines Übernahmevertrages zu erstrecken.[328]

### *c) Einseitig verpflichtender Vorvertrag*

Die vorstehenden Ausführungen können für Vorverträge, durch welche nur *eine* Partei verpflichtet wird, unter den im Vorvertrag genannten Voraussetzungen ein entsprechendes Hauptvertragsangebot der anderen Seite anzunehmen, nicht uneingeschränkt Geltung beanspruchen.

In diesen Fällen vermag es aus teleologischen Gründen nicht zu überzeugen, dass ein Vorvertrag stets der Form des Hauptvertrages bedarf, soweit dem Formerfordernis eine Warnfunktion zukommt. Der Vertragspartner, welcher durch einen einseitig verpflichtenden Vorvertrag nur den Anspruch auf Abschluss des Hauptvertrages erwirbt, selbst jedoch nicht zur Annahme eines

---

324 *Ritzinger*, NJW 1990, 1201 (1204); ferner BGH NJW 1954, 71; BGH NJW 1962, 1388 (1390); *Emmerich*, in: Staudinger, BGB, § 566 Rn. 11.

325 OLG München, NZG 2005, 756 (757); *Lieder*, DStR 2014, 2464 (2469); *Tholen/Weiß*, GmbHR 2016, 915 (916); *Hoene/Eickmann*, GmbHR 2017, 854 (856).

326 *Hergerth/Mingau*, DStR 2001, 1217 (1220).

327 Statt aller BGHZ 140, 258 (261) = NJW 1999, 1252; BGH NJW 2015, 3786 (Rn. 16); *Altmeppen*, GmbHG, § 55 Rn. 17.

328 So auch *Lieder*, in: MüKoGmbHG, § 55 Rn. 160; *ders.* DStR 2014, 2464 (2469); *Hoene/Eickmann*, GmbHR 2017, 854 (856).

Hauptvertragsangebotes verpflichtet wird, ist vor dem Abschluss eines Vorvertrages nicht zu warnen. Dies verdeutlicht das banale Beispiel eines auf den Abschluss eines Schenkungsvertrages gerichteten Vorvertrages, durch welchen nur der Beschenkte zum Abschluss des Schenkungsvertrages verpflichtet wird. Es ist nicht im Ansatz ersichtlich, wieso in diesem Fall der Schenker bei Abschluss des Vorvertrags zu warnen sein soll. Vor einer übereilten Bindung ist er erst zu schützen, wenn er den Antrag auf Abschluss des Hauptvertrages abgibt, zu dessen Annahme der Beschenkte verpflichtet ist.

Es ist daher zu konstatieren, dass ein Vorvertrag formlos geschlossen werden kann, wenn das Gesetz nur für die Erklärung *einer* Partei die Einhaltung einer bestimmten Form aus Gründen des Übereilungsschutzes verlangt (s. etwa § 518 Abs. 1 S. 1 BGB) und nur *diese* Partei durch einen einseitig verpflichtenden Vorvertrag einen Anspruch auf Abschluss des Hauptvertrages erwirbt. Die Formvorschrift kann in diesem Fall nicht im Wege der analogen Anwendung für den Vorvertrag Geltung beanspruchen. Sieht das Gesetz aus Gründen des Übereilungsschutzes die Formbedürftigkeit des *gesamten* Vertrages vor (s. etwa § 311b Abs. 1 S. 1 BGB[329]), ist nur die auf Abschluss eines Vorvertrages gerichtete Erklärung der Partei formbedürftig, welche durch den Vorvertrag zum Abschluss des Hauptvertrages verpflichtet wird.[330] Rechtstechnisch entspricht dies einer eingeschränkten analogen Anwendung der für den Hauptvertrag geltenden Formvorschrift.[331]

Entsprechendes gilt, wenn dem Formerfordernis des Hauptvertrages eine Beratungs- und Belehrungsfunktion zukommt.

---

329 § 311b Abs. 1 S. 1 BGB kommt nicht nur eine Warn-, Beratungs- und Belehrungsfunktion, sondern auch eine Klarstellungs- und Beweisfunktion zu, s. statt aller *Schreindorfer*, in: BeckOGK-BGB, § 311b Rn. 9. Daher bedarf ein Vorvertrag, auch wenn er nur eine Vertragspartei zum Abschluss eines Kaufvertrages über ein Grundstück verpflichtet, der notariellen Beurkundung.

330 Die Formbedürftigkeit nur einer der auf den Abschluss eines Vertrages gerichteten Erklärungen ist dem deutschen Recht nicht fremd, vgl. §§ 518, 766 BGB, § 55 Abs. 1 GmbHG, § 185 AktG; zur getrennten Beurkundung von Antrag und Annahme (sog. Sukzessivbeurkundung), s. *Schreindorfer*, in: BeckOGK-BGB, § 311b Rn. 109 ff.

331 Vgl. *Wank*, Juristische Methodenlehre, S. 376: „Manchmal wendet man eine Analogie und anschließend eine teleologische Reduktion an. Besser wäre es, in diesen Fällen von vornherein nur eine eingeschränkte Analogie zu bejahen"; so auch *Schreiber* Anm. zu BAG AP BetrVG 1972 § 40 Nr. 96; ähnlich *Reimer*, Juristische Methodenlehre, S. 263: Rechtsfolgenanordnungen „müssen nicht vollständig (d.h. schematisch), sondern können teilweise (d.h. sinngemäß) übernommen werden".

### *II. Formbedürftigkeit eines der Optionsanleihe zugrundeliegenden Vorvertrages*

Den vorstehenden Ausführungen entsprechend kann ein Vertrag, welcher einen vorvertraglichen Anspruch auf Abschluss eines Übernahmevertrages gegen die Gesellschaft begründet, formfrei geschlossen werden: Wie bereits dargestellt, bedarf der Vertrag nicht aufgrund der § 55 Abs. 1 GmbHG zuteilwerdenden Klarstellungs- und Beweisfunktion der notariellen Beglaubigung.

Teilweise wird dem Formerfordernis des § 55 Abs. 1 GmbHG darüber hinaus eine Warnfunktion zugunsten des Übernehmers zugesprochen.[332] Für die Formbedürftigkeit des der Optionsanleihe zugrundeliegenden Vorvertrages ist die Frage, ob § 55 Abs. 1 GmbHG zusätzlich eine Warnfunktion zukommt, allerdings ohne Belang. Da durch den Vorvertrag allein der potentielle Übernehmer einen Anspruch auf Abschluss eines Übernahmevertrages erwirbt, ist er vor Abschluss des Vorvertrages jedenfalls nicht zu warnen.

### *III. Formgebote bei der Begründung eines Optionsrechts im Allgemeinen*

#### *1. Meinungsstand*

Ob bei der Einräumung eines Optionsrechts, welches auf die Herbeiführung eines formgebundenen Vertrages gerichtet ist, die für den Vertrag gesetzlich angeordneten Formvorschriften Beachtung finden müssen, ist seit jeher umstritten.

Die wohl herrschende Meinung differenziert allein nach der dogmatischen Einordnung der Option.[333] So sollen bei der Einräumung eines Optionsrechts im Wege einer Festofferte sowohl diese als auch die Optionsausübung der Form bedürfen, welche für einen auf den Abschluss des Hauptvertrages gerichteten Antrag und dessen Annahme gesetzlich angeordnet sind.[334]

Werde eine Option mittels eines Angebotsvertrages eingeräumt, so soll der Angebotsvertrag den gleichen Formerfordernissen unterliegen wie dasjenige Rechtsgeschäft, das der Optionsberechtigte zustande bringen kann.[335] Begründet

---

332 *Wachter*, GmbHR 2018, 134 (136); einschränkend *Krampen-Lietzke*, RNotZ 2016, 20 (23): Nur soweit ein Dritter Geschäftsanteile übernimmt; a.A. *Lieder*, in: MüKoGmbHG, § 55 Rn. 128; *Tholen/Weiß*, GmbHR 2016, 915 (921).

333 Vgl. *Möslein*, in: BeckOGK-BGB, § 145 Rn. 86; *Wolf*, DNotZ 1995, 179.

334 BGH NJW 2006, 2843 (2844); *Bork*, in: Staudinger, Vorb. § 145 Rn. 74; *H.-W. Eckert*, in: BeckOK-BGB, § 145 Rn. 28; *Möslein*, in: BeckOGK-BGB, § 145 Rn. 86; *Wolf*, DNotZ 1995, 179 (184 f.).

335 *Georgiades*, FS Larenz, 1973, 409 (425); *Otto*, in: jurisPK-BGB, § 145 Rn. 56; *Möslein*, in: BeckOGK-BGB, § 145 Rn. 86.

wird dies damit, dass der Angebotsvertrag bereits die für den Abschluss des Hauptvertrages erforderliche Angebotserklärung beinhalte.[336] Bei der auf einer *condicio si voluero* beruhenden Option unterliege der bedingte Hauptvertrag ebenfalls bereits dem gesetzlich angeordneten Formerfordernis, da er selbst das fragliche Rechtsgeschäft darstelle.[337]

Nach der vereinzelt vertretenen Gegenauffassung tritt die dogmatische Einordnung des Optionsrechts betreffs der Frage des Bestehens gesetzlicher Formgebote in den Hintergrund.[338] Entscheidend sei vielmehr, dass durch die Einräumung eines Optionsrechts der Inhalt des Hauptvertrages fixiert werde und die Bindung einer Partei eintrete.[339] Inwieweit bei der Einräumung die Formerfordernisse des Hauptvertrages Beachtung finden müssen, könne nicht pauschal beantwortet werden, sondern richte sich nach dem durch die Formvorschrift verfolgten Zweck.[340]

### 2. *Stellungnahme*

Die von der herrschenden Meinung vorgenommene rein formale Betrachtung vermag aus teleologischen Gründen nicht zu überzeugen. Vielmehr ist – wie bei einem Vorvertrag – von entscheidender Bedeutung, welcher Zweck durch die Formgebundenheit des Hauptvertrages verfolgt wird. Es kann in Bezug auf Formfragen im Ergebnis keinen Unterschied machen, ob ein Optionsrecht eingeräumt wird oder ein einseitig verpflichtender Vorvertrag geschlossen wird.[341] Die vorstehenden Ausführungen zu einseitig verpflichtenden Vorverträgen können daher hier entsprechend Geltung beanspruchen:

Ordnet das Gesetz für den Hauptvertrag aus Gründen des Übereilungsschutzes nur für die Erklärung *einer* Vertragspartei die Einhaltung einer bestimmten Form an und ist diese Vertragspartei Options*nehmer*, so ist der Optionsvertrag

---

336 *Bork*, in: Staudinger, BGB, Vorb. § 145 Rn. 74; *Möslein*, in: BeckOGK-BGB, § 145 Rn. 86.

337 BGH NJW 2006, 2843 (2844); *Larenz*, SchuldR AT, 13. Aufl. 1982, S. 83; *Busche*, in: MüKoBGB, Vorb. § 145 Rn. 75; *Möslein*, in: BeckOGK-BGB, § 145 Rn. 86; *H.-W. Eckert*, in: BeckOK-BGB, § 145 Rn. 28; *Wolf*, DNotZ 1995, 179 (185); *von Einem*, Die Rechtsnatur der Option, S. 113.

338 Vgl. *Einsele*, DNotZ 1996, 835 (862 ff.); *Casper*, Der Optionsvertrag, S. 127.

339 *Casper*, Der Optionsvertrag, S. 127.

340 *Casper*, Der Optionsvertrag, S. 127; im Ergebnis wohl auch *Einsele*, DNotZ 1996, 835 (863 f.).

341 Vgl. *Flume*, AT II, S. 615, der im letzteren Fall von einem Optionsvertrag spricht.

nicht formbedürftig.[342] Ist hingegen die durch eine entsprechende Formvorschrift zu warnende Vertragspartei Options*geber*, so gilt die Formvorschrift auch für die auf Abschluss des Optionsvertrages gerichtete Erklärung.[343]

Ist zum Zwecke des Übereilungsschutzes der *gesamte* Hauptvertrag formgebunden, so bedarf lediglich die auf Abschluss des Optionsvertrages gerichtete Erklärung des Options*gebers* der gesetzlich angeordneten Form.[344] Vorstehendes gilt entsprechend, soweit dem Formgebot eine Beratungs- und Belehrungsfunktion zuteilwird.

Kommt dem Formerfordernis des Hauptvertrages eine Klarstellungs- und Beweisfunktion zu, ist es grundsätzlich geboten, die Formvorschrift auch auf den Optionsvertrag zu erstrecken.[345] Schließlich wird bereits mit Abschluss des Optionsvertrages der Inhalt des Hauptvertrages festgelegt.[346]

Von diesem Grundsatz ist bei Optionsverträgen, welche auf die Herbeiführung eines Übernahmevertrages gerichtet sind, allerdings abzuweichen. Die von § 55 Abs. 1 GmbHG angeordnete notarielle Beglaubigung der Übernahmeerklärung dient – wie bereits erörtert – primär dem Schutze des Rechtsverkehrs.[347] Durch die notarielle Beglaubigung wird der Übernehmer des Stammkapitals

342 *Beispiel*: Der potentielle Schenker und der etwaige Beschenkte schließen einen Optionsvertrag, kraft dessen der *Schenker* den Schenkungsvertrag herbeiführen kann. In diesem Fall ist der Abschluss des Optionsvertrages – unterstellt, § 518 Abs. 1 S. 1 BGB käme allein eine Warnfunktion zu, vgl. zum Normzweck des § 518 Abs. 1 S. 1 BGB *Koch*, in: MüKoBGB, § 518 Rn. 1 – formfrei möglich.

343 *Beispiel*: Der potentielle Schenker und der etwaige Beschenkte schließen einen Optionsvertrag, kraft dessen der *Beschenkte* den Schenkungsvertrag herbeiführen kann. In diesem Fall bedarf die Erklärung des potentiellen Schenkers auf Abschluss eines Optionsvertrages analog § 518 Abs. 1 S. 1 BGB der notariellen Beurkundung.

344 *Beispiel*: Der potentielle Käufer eines Grundstücks und der etwaige Verkäufer schließen einen Optionsvertrag, kraft dessen der Käufer den Kaufvertrag herbeiführen kann. In diesem Fall – unterstellt, § 311b Abs. 1 S. 1 BGB käme allein eine Warnfunktion zu, vgl. zum Normzweck des § 311b Abs. 1 S. 1 *Ruhwinkel*, in: MüKoBGB, § 311b Rn. 2 – ist lediglich die Erklärung des Verkäufers auf Abschluss des Optionsvertrages analog § 311b Abs. 1 S. 1 BGB notariell zu beurkunden. Ist hingegen der potentielle Verkäufer Optionsberechtigter, ist lediglich die Erklärung des etwaigen Käufers auf Abschluss des Optionsvertrages analog § 311b Abs. 1 S. 1 BGB notariell zu beurkunden.

345 So auch *Casper*, Der Optionsvertrag, S. 128 f.

346 *Casper*, Der Optionsvertrag, S. 128.

347 OLG München, NZG 2005, 756 (757); *Lieder*, DStR 2014, 2464 (2469); *Tholen/Weiß*, GmbHR 2016, 915 (916); *Hoene/Eickmann*, GmbHR 2017, 854 (856).

identifiziert, sodass für die Gesellschaft und Dritte zuverlässig nachvollziehbar ist, wer für die Erbringung der Stammeinlage haftet.[348] Da die Pflicht zur Leistung der Einlage jedoch erst mit Abschluss des Übernahmevertrages und nicht bereits mit Abschluss eines auf den Übernahmevertrag gerichteten Optionsvertrages entsteht, kann der Optionsvertrag formfrei geschlossen werden.

Verschafft der Optionsgeber dem Optionsnehmer mittels einer Festofferte einseitig ein Optionsrecht, so bedarf die Erklärung des Optionsgebers selbstverständlich der Form, welche für die auf den Abschluss des Hauptvertrages gerichtete Erklärung gesetzlich angeordnet ist.

### *IV. Formgebote bei der Begründung eines Optionsanleihen zugrundliegenden Optionsrechts*

Die Einräumung eines auf das Zustandekommen eines Übernahmevertrages gerichteten Optionsrechts durch die GmbH kann unabhängig von der rechtlichen Konstruktion der Option jedenfalls formfrei erfolgen:

Begründet die Gesellschaft das Optionsrecht mittels einer Festofferte, bedarf die Erklärung der Form, welche für die auf den Abschluss des Hauptvertrages gerichtete Erklärung gesetzlich angeordnet ist. Die Erklärung der Gesellschaft hinsichtlich der Übernahme ist – im Gegensatz zur Übernahmeerklärung – nicht formbedürftig (vgl. § 55 Abs. 1 GmbHG), sodass die Einräumung einer Option auf diesem Wege formfrei möglich ist.

Erfolgt die Optionseinräumung durch Abschluss eines Optionsvertrages, so ist die Erklärung des Optionsnehmers, wie vorstehend erörtert, trotz der § 55 Abs. 1 GmbHG zukommenden Klarstellungs- und Beweisfunktion formfrei möglich. Dies gilt unabhängig von der Frage, ob § 55 Abs. 1 GmbHG darüber hinaus eine Warnfunktion zukommt. Da der potentielle Übernehmer Options*nehmer* ist, ist er vor Abschluss des Optionsvertrages nicht zu warnen.

### *V. Fazit*

Unabhängig davon, ob das Anteilserwerbsrecht als vorvertraglicher Anspruch auf Abschluss eines Übernahmevertrages oder durch Einräumung eines Optionsrechts ausgestaltet ist, kann die Einräumung formfrei erfolgen. § 55 Abs. 1 GmbHG ist nicht analog auf die Erklärung des Anteilserwerbsberechtigten anzuwenden.

---

348 *Hergerth/Mingau*, DStR 2001, 1217 (1220).

## § 6 Die Übertragung der Rechte aus der Optionsanleihe

Die Rechte aus der Optionsanleihe – namentlich der Rückzahlungsanspruch und das Optionsrecht[349] – sind im Grundsatz übertragbar. Obgleich der Rückzahlungsanspruch und das Optionsrecht einem Rechtsverhältnis entstammen, kann über sie getrennt voneinander verfügt werden. Was die Frage betrifft, wie der Rückzahlungsanspruch und das Optionsrecht übertragen werden können, so ist zu unterscheiden.

### A. *Die Übertragung des Anspruchs auf Rückzahlung des Anleihebetrages*

Die Form der Übertragung des Anspruchs auf Rückzahlung des Anleihebetrages bestimmt sich danach, ob und in welcher Art dieser verbrieft ist.[350] Der Anspruch kann durch einen Begebungsvertrag und die Ausstellung einer Urkunde in einem Wertpapier verbrieft werden.[351] Insoweit besteht kein Unterschied zur Rechtslage in der AG.[352] Wurde er in einem Inhaberpapier verbrieft, kann die Übertragung des Rechts durch Übereignung der Urkunde nach Maßgabe der §§ 929 ff. BGB erfolgen.[353] Bei Orderpapieren ist überdies ein Indossament erforderlich.[354] Ist der Anspruch nicht verbrieft, kommt allein eine Abtretung nach §§ 398 ff. BGB in Betracht.[355]

---

349 Respektive der vorvertragliche Anspruch auf Abschluss eines Übernahmevertrages. Im Folgenden ist aus Gründen der Übersichtlichkeit und Verständlichkeit jedoch allein von „Optionsrechten“ die Rede.

350 *Koch*, in: Hüffer/Koch, AktG, § 221 Rn. 53.

351 *Rieder/Holzmann*, in: Grigoleit, AktG, § 221 Rn. 47; ferner *Florstedt*, in: KölnerKomm, AktG, § 221 Rn. 97; *Habersack*, in: MüKoAktG, § 221 Rn. 199; *Koch*, in: Hüffer/Koch, AktG, § 221 Rn. 47; *Seiler*, in: BeckOGK-AktG, § 221 Rn. 138.

352 Eing. dazu S. 30 ff.

353 Vgl. *Habersack*, in: MüKoAktG, § 221 Rn. 210; *Koch*, in: Hüffer/Koch, AktG, § 221 Rn. 53; *Seiler*, in: BeckOGK-AktG, § 221 Rn. 146; allg. dazu *Habersack*, in: MüKoBGB, Vorb. § 793 Rn. 16.

354 *Habersack*, in: MüKoAktG, § 221 Rn. 210; *Rieder/Holzmann*, in: Grigoleit, AktG, § 221 Rn. 50; *Seiler*, in: BeckOGK-AktG, § 221 Rn. 146.

355 *Habersack*, in: MüKoAktG, § 221 Rn. 210; *Seiler*, in: BeckOGK-AktG, § 221 Rn. 146.

## *B. Die Übertragung des Optionsrechtes*

### *I. Überblick*

Das Optionsrecht kann jedenfalls durch Abtretung nach §§ 398, 413 BGB übertragen werden. Wie bereits erörtert, stellt das Optionsrecht einen besonderen Fall eines rechtsgeschäftlichen Bezugsrechts dar. Als solches unterliegt seine Übertragung nach herrschender Meinung den Regeln des § 15 GmbHG.[356] So sollen sowohl der Abtretungsvertrag (§ 15 Abs. 3 GmbHG analog) als auch das zugrundeliegende schuldrechtliche Kausalgeschäft (§ 15 Abs. 4 GmbHG analog) notariell zu beurkunden sein.[357] Zudem seien bei der Übertragung nach § 15 Abs. 5 GmbHG vorgesehene Beschränkungen zu beachten.[358] Diese Auffassung verdient – wie nachstehend dargelegt wird – unter Berücksichtigung der den Vorschriften zugrundeliegenden Zielvorstellungen Zustimmung.

### *II. Die Übertragbarkeit von § 15 Abs. 3, 4 GmbHG auf die Abtretung von Bezugsrechten*

Die Schaffung der GmbH Ende des 19. Jahrhunderts als weitere Kapitalgesellschaft neben der AG und KGaA ist in unmittelbarem Zusammenhang mit der Verschärfung des Aktienrechts durch die 2. Aktienrechtsnovelle von 1884[359] zu sehen.[360] Gründung und Verwaltung der AG waren nunmehr mit erheblichem Aufwand und beachtlichen Kosten verbunden, sodass die AG als Rechtsform für kleinere und mittlere Unternehmen kaum noch attraktiv war.[361] Für diese Unternehmen wollte der Gesetzgeber eine Rechtsform zur Verfügung stellen, welche eine „Mittelstellung zwischen den streng individualistischen Gesellschaftsformen des geltenden Rechts und der als äußerste Konsequenz des kapitalistischen Prinzips sich darstellenden Aktiengesellschaft“[362]

---

356 *Bayer*, in: Lutter/Hommelhoff, GmbHG, § 55 Rn. 20; *Lieder*, in: MüKoGmbHG, § 55 Rn. 79; *Priester/Tebben*, in: Scholz, GmbHG, § 55 Rn. 53.

357 *Bayer*, in: Lutter/Hommelhoff, GmbHG, § 55 Rn. 20; *Lieder*, in: MüKoGmbHG, § 55 Rn. 79; *Priester/Tebben*, in: Scholz, GmbHG, § 55 Rn. 53; a.A. noch *Zöllner*, in: Baumbach/Hueck, 17. Aufl. 2000, GmbHG, § 55 Rn. 16.

358 *Bayer*, in: Lutter/Hommelhoff, GmbHG, § 55 Rn. 20; *Lieder*, in: MüKoGmbHG, § 55 Rn. 79; *Priester/Tebben*, in: Scholz, GmbHG, § 55 Rn. 53.

359 Gesetz, betreffend die Kommanditgesellschaften auf Aktien und die Aktiengesellschaften, Deutsches Reichsgesetzblatt, Band 1884, Nr. 22, S. 123–170.

360 *Schmidt*, in: MHLS, GmbHG, Systematische Darstellung 1 Rn. 49.

361 *Schmidt*, in: MHLS, GmbHG, Systematische Darstellung 1 Rn. 49.

362 Stenographische Berichte über die Verhandlungen des Reichstages, 8. Legislaturperiode – I Zession 1890/92, 5. Anlagenband 1892, Aktenstück 660, S. 3728.

einnimmt.[363] Die GmbH wurde daher als Gesellschaft konzipiert, welche nur um der Haftungsbeschränkung ihrer Mitglieder willen juristische Person ist, in der Sache aber als Personengesellschaft zu verstehen ist.[364]

Ob dieses Leitbildes einer GmbH stand der historische Gesetzgeber hinsichtlich der Frage, wie die Gesellschafter den Wert ihrer Geschäftsanteile realisieren können sollen, vor einem Problem.[365] Einerseits sollten die Gesellschafter in Anbetracht des personalistischen Charakters der GmbH nicht befugt sein, die Geschäftsanteile an der GmbH wie Aktien an Dritte zu übertragen.[366] Andererseits konnte sich der Gesetzgeber aber auch nicht am Recht der Personengesellschaften orientieren. Nach damaligem Verständnis bestand für die Gesellschafter einer Personengesellschaft die einzige Möglichkeit, den Wert ihrer Gesellschaftsbeteiligung zu realisieren, in der Kündigung der Gesellschaft nach § 723 Abs. 1 S. 1 BGB.[367] Die Kündigung hat seit jeher, sofern eine Fortsetzungsklausel im Gesellschaftsvertrag vorgesehen ist, das Ausscheiden des Kündigenden zur Folge, der als Ausgleich einen Abfindungsanspruch erhält.[368]

Für die GmbH konnte dieser Weg allerdings nicht gewählt werden: Die Mitgliedschaft in einer Kapitalgesellschaft muss als Folge des Grundsatzes der Kapitalerhaltung stets unkündbar sein.[369] Um dennoch „für den Bedürfnisfall den Gesellschaftern die Realisierung ihrer Antheilsrechte [zu] ermöglichen", blieb dem Gesetzgeber somit „nur übrig, die Veräußerlichkeit der Antheilsrechte im Prinzip anzuerkennen (§ 15 Absatz 1)".[370] Um aber zugleich den Charakter der

---

363 Eing. *Fleischer*, in: MüKoGmbHG, Einl. Rn. 72.

364 *Flume*, AT I 2, S. 62; *Altmeppen*, FS Westermann, 2008, 771 (773).

365 Eing. zu der Zwecksetzung der § 15 Abs. 3, 4 GmbHG *Altmeppen*, FS Westermann, 2008, 771 (772 ff.) dort auch zum folgenden Text.

366 Verhandlungen des Reichstages (Fn. 562) S. 3728; eing. *Altmeppen*, FS Westermann, 2008, 771 (774).

367 Vgl. *Altmeppen*, FS Westermann, 2008, 771 (773).

368 Das Gesetz zur Modernisierung des Personengesellschaftsrechts (MoPeG), welches der Deutsche Bundestag am 24.06.2021 verabschiedet hat, sieht dagegen als Folge der Kündigung das Ausscheiden des Gesellschafters vor, sofern der Gesellschaftsvertrag für diesen Fall nicht ausnahmsweise die Auflösung der Gesellschaft anordnet (§ 723 Abs. 1 Nr. 2 BGB nF vom 01.01.2024). Das Gesetz tritt zum 01.01.2024 in Kraft, vgl. Gesetzesbeschluss des Deutschen Bundestages, BR-Drs. 567/21. Kritisch zu dem sog. „Mauracher Entwurf", der die Grundlage des MoPeG bildet, *Altmeppen*, NZG 2020, 822.

369 Verhandlungen des Reichstages (Fn. 562), S. 3728; *Altmeppen*, FS Westermann, 2008, 771 (773).

370 Verhandlungen des Reichstages (Fn. 562), S. 3728.

Mitgliedschaft als ein typischerweise auf Dauer angelegtes Verhältnis nicht zu beseitigen, wurde die Übertragung der Mitgliedschaft an die Formerfordernisse des § 15 Abs. 3, 4 GmbHG geknüpft.[371] Diese sollten „in erster Linie Gewähr dafür bieten, dass die Antheilsrechte […] nicht zu einem Gegenstand des Handelsverkehrs werden."[372] Die Regierungsbegründung zum GmbHG 1892 hebt hervor, dass es zur Vermeidung eines spekulativen Handels mit Geschäftsanteilen nicht genügt, „die Ausstellung von Inhaberpapieren über die Geschäftsantheile oder die Anwendung des Indossaments als Mittel der Übertragung der auf Namen lautenden Antheilsscheine auszuschließen; denn auch die Übertragung durch eine den Antheilsscheinen zugefügte einfache Cessionserklärung würde unter Umständen ausreichen, um die für den Handel mit den Antheilen nothwendige Leichtigkeit der Veräußerung zu begründen. Man wird vielmehr weitergehen und eine Form für die Übertragung wählen müssen, für welche die von der Gesellschaft ihren Mitgliedern etwa ausgestellten Bescheinigungen ganz ohne rechtliche Bedeutung sind. Der Herstellung eines marktgängigen Werthpapiers wird jedenfalls am wirksamsten entgegengetreten, wenn die bezeichneten Urkunden überhaupt nicht die rechtliche Funktion erhalten, die Übertragung der Antheilsrechte zu vermitteln. Andererseits muss, wenn die Übertragung ohne die Grundlage eines zur Legitimation des Erwerbers dienenden Antheilsscheines zugelassen wird, die Form des Übertragungsaktes selbst eine derart authentische sein, dass Zweifel und Unklarheiten über die Thatsache der Übertragung nicht entstehen können. Aus diesen Gründen rechtfertigt es sich, die Veräußerung der Geschäftsantheile durch die Gesellschafter nicht anders als durch notariellen oder gerichtlichen Vertrag zu gestatten".[373]

Damit ist zu konstatieren, dass das Formerfordernis primär bezweckt, den spekulativen Handel mit GmbH-Geschäftsanteilen zu unterbinden bzw.

---

371 *Altmeppen*, FS Westermann, 2008, 771 (774); vgl. ferner *Reichert/Weller*, in: MüKoGmbHG, § 15 Rn. 16.

372 Verhandlungen des Reichstages (Fn. 562), S. 3729.

373 Verhandlungen des Reichstages (Fn. 562), S. 3728; Entsprechendes gilt für das Formerfordernis des schuldrechtlichen Verpflichtungsgeschäfts. Der Gesetzgeber führt dazu aus: „Für die neue Gesellschaft wird die Formvorschrift auch auf obligatorische Geschälte, welche zur Veräußerung von Geschäftsantheilen verpflichten, auszudehnen sein, da der spekulative Handel mit Gesellschaftsbetheiligungen, welcher hier verhindert werden soll, sich vornehmlich in Geschälten der bezeichneten Art zu vollziehen pflegt (§ 15 Absatz 3)", Verhandlungen des Reichstages (Fn. 562), S. 3738.

jedenfalls zu erschweren.[374] Nebstdem dient die notarielle Beurkundung zumindest auch[375] Beweiszwecken und der Klarheit im Rechtsverkehr, da Zweifel und Unklarheiten über die Tatsache der Übertragung bzw. die Entstehung der Übertragungsverpflichtung nicht auftreten können.[376]

Um Spekulationen mit GmbH-Geschäftsanteilen umfassend und konsequent zu unterbinden, muss § 15 Abs. 3, 4 GmbHG für die Übertragung von Rechten auf den Bezug von Geschäftsanteilen ebenfalls Geltung beanspruchen. Andernfalls wäre zwar der spekulative Handel mit bereits existierenden Geschäftsanteilen erschwert, mit künftig entstehenden Anteilen wäre er jedoch ohne weiteres möglich, da das Bezugsrecht als wesensgleiches Minus zum Geschäftsanteil zu verstehen ist.[377]

In Anbetracht dessen verwundert es nicht, dass der Reformentwurf der Bundesregierung zum GmbHG von 1971/1973 in § 157 Abs. 2 RegE ausdrücklich die entsprechende Anwendung der dem § 15 GmbHG gleichenden §§ 51, 52 RegE

---

374 BGHZ 13, 49 (51 f.) = NJW 1954, 1157; BGHZ 75, 352 (353 ff.) = NJW 1980, 1100; BGH NJW 1996, 3338 (3339); BGH NJW 1999, 2594 (2595); BGH DStR 2006, 1378 (Rn. 3); BGH NZG 2008, 377 (378); *Altmeppen*, FS Westermann, 2008, 771 (772 ff.); *Altmeppen*, GmbHG, § 15 Rn. 66; *Görner*, in: Rowedder/Schmidt-Leithoff, GmbHG, § 15 Rn. 2; *Reichert/Weller*, in: MüKoGmbHG, § 15 Rn. 16; *Servatius*, in: Baumbach/Hueck, GmbHG, § 15 Rn. 21; *Verse*, in: Henssler/Strohn, GmbHG, § 15 Rn. 38; *Brandes*, WM 2000, 217 (218); *Walz/Fembacher*, NZG 2003, 1134; *Wicke*, ZIP 2006, 977 (979 ff.).

375 Zudem wird dem Formerfordernis mitunter eine Warnfunktion zugesprochen, vgl. OLG Stuttgart, DB 1989, 1817; *Altmeppen*, GmbHG, § 15 Rn. 66; *Walz/Fembacher*, NZG 2003, 1134 (1140); *Ruhwinkel*, DNotZ 2007, 237 (238). Andere lehnen dies ab. Der Übereilungsschutz, der mit der notariellen Beurkundung einhergeht, sowie sonstige Wirkungen der Beurkundung stellten bloße Rechtsreflexe dar, vgl. *Bayer*, in: Lutter/Hommelhoff, GmbHG, § 15 Rn. 1; *Görner*, in: Rowedder/Schmidt-Leithoff, GmbHG, § 15 Rn. 2; *Reichert/Weller*, in: MüKoGmbHG, § 15 Rn. 18. Betreffs der Übertragbarkeit der § 15 Abs. 3, 4 GmbHG auf die Übertragung von Bezugsrechten ist diese Problematik jedoch ohne Belang.

376 BGHZ 13, 49 (51 f.) = NJW 1954, 1157; BGH NJW 1996, 3338 (3339); BGH DStR 2006, 1378 (Rn. 3); BGH NZG 2008, 377 (378); *Altmeppen*, FS Westermann, 2008, 771 (772 ff.); *Altmeppen*, GmbHG, § 15 Rn. 66; *Görner*, in: Rowedder/Schmidt-Leithoff, GmbHG, § 15 Rn. 2; *Reichert/Weller*, in: MüKoGmbHG, § 15 Rn. 17; *Servatius*, in: Baumbach/Hueck, GmbHG, § 15 Rn. 21; *Verse*, in: Henssler/Strohn, GmbHG, § 15 Rn. 38; *Brandes*, WM 2000, 217 (218); *Walz/Fembacher*, NZG 2003, 1134; *Wicke*, ZIP 2006, 977 (979 ff.).

377 *Hermanns*, in: MHLS, GmbHG, § 55 Rn. 40; *Lieder*, in: MüKoGmbHG, § 55 Rn. 79.

vorsah.[378] Nur da die Reform im Ganzen aus rein politstrategischen Gründen scheiterte, findet sich heute keine entsprechende Regelung im Gesetz.[379]

### *III. Die Übertragbarkeit der nach § 15 Abs. 5 GmbHG vorgesehenen Beschränkungen auf die Abtretung von Bezugsrechten*

Obgleich nach dem gesetzlichen Normalstatut Geschäftsanteile frei übertragbar sind (vgl. § 15 Abs. 1 GmbHG), finden sich in der überwiegenden Zahl der GmbH-Satzungen Vinkulierungsklauseln i.S.d. § 15 Abs. 5 GmbHG.[380] Diese bewirken, dass die Gesellschafter Einfluss auf den Gesellschafterkreis nehmen können und unerwünschte personelle Veränderungen verhindert werden.[381] Hierzu zählen sowohl quantitative Veränderungen der bestehenden Beteiligungsverhältnisse wie z.B. die Begründung einer Mehrheitsposition eines Mitgesellschafters als auch das Eindringen unliebsamer gesellschaftsfremder Dritter.[382]

---

378 BT-Drs. 7/253, S. 47; vgl. ferner Begründung hierzu, BT-Drs. 7/253 S. 180: „Absatz 2 schließt eine selbständige Abtretung des Bezugsrechts ohne den Geschäftsanteil grundsätzlich nicht aus. Will ein Gesellschafter einen neuen ihm auf Grund eines Bezugsrechts zustehenden Geschäftsanteil doch alsbald veräußern, so würde es nur einen mit Kosten belasteten Umweg bedeuten, wenn er den Geschäftsanteil zunächst selbst übernehmen müßte und ihn erst dann abtreten konnte. Die durch Absatz 2 Satz 1 entstehende Gefahr eines unerwünschten Handels mit Bezugsrechten und einer Umgehung von Abtretungsbeschränkungen wird durch Absatz 2 Satz 2 ausgeräumt".

379 Basierend auf dem RefE eines Gesetzes über Gesellschaften mit beschränkter Haftung von 1969 brachte die von Willy Brandt geführte Bundesregierung 1971 den RegE in den 6. Bundestag ein. Allerdings konnte nur noch die erste Lesung stattfinden, bevor der Bundestag infolge der negativ beantworteten Vertrauensfrage im September 1972 aufgelöst wurde. In den 7. Bundestag wurde der RegE unverändert eingebracht. Jedoch erachtete man nunmehr das Mitbestimmungsgesetz für vordringlich und wollte zunächst den Bericht einer vom Bundesjustizministerium eingesetzten Kommission zur Neugestaltung des Unternehmensrechts abwarten, sodass die Reform des GmbH-Gesetzes letztlich scheiterte, s. zu vorstehendem eing. *Fleischer*, in: MüKoGmbHG, Einl. Rn. 107.

380 *Bayer*, in: Lutter/Hommelhoff, GmbHG, § 15 Rn. 69; *Reichert/Weller*, in: MüKoGmbHG, § 15 Rn. 358; *Servatius*, in: Baumbach/Hueck, GmbHG, § 15 Rn. 37; *Wilhelmi*, in: BeckOK-GmbHG, § 15 Rn. 137; *Reichert/Winter*, FS 100 Jahre GmbHG, 1992, 209 (211 f.).

381 *Reichert/Weller*, in: MüKoGmbHG, § 15 Rn. 359.

382 *Bayer*, in: Lutter/Hommelhoff, GmbHG, § 15 Rn. 69; *Reichert/Weller*, in: MüKoGmbHG, § 15 Rn. 359; *Wilhelmi*, in: BeckOK-GmbHG, § 15 Rn. 138.

Um den mit einer Vinkulierungsklausel verfolgten Zweck effektiv zu erreichen, müssen die vorgesehenen Beschränkungen auch für die Übertragung von Rechten auf den Bezug neuer Geschäftsanteile Geltung beanspruchen. Durch die Übertragung eines Rechts auf den Bezug von Geschäftsanteilen droht in gleicher Weise das Eindringen eines unliebsamen Dritten in die Gesellschaft oder eine ungewollte quantitative Veränderung der bestehen Beteiligungsverhältnisse wie durch die Abtretung eines bereits existierenden Geschäftsanteils.

### *IV. Schlussfolgerung*

Somit ist festzuhalten, dass das in der Optionsanleihe enthaltene Anteilserwerbsrecht durch Abtretung nach §§ 398, 413 BGB übertragbar ist. Sowohl der Abtretungsvertrag als auch das zugrundeliegende schuldrechtliche Kausalgeschäft sind gemäß § 15 Abs. 3, 4 GmbHG analog notariell zu beurkunden. Überdies sind bei der Übertragung nach § 15 Abs. 5 GmbHG vorgesehene Beschränkungen zu beachten.

Diese zwingenden Anforderungen an die Übertragung von Bezugsrechten stehen in unvereinbarem Widerspruch zu den Auswirkungen, welche eine Verbriefung des Anteilserwerbsrechts in einem Inhaberpapier mit sich brächte. So hätte eine Verbriefung in einem Inhaberpapier etwa zur Folge, dass eine Übereignung des Papiers nach den sachenrechtlichen Bestimmungen der §§ 929 ff. BGB möglich wäre und das Recht aus dem Papier dem Recht an dem Papier folgen würde.[383] Die vorstehenden Anforderungen an die Übertragung von Bezugsrechten würden unterlaufen. Gibt die Gesellschaft Urkunden über das Optionsrecht aus, so handelt es sich dabei mithin um bloße Beweisurkunden.[384]

---

383 Statt aller *Vogel*, in: BeckOGK-BGB, § 793 Rn. 21.

384 S. zur Verbriefung von Geschäftsanteilen in Anteilsscheinen *Ebbing*, in: MHLS, GmbHG, § 14 Rn. 37 f.; *Fastrich*, in: Baumbach/Hueck, GmbHG, § 14 Rn. 8; *Verse*, in: Henssler/Strohn, GmbHG, § 14 Rn. 39.

## § 7 Schutz vor einer Verwässerung der Bezugsrechte

### A. *Problemaufriss*

Dem Inhaber einer Optionsanleihe gewährt die Gesellschaft das Recht, zu einem im Voraus festgesetzten Optionspreis eine bestimmte Anzahl an Geschäftsanteilen zu beziehen. Eine einseitige Entziehung oder Änderung dieses Rechts durch die Gesellschaft ist ob der vertraglichen Natur des Rechtsverhältnisses und des Konsensprinzips ausgeschlossen.[385] Allerdings droht dem Anleihegläubiger, dass auf seine Rechtsposition mittelbar eingewirkt wird. Vornehmlich besteht die Gefahr, dass die Gesellschaft während der Optionsfrist das Stammkapital erhöht. Denn die Ausgabe neuer Geschäftsanteile hat für den Anleihegläubiger Einbußen an seiner potentiellen Mitgliedschaft zur Folge.[386] So verwässert sowohl seine mögliche Stimmrechtsmacht als auch sein zukünftiger Gewinnanteil.[387] Zudem droht eine Verwässerung des wirtschaftlichen Wertes seines optierbaren Geschäftsanteils und damit auch des Optionsrechts. Zu dieser kommt es, sofern die neuen Geschäftsanteile unter ihrem wahren Wert ausgegeben werden (sog. „Kapitalerhöhung unter Wert").[388] Der Nennwert des gezeichneten Kapitals erreicht in diesem Fall eine höhere Steigerungsquote als das Gesellschaftsvermögen.[389] Die Übernehmer erhalten einen Vermögenswert, der nicht ihnen, sondern den Anleihegläubigern zusteht.[390] Da dem Inhaber der Optionsanleihe

---

385 *Habersack*, in: MüKoAktG, § 221 Rn. 263; *Hirte*, in: GroßKommAktG, § 221 Rn. 173; *Lutter*, in: KölnerKomm, 2. Aufl., AktG, § 221 Rn. 120; eing. *Reiswich*, Das Rechtsprinzip des Verwässerungsschutzes, S. 121.

386 S. allgemein zur Verwässerung *Priester*, DB 1980, 1925 (1927).

387 Vgl. *Priester*, DB 1980, 1925 (1927).

388 *Altmeppen*, GmbHG, § 55 Rn. 36; *Koch*, AG 2017, 6.

389 *Altmeppen*, GmbHG, § 55 Rn. 36.

390 Beispiel: Das Stammkapital einer GmbH beträgt 25.000 Euro, eingeteilt in 25 Geschäftsanteile im Nennwert von jeweils 1.000 Euro. Das Gesellschaftsvermögen beläuft sich auf 75.000 Euro. Einem Anleihegläubiger ist das Recht eingeräumt worden, für einen Optionspreis von insgesamt 50.000 Euro ebenfalls 25 Geschäftsanteile im Nennwert von jeweils 1.000 Euro zu übernehmen. Würde der Anleihegläubiger sein Optionsrecht nunmehr ausüben, würde das Gesellschaftsvermögen auf 125.000 Euro anwachsen. Der Wert der 25 Geschäftsanteile, die der Anleihegläubiger erwerben würde, beliefe sich auf 62.500 Euro. Sein Optionsrecht wäre 12.500 Euro wert gewesen. Seine Beteiligungsquote läge bei 50 %.
Vor Ausübung des Optionsrechts wird das Stammkapital der Gesellschaft jedoch im Wege einer effektiven Kapitalerhöhung erhöht und die Altgesellschafter übernehmen

vor Ausübung des Optionsrechts keine Verwaltungsrechte zuteilwerden, kann er sich gegen derartige Kapitalmaßnahmen nicht zur Wehr setzen. Auch hat er als Gläubiger kein gesetzliches Bezugsrecht auf das erhöhte Stammkapital (vgl. § 186 Abs. 1 AktG analog).

## *B. Der gesetzliche Verwässerungsschutz*

### *I. Gesetzlicher Verwässerungsschutz bei nomineller Kapitalerhöhung*

Einen speziellen gesetzlichen Schutz gegen die Verwässerung von Optionsrechten hat der Gesetzgeber nur für den Fall einer nominellen Kapitalerhöhung vorgesehen. § 57m Abs. 3 GmbHG bestimmt, dass der wirtschaftliche Inhalt vertraglicher Beziehungen der Gesellschaft zu Dritten, die von den bisherigen Kapitalverhältnissen der Gesellschaft abhängen, durch eine nominelle Kapitalerhöhung nicht berührt werden. Zu diesen Rechten Dritter zählen unstreitig auch Optionsrechte.[391] Die Geschäftsanteile, die der Inhaber einer Optionsanleihe zu erwerben berechtigt ist, stellen infolge der nominellen Kapitalerhöhung einen geringeren Anteil am Stammkapital dar und verkörpern einen entsprechend geringeren Wert.[392]

§ 57m Abs. 3 GmbHG verhindert eine solche Verwässerung, indem eine automatische Anpassung der Optionsbedingungen an die veränderten Verhältnisse erfolgt.[393] Wird die Kapitalerhöhung durch die Ausgabe neuer Geschäftsanteile bewirkt, erhöht sich bei unverändertem Optionspreis die Zahl der optierbaren

---

weitere 25 Geschäftsanteile im Nennwert von jeweils 1.000 Euro zu pari. Das Gesellschaftsvermögen beträgt infolgedessen 100.000 Euro.
Würde der Anleihegläubiger nun bei unveränderten Optionsbedingungen sein Optionsrecht ausüben, würde das Gesellschaftsvermögen 150.000 Euro betragen, die Beteiligungsquote des Anleihegläubigers läge bei 33,3 % und der Wert seiner Anteile würde sich auf 50.000 Euro belaufen. Sein Optionsrecht wäre 0 Euro wert gewesen.

391 *Arnold*, in: MüKoAktG, § 216 Rn. 58; *Hermanns*, in: Henssler/Strohn, AktG, § 216 Rn. 6; *Hirte*, in: GroßKommAktG, § 221 Rn. 178; *Koch*, in: Hüffer/Koch, AktG, § 216 Rn. 14; *Rieder/Holzmann*, in: Grigoleit, AktG, § 216 Rn. 14; *Simons*, in: Hölters, AktG, § 221 Rn. 18; *Veil*, in: K. Schmidt/Lutter, AktG, § 216 Rn. 15; *Than*, WM 1991, WM-Festgabe für Heinsius, 54 (58); *Fett/Spiering*, NZG 2002, 358 (366); *Reiswich*, RdF 2017, 219 (221); *ders.*, Das Rechtsprinzip des Verwässerungsschutzes, S. 128, jew. zu § 216 Abs. 3 AktG.

392 *Arnold*, in: MüKoAktG, § 216 Rn. 58.

393 *Koch*, in: Hüffer/Koch, AktG, § 221 Rn. 63; vgl. zur Anpassung nach § 57m Abs. 3 GmbHG *Altmeppen*, GmbHG, § 57m Rn. 17 ff.; *Priester/Tebben*, in: Scholz, GmbHG, § 57m Rn. 20; *Ulmer/Casper*, in: UHL, GmbHG § 57m Rn. 21.

Geschäftsanteile im selben Verhältnis wie das Stammkapital.[394] Erfolgt die Erhöhung durch Aufstockung vorhandener Geschäftsanteile, bleibt die Zahl der optierbaren Geschäftsanteile unverändert; allein ihr Nennbetrag erhöht sich im selben Verhältnis wie das Stammkapital.[395]

## *II. Gesetzlicher Verwässerungsschutz bei effektiver Kapitalerhöhung*

§ 57m Abs. 3 GmbHG gilt aufgrund seiner systematischen Stellung ausschließlich für die Kapitalerhöhung aus Gesellschaftsmitteln. Für den Fall einer effektiven Kapitalerhöhung sieht das GmbHG keine entsprechende Regelung vor.

In der jüngeren Vergangenheit wurde vielfach angenommen, § 57m Abs. 3 GmbHG bzw. der nahezu wortgleiche § 216 Abs. 3 AktG müsse im Falle einer effektiven Kapitalerhöhung entsprechend Anwendung finden, sodass die Optionsrechte kraft Gesetzes den eingetretenen Veränderungen angepasst würden.[396] Im Einklang mit der nunmehr wohl herrschenden Meinung ist dies jedoch abzulehnen.[397]

---

394 *Arnold*, in: MüKoAktG, § 216 Rn. 58; *Koch*, in: Hüffer/Koch, AktG, § 216 Rn. 14; *Than*, WM 1991, WM-Festgabe für Heinsius, 54 (58); *Reiswich* Das Rechtsprinzip des Verwässerungsschutzes, S. 153.

395 *Seiler*, BeckOGK-AktG, §211 Rn. 167.

396 *Haberstock/Greitemann*, in: Hölters, AktG, § 221 Rn. 71; *Gallego Sanchez*, Das Erwerbsrecht, S. 172 ff.; s. zum dividendenabhängigen Tantiemeanspruch bei effektiver Kapitalerhöhung *Bayer*, in: Lutter/Hommelhoff, 19. Aufl. 2016, GmbHG, § 55 Rn. 47; *Lieder*, in: MüKoGmbHG, 2. Aufl. 2016, § 55 Rn. 165; zur AG *Koppensteiner*, ZHR 139 (1975), 191 (197 ff.); *Köhler*, AG 1984, 197 (199 f.); *Arnold/Gärtner*, AG 2013, 414 (415 ff.)

397 Vgl. *Florstedt*, in: KölnerKomm, AktG, § 221 Rn. 148 f.; *Groß*, in: Marsch-Barner/Schäfer, HdB-AG, Rn. 52.18; *Habersack*, in: MüKoAktG, § 221 Rn. 290; *Koch*, in: Hüffer/Koch, AktG, § 221 Rn. 63; *Rieder/Holzmann*, in: Grigoleit, AktG, § 221 Rn. 58; *Scholz*, in: MHdB-GesR IV, § 64 Rn. 46; *Casper*, Der Optionsvertrag, S. 353 ff.; s. zum dividendenabhängigen Tantiemeanspruch bei effektiver Kapitalerhöhung BAG NJW 2018, 3601; *Altmeppen*, GmbHG, § 55 Rn. 36 f.; *Bayer*, in: Lutter/Hommelhoff, GmbHG, § 55 Rn. 47; *Schnorbus*, in: Rowedder/Schmidt-Leithoff, GmbHG, § 55 Rn. 68; zur AG *Hüffer*, in: FS Bezzenberger, 2000, 191 (201 ff.); *Apfelbacher/Niggemann*, in: Hölters, AktG, § 198 Rn. 16 f.; *Dürr*, in: Wachter, AktG, § 189 Rn. 12; *Koch*, in: Hüffer/Koch, § 189 Rn. 9; *Rieder/Holzmann*, in: Grigoleit, AktG, § 189 Rn. 12; *Schürnbrand/Verse*, in: MüKoAktG, § 189 Rn. 11 ff.; *Servatius*, in: BeckOGK-AktG, § 189 Rn. 13 f.; *Scholz*, in: MHdB-GesR IV, § 57 Rn. 196; *Schürnbrand*, ZHR 173 (2009), S. 689 (691); *Koch*, AG 2017, 6 ff.

Die analoge Anwendung einer Norm setzt zunächst das Bestehen einer vom Gesetzgeber unbeabsichtigt gelassenen Regelungslücke voraus. Das GmbHG sieht einen speziellen Verwässerungsschutz von Optionsrechten allein in Fällen der nominellen Kapitalerhöhung vor. Dabei handelt es sich bei der nominellen Kapitalerhöhung um einen eher seltenen Vorgang, während die effektive Kapitalerhöhung den Regelfall darstellt.[398] Angesichts dessen liegt es fern, anzunehmen, der Gesetzgeber habe bewusst für einen Ausnahmefall eine Regelung eingeführt, den tatsächlichen Regelfall dabei aber übersehen.[399] Plausibler erscheint vielmehr, dass der Gesetzgeber die Vorschrift bewusst auf die nominelle Kapitalerhöhung beschränkt hat.[400]

Zudem wäre die analoge Anwendung des § 57m Abs. 3 GmbHG zum Schließen einer etwaigen Lücke nicht geeignet. § 57m Abs. 3 GmbHG ordnet an, dass der wirtschaftliche Inhalt vertraglicher Beziehungen der Gesellschaft zu Dritten durch die Kapitalerhöhung nicht berührt werde. Der Inhalt des Vertrages wird also kraft Gesetzes dergestalt an die neue Situation angeglichen, dass sich der Umfang der Rechte und Pflichten beider Parteien im wirtschaftlichen Ergebnis durch die Kapitalerhöhung nicht ändert.[401] In Bezug auf Optionsanleihen bedeutet dies, dass das Optionsrecht dahingehend modifiziert wird, dass sich der Anleihegläubiger im wirtschaftlichen Ergebnis in derselben Lage befindet, in der er ohne die Kapitalerhöhung wäre.[402] Im Anschluss an eine nominelle Kapitalerhöhung ist eine entsprechende Anpassung in der bereits erörterten Weise möglich.

Nach einer effektiven Kapitalerhöhung ist es hingegen ausgeschlossen, die Optionsbedingungen dergestalt anzupassen, dass der Anleihegläubiger im wirtschaftlichen Ergebnis in derselben Lage ist, in der er sich ohne die Kapitalerhöhung befunden hätte.[403] Durch die Kapitalerhöhung ist sowohl die potentielle

---

398 *Priester* NZG 2010, 81 (84); *Saß* RNotZ 2016, 213 (214); zur AG BAG NJW 2018, 3601 (Rn. 25); *Koch*, AG 2017, 6 (10).

399 BAG NJW 2018 3601 (Rn. 25); *Koch*, AG 2017, 6 (10) jew. zu § 216 Abs. 3 AktG.

400 BAG NJW 2018, 3601 (Rn. 25); *Koch*, AG 2017, 6 (10); a.A. *Köhler*, AG 1984, 197 (199); *Zöllner*, ZGR 1986, 288 (294 ff.) jew. zu § 216 Abs. 3 AktG.

401 *Arnold*, in: MüKoAktG, § 216 Rn. 42 zu § 216 Abs. 3 AktG.

402 *Gallego Sanchez*, Das Erwerbsrecht, S. 182.

403 Fortsetzung des Beispiels in Fn. 390: Eine Anpassung der Bezugskonditionen an die infolge der Kapitalerhöhung geänderten Kapitalverhältnisse ist nun auf drei Wegen denkbar:
1. Möglichkeit: Wie bei einer nominellen Kapitalerhöhung erhöht sich bei unverändertem Optionspreis die Zahl der optierbaren Geschäftsanteile im selben Verhältnis wie das Stammkapital, sodass die Beteiligungsquote des Anleihegläubigers bei

Beteiligungsquote als auch – sollte die Kapitalerhöhung unter Wert erfolgt sein – der Wert der optierbaren Geschäftsanteile und somit der Wert des Optionsrechts verwässert.

Um die Optionsbedingungen nun so anzupassen, dass aus der Kapitalerhöhung keine Änderung des Umfangs des Optionsrechts resultiert, kommen drei Vorgehensweisen in Betracht, von denen jedoch keine vermag, den Anleihegläubiger im wirtschaftlichen Ergebnis in dieselbe Lage zu versetzen, in der er ohne die Kapitalerhöhung wäre:

Zum einen bestünde die Möglichkeit, die vermögensrechtliche Verwässerung exakt auszugleichen, indem der Optionspreis in einem Maße reduziert wird, dass

---

Ausübung des Optionsrechts weiterhin 50 % betragen würde. Der Anleihegläubiger wäre also berechtigt, 50 neue Geschäftsanteile im Nennwert von jeweils 1.000 Euro für insgesamt 50.000 Euro zu erwerben. Würde der Anleihegläubiger sein Optionsrecht ausüben, würde das Gesellschaftsvermögen auf 150.000 Euro anwachsen, die Beteiligungsquote läge bei 50 %, der Wert seiner Anteile würde sich auf 75.000 Euro belaufen. Damit würde der Wert seines Optionsrechts allerdings auf 25.000 Euro statt der ursprünglichen 12.500 Euro betragen, sodass sich der Umfang seines Optionsrechts im wirtschaftlichen Ergebnis durch die zwischenzeitige Kapitalerhöhung ändern würde. Der Anleihegläubiger würde durch die Kapitalerhöhung begünstigt.
2. Möglichkeit: Damit der Wert des Optionsrechts trotz der Kapitalerhöhung unverändert bei 12.500 Euro liegt, könnte der Optionspreis reduziert werden. Der Optionsrechtsgläubiger würde also das Recht erhalten, 25 neue Geschäftsanteile im Nennwert von jeweils 1.000 Euro für einen Optionspreis von insgesamt 31.250 Euro zu beziehen. Würde der Anleihegläubiger sein Optionsrecht nunmehr ausüben, würde das Gesellschaftsvermögen auf 131.250 Euro anwachsen, der Wert seiner Anteile würde sich auf 43.750 Euro belaufen. Sein Optionsrecht wäre 12.500 Euro wert. Allerdings würde seine Beteiligungsquote in diesem Fall nur noch 33,3 % statt der ursprünglichen 50 % betragen.
3. Möglichkeit: Die vorstehenden Anpassungsmodi könnten kombiniert werden, sodass die Beteiligungsquote des Anleihegläubigers nach Ausübung des Optionsrechts 50 % und der Wert des Optionsrechts 12.500 Euro betragen würde. Dazu müssten die Optionsbedingungen dergestalt angepasst werden, dass der Anleihegläubiger für 75.000 Euro 50 Geschäftsanteile im Nennwert von jeweils 1.000 Euro beziehen könnte. Infolge der Ausübung des Optionsrechts würde das Gesellschaftsvermögen auf 175.000 Euro anwachsen und der Wert seiner Anteile würde sich auf 87.500 Euro belaufen. Allerdings würde sich auch in diesem Fall das Optionsrecht im wirtschaftlichen Ergebnis ändern, da der Anleihegläubiger verpflichtet wäre, in der Summe einen höheren Optionspreis zu entrichten, um mit der ihm ursprünglich in Aussicht gestellten Beteiligungsquote an der Gesellschaft beteiligt zu sein.

der Wert des Optionsrechts wieder jenem vor der Kapitalerhöhung entspricht.[404] Allerdings bliebe bei diesem Modus der Anpassung die durch die Kapitalerhöhung ebenfalls eingetretene herrschaftsrechtliche Verwässerung vollkommen außer Acht.

Umgekehrt könnten die Optionsbedingungen auch dahingehend geändert werden, dass sich – wie im Falle der nominellen Kapitalerhöhung – bei unverändertem Optionspreis die Zahl der optierbaren Geschäftsanteile im selben Verhältnis wie das Stammkapital erhöht.[405] Bei dieser Modalität der Anpassung ändert sich der Umfang des Optionsrechts im wirtschaftlichen Ergebnis jedoch insoweit, als der Wert des Optionsrechts durch die Einlageleistung infolge der effektiven Kapitalerhöhung steigt.

Zuletzt kommt in Betracht, die beiden vorstehenden Anpassungsmodi zu kombinieren. Die Zahl der optierbaren Geschäftsanteile würde im selben Verhältnis wie das Stammkapital erhöht, der Optionspreis pro Geschäftsanteil würde jedoch reduziert. Auf diese Weise würde sowohl die herrschafts- als auch seine vermögensrechtliche Verwässerung kompensiert. Doch befindet sich der Anleihegläubiger im wirtschaftlichen Ergebnis auch in diesem Fall nicht in derselben Lage, in der er ohne die Kapitalerhöhung wäre. Denn er wäre verpflichtet, in der Summe einen höheren Optionspreis zu entrichten, um mit der ihm ursprünglich in Aussicht gestellten Beteiligungsquote an der Gesellschaft beteiligt zu sein.

Vorstehendes zeigt, dass nach einer Kapitalerhöhung verschiedene Anpassungsmodi zur Auswahl stehen, die jeweils gewährleisten, dass sich der Umfang des Optionsrechts im wirtschaftlichen Ergebnis durch eine effektive Kapitalerhöhung nur wenig verändert. Doch vermag keiner dieser Modi, den Anleihegläubiger im wirtschaftlichen Ergebnis in dieselbe Lage zu versetzten, in der er ohne die Kapitalerhöhung wäre. Die von § 57m Abs. 3 GmbHG angeordnete Rechtsfolge, nach der automatisch eine schematische Anpassung des Vertrages erfolgt, durch welche der wirtschaftliche Inhalt der vertraglichen Beziehung der

404 Vgl. *Habersack*, in: MüKoAktG, § 221 Rn. 291; *Rieder/Holzmann*, Grigoleit, AktG, § 221 Rn. 58; *Scholz*, MHdB-GesR IV, § 64 Rn. 46.

405 Wohl a.A. *Habersack*, in: MüKoAktG, § 221 Rn. 291: „Eine Erhöhung der auf das Bezugsrecht [...] entfallenden Aktien [muss] schon deshalb ausscheiden, weil es insoweit an einem bedingten Kapital fehlt". Dem kann nicht gefolgt werden. Schließlich ist es für das Gewähren von Optionsrechten ohne Belang, ob zuvor ein bedingtes Kapital zur Bedienung geschaffen wurde, s. statt vieler *Seiler*, in: BeckOGK-AktG, § 221 Rn. 90; ferner zur Erhöhung der Anzahl der Wandlungsaktien *Reiswich*, Das Rechtsprinzip des Verwässerungsschutzes, S. 153 ff.

Gesellschaft zu Dritten durch die Kapitalerhöhung nicht berührt wird, lässt sich damit nicht in Einklang bringen.

Letztlich gilt es zu erkennen, dass es sich bei § 57m Abs. 3 GmbHG um einen gesetzlich geregelten Fall der ergänzenden Vertragsauslegung handelt.[406] Die von § 57m Abs. 3 GmbHG statuierte Anpassung entspricht dem mutmaßlichen Willen, den die Parteien gehabt hätten, wenn sie bei Ausgabe der Optionsanleihen die Möglichkeit der Verzerrung der Bezugskonditionen durch eine nominelle Kapitalerhöhung bedacht hätten.[407] Mittels einer schematischen Anpassung der Bezugskonditionen werden die Vertragsparteien im wirtschaftlichen Ergebnis in dieselbe Lage versetzt, in der sie sich vor der Kapitalerhöhung befanden. Im Falle der effektiven Kapitalerhöhung unterscheidet sich die Interessenlage insoweit, als nicht pauschal bestimmbar ist, welchen der in Betracht kommenden Modi der Anpassung die Vertragsparteien gewählt hätten. Alle passen die Bezugskonditionen an die eingetretene Veränderung zwar weitestgehend an, durch keine Anpassung kann jedoch bewirkt werden, dass sich der Umfang der Rechte und Pflichten der Parteien im wirtschaftlichen Ergebnis durch die Kapitalerhöhung in keiner Weise ändert. Eine Anpassung der Bezugskonditionen kann daher nicht schematisch, sondern nur im Wege der ergänzenden Vertragsauslegung im konkreten Einzelfall vorgenommen werden.[408] Gegebenenfalls ist zudem das Institut der Störung der Geschäftsgrundlage (§ 313 BGB) zur Ergebniskorrektur heranzuziehen.[409]

---

406 *Altmeppen*, GmbHG, § 55 Rn 37; *Lieder*, MüKoGmbHG, § 57m Rn. 24; *Ulmer/Casper*, in: UHL, GmbHG, § 57m Rn. 21; *Koppensteiner*, ZHR 139 (1975), 191 (196).

407 *Altmeppen*, GmbHG, § 55 Rn. 36; *Koppensteiner*, ZHR 139 (1975), 191 (196).

408 Im Ergebnis für die AG auch *Florstedt*, in: KölnerKomm, AktG, § 221 Rn. 149 f.; *Groß*, in: Marsch-Barner/Schäfer, HdB-AG, Rn. 52.18; *Habersack*, in: MüKoAktG, § 221 Rn. 291; *Koch*, in: Hüffer/Koch, AktG, § 221 Rn. 63; *Rieder/Holzmann*, in: Grigoleit, AktG, § 221 Rn. 58; *Scholz*, in: MHdB-GesR IV, § 64 Rn. 46; ähnlich *Casper*, Der Optionsvertrag, S. 353 f.: optionsvertragliche Nebenleistungspflicht; abw. *Hueck*, DB 1963, 1347 (1351): „Mangels abweichender Bestimmungen in den Anleihebedingungen wird das Umtauschrecht der Wandelobligationäre durch Veränderungen des Grundkapitals nicht berührt.".

409 *Altmeppen*, GmbHG, § 55 Rn. 37. Störung der Geschäftsgrundlage und ergänzende Vertragsauslegung lassen sich nicht stets eindeutig voneinander abgrenzen. In der Literatur werden die Grenzen als fließend bezeichnet, *Arnold/Gärtner*, AG 2013, 414 (422) m.w.N.

## *C. Der vertragliche Verwässerungsschutz*

Der gesetzliche Verwässerungsschutz dürfte indes nicht von allzu großer praktischer Relevanz sein. In aller Regel sind in den Optionsbedingungen Regelungen enthalten, welche eine Verwässerung der Optionsrechte vermeiden sollen.

### *I. Das Verbot weiterer Kapitalmaßnahmen*

#### *1. Verpflichtung der Gesellschaft*

Die einfachste Form einer Verwässerungsschutzklausel bestünde in einer Verpflichtung der Gesellschaft, während der Laufzeit der Optionsanleihe weitere Kapitalmaßnahmen zu unterlassen. In der aktienrechtlichen Praxis kommen derartige Klauseln jedoch nicht vor.[410] Grund dafür dürfte sein, dass nach allgemeiner Ansicht davon ausgegangen wird, eine schuldrechtliche Verpflichtung der AG zur Vornahme oder Unterlassung von Satzungsänderungen könne nicht wirksam begründet werden, da sie mit dem Grundsatz der Satzungsautonomie unvereinbar sei.[411]

Im GmbH-Recht ist hingegen anerkannt, dass eine schuldrechtliche Verpflichtung der Gesellschaft zur Änderung ihrer Satzung unter bestimmten Voraussetzungen wirksam eingegangen werden kann.[412] Es bedarf zum einen der Zustimmung der Gesellschafter mit satzungsändernder Mehrheit.[413] Zudem muss die Verpflichtung auf einen konkreten Einzelfall und eine bestimmte

---

410 Vgl. *Loos*, DB 1960, 515 (517), der darauf hinweist, dass kaum eine Gesellschaft bereit sein wird, eine entsprechende Verpflichtung zu übernehmen.

411 *Lutter*, FS Schilling, 1973, 206 (228 f.); *Florstedt*, in: KölnerKomm, AktG, § 221 Rn. 357; *Habersack*, in: MüKoAktG, § 221 Rn. 293; vgl. ferner *Ehmann*, in: Grigoleit, AktG, § 179 Rn. 34; *Haberstock/Greitemann*, in: Hölters, AktG, § 179 Rn. 63; *Holzborn*, in: BeckOGK-AktG, § 179 Rn. 175; *Koch*, in: Hüffer/Koch, AktG, § 179 Rn. 32; *Körber/König*, in: Bürgers/Körber/Lieder, AktG, § 179 Rn. 51; *Seibt*, in: K. Schmidt/Lutter, AktG, § 179 Rn. 46; *Stein*, in: MüKoAktG, § 179 Rn. 153, 212; *Wiedemann*, in: GroßKommAktG, § 179 Rn. 155.

412 *Altmeppen*, GmbHG, § 53 Rn. 39; *Arnold*, in: Bork/Schäfer, GmbHG, § 53 Rn. 26; *Bayer*, in: Lutter/Hommelhoff, GmbHG, § 53 Rn. 40; *Harbarth*, in: MüKoGmbHG, § 53 Rn. 136; *Hoffmann*, in: MHLS, GmbHG, § 55 Rn. 49; *Priester/Tebben*, in: Scholz, GmbHG, § 55 Rn. 35; *Ulmer/Casper*, in: UHL, GmbHG, § 53 Rn. 42; *Fleck*, ZGR 1988, 104 (110 ff.); vgl. ferner *Priester*, FS Werner, 1984, 657 (675).

413 *Altmeppen*, GmbHG, § 53 Rn. 39; *Bayer*, in: Lutter/Hommelhoff, GmbHG, § 53 Rn. 40; *Hoffmann*, in: MHLS, GmbHG, § 53 Rn. 49; *Priester/Tebben*, in: Scholz, GmbHG, § 53 Rn. 35; *Ulmer/Casper*, in: UHL, GmbHG, § 53 Rn. 42; *Fleck*, ZGR 1988, 104 (114).

Satzungsänderung beschränkt sein.[414] Unter diesen Voraussetzungen ist eine entsprechende Verpflichtung mit dem Grundsatz der Satzungsautonomie vereinbar. Denn die eigentliche Entscheidung über die Satzungsänderung verbleibt bei den Gesellschaftern, sie nehmen diese gewissermaßen durch ihre Zustimmung zur Verpflichtung lediglich vorweg.[415]

Für eine Verpflichtung der Gesellschaft, eine Satzungsänderung zu unterlassen, sind die vorstehenden Grundsätze entsprechend anwendbar.[416] Somit könnte zwar eine schuldrechtliche Verpflichtung der GmbH zur Unterlassung einer Kapitalmaßnahme wirksam begründet werden. In Anbetracht der Tatsache, dass die Laufzeiten von Optionsanleihen aber mehrere Jahre betragen und für einen hinreichenden Verwässerungsschutz eine entsprechende Verpflichtung für die gesamte Laufzeit gelten müsste, wären die vorstehenden Voraussetzungen nicht erfüllt. Eine Verpflichtung zur Unterlassung von Kapitalerhöhungen für mehrere Jahre betrifft keine konkret bestimmte Satzungsänderung in einem Einzelfall. Sie gleicht vielmehr einer partiellen Selbstentmündigung der Gesellschafter, welche der Grundsatz der Satzungsautonomie verbietet.[417]

### 2. *Verpflichtung der Gesellschafter*

Da eine Verpflichtung der Gesellschaft zur Unterlassung von Kapitalerhöhungen für die gesamte Laufzeit der Optionsanleihe nicht wirksam begründet werden kann, wurde in der Praxis mitunter versucht, ein entsprechendes Ergebnis auf anderem Wege zu erzielen.

So wurde eine Stimmbindungsvereinbarung mit einem Großaktionär mit Sperrminorität vorgesehen, die diesen verpflichten sollte, gegen jedwede Kapitalerhöhung zu stimmen.[418]

---

414 *Altmeppen*, GmbHG, § 53 Rn. 39; *Bayer*, in: Lutter/Hommelhoff, GmbHG, § 53 Rn. 40; *Priester/Tebben*, in: Scholz GmbHG, § 53 Rn. 35; *Ulmer/Casper*, in: UHL, GmbHG, § 53 Rn. 42; *Fleck*, ZGR 1988, 104 (113); vgl. ferner *Priester*, FS Werner, 1984, 657 (675).

415 Vgl. *Altmeppen*, GmbHG, § 53 Rn. 39; *Harbarth*, in: MüKoGmbHG, § 53 Rn. 136; *Fleck*, ZGR 1988, 104 (113).

416 *Fleck*, ZGR 1988, 104 (118 f.); str. ist allein, ob der Ermächtigungsbeschluss mit einfacher oder satzungsändernder Mehrheit zu fassen ist, eing. hierzu *Harbarth*, in: MüKoGmbHG, § 53 Rn. 141.

417 Zurückhaltender *Maidl*, NZG 2006, 778 (779): „Verpflichtung der Gesellschaft […] dürfte bei längerer Dauer mit der Satzungsautonomie der Gesellschafter kollidieren."

418 *Loos*, DB 1960, 515 (517 f.); ähnlich *Linnhoff*, DB 1955, 1193 (1195) mit Verweis auf die Wandelanleihe der Aschaffenburger Zellstoffwerke AG: „Weiter hat sich ein Großaktionär auf die Dauer seiner Eigenschaft als solcher verpflichtet, einer Kapitalerhöhung nur dann zuzustimmen, wenn den Inhabern der Wandelschuldverschreibungen

Allerdings stellt auch dies keinen gangbaren Weg dar, soweit es sich bei dem Inhaber der Optionsanleihe – wie im Regelfall – um einen Nichtgesellschafter handelt.

Stimmbindungsverträge mit Nichtgesellschaftern sind nämlich – jedenfalls im Grundsatz – in Bezug auf Satzungsänderungsbeschlüsse unzulässig.[419] Der Grund besteht darin, dass die Zuständigkeit zur Änderung der Satzung in der ausschließlichen Kompetenz der Gesellschafter liegt.[420] Eine Übertragung der Kompetenz auf andere Organe oder sogar Dritte ist unzulässig.[421] Dies folgt aus dem Grundsatz der Satzungsautonomie.[422] Stimmbindungsverträge mit Nichtgesellschaftern, welche Satzungsänderungen betreffen, würden eine unzulässige Übertragung darstellen. Das Schicksal der Gesellschaft würde in die Hände Außenstehender gelegt.[423] Entsprechende Stimmbindungsabreden können daher grundsätzlich nicht wirksam getroffen werden.

Dies schließt allerdings nicht aus, dass in besonders gelagerten Einzelkonstellationen Ausnahmen in Betracht kommen.[424] So ist etwa die Verpflichtung eines Gesellschafters zulässig, in einem Einzelfall für eine konkrete, fest umrissene Satzungsänderung zu stimmen.[425] Denn in diesem Fall fehlt es an einem Einfluss von außen.[426] Die Entscheidung über die Satzungsänderung verbleibt bei dem Gesellschafter selbst, da sie von ihm zwar nicht bei der Abstimmung, wohl aber bei der

---

das gleiche Bezugsrecht eingeräumt wird wie den Aktionären; vgl. ferner *Habersack*, in: MüKoAktG, § 221 Rn. 298.

419 *Priester*, FS Werner, 1984, 657 ff.; *Altmeppen*, GmbHG, § 53 Rn. 38; *Harbarth*, in: MüKoGmbHG, § 53 Rn. 143; *Hoffmann*, in: MHLS, GmbHG, § 53 Rn. 52; *Hüffer/Schäfer*, in: HCL, GmbHG, § 47 Rn. 80 ff.; *Priester/Tebben*, in: Scholz, GmbHG, § 53 Rn. 36; *K. Schmidt*, in: Scholz, GmbHG, § 47 Rn. 42; *Habersack*, ZHR 164 (2000), 1 (11 f.); *Müller*, GmbHR 2007, 113 ff.; a.A. *Schnorbus*, in: Rowedder/Schmidt-Leithoff, GmbHG, § 53 Rn. 84; *Zöllner/Noack*, in: Baumbach/Hueck, GmbHG, § 47 Rn. 113; *Zöllner*, ZHR 155 (1991), 168 (181 f.); wohl auch *Piehler*, DStR 1992, 1654 (1657 f.).

420 BGHZ 43, 261 (264) = NJW 1965, 1378; *Altmeppen*, GmbHG, § 53 Rn. 25; *Harbarth*, in: MüKoGmbHG, § 53 Rn. 143; *Priester/Tebben*, in: Scholz, GmbHG, § 53 Rn. 62; *Schnorbus*, in: Rowedder/Schmidt-Leithoff, GmbHG, § 53 Rn. 55; *Ulmer/Casper*, in: UHL, GmbHG, § 53 Rn. 25.

421 *Altmeppen*, GmbHG, § 53 Rn. 25; *Ulmer/Casper*, in: UHL, GmbHG, § 53 Rn. 2.

422 *Flume*, AT I 2, S. 193 ff.; *Altmeppen*, GmbHG, § 53 Rn. 2, 25.

423 Vgl. *Eimer*, Zeichnungsverträge und Zeichnungsvorverträge, S. 129.

424 Eing. *Priester*, FS Werner, 1984, 657 (672 ff.); ferner *Harbarth*, in: MüKoGmbHG, § 53 Rn. 143.

425 OLG Celle GmbHR 1991, 580 f.; *Harbarth*, in: MüKoGmbHG, § 53 Rn. 146; *Hoffmann*, in: MHLS, GmbHG, § 53 Rn. 52; *K. Schmidt*, in: Scholz, GmbHG, § 47 Rn. 42; *Priester*, FS Werner, 1984, 657 (675).

426 *Priester*, FS Werner, 1984, 657 (675).

Eingehung der Verpflichtung getroffen wird.[427] Entsprechendes gilt für Verpflichtungen, gegen eine Satzungsänderung zu stimmen (sog. negative Stimmpflichten).[428] Nur soweit solche Absprachen nicht auf konkrete Einzelfälle beschränkt bleiben, sind sie unzulässig, da sie einen unzulässigen Außeneinfluss mit sich bringen.[429]

Soll durch Stimmbindungsverträge eine Verwässerung von Optionsrechten verhindert werden, müssten sie die Gesellschafter für die gesamte Laufzeit der Optionsanleihen verpflichten, gegen jedwede Kapitalerhöhung zu stimmen. Von einem konkreten Einzelfall kann dann nicht die Rede sein. Die Verpflichtung würde sich vielmehr durch ihre Dauerhaftigkeit auszeichnen.[430] Das verbietet der Grundsatz der Satzungsautonomie aber gerade.

Eine weitere Ausnahme von dem Verbot, Stimmbindungsvereinbarungen mit Nichtgesellschaftern betreffs einer Satzungsänderung abzuschließen, kommt in Betracht, wenn der Dritte materiell Gesellschafter ist.[431]

Angesichts der Rechtsposition, die ein Inhaber einer Optionsanleihe innehat, könnte erwogen werden, er sei wirtschaftlich betrachtet Gesellschafter. So profitiert er dergestalt an einer Steigerung des wirtschaftlichen Wertes des Unternehmens, dass die Steigerung zu einer Anwachsung des Wertes seiner zu erwerbenden Geschäftsanteile und damit zugleich seines Optionsrechts führt. Daraus resultiert jedoch nicht, dass der Inhaber einer Optionsanleihe materiell Gesellschafter ist. Materiell Gesellschafter ist nur, wer auch die aus der Mitgliedschaft resultierenden Verpflichtungen zumindest mittelbar auf sich genommen hat und ihre Risiken trägt.[432] Dies trifft im Falle einer Sicherungsübereignung von Geschäftsanteilen auf den Sicherungsgeber[433] oder bei Treuhandverhältnissen auf den Treugeber[434] zu, nicht aber auf den Inhaber einer Optionsanleihe.

---

427 Eing. *Overrath*, Die Stimmrechtsbindung, S. 17 f.; *Priester*, FS Werner, 1984, 657 (675).

428 *Priester*, FS Werner, 1984, 657 (676); s. zum Begriff auch *Drescher*, in MüKoGmbHG, § 47 Rn. 257.

429 *Priester*, FS Werner, 1984, 657 (676).

430 Allg. zu sog. „Dauerbindungen“ *K. Schmidt*, in: Scholz, GmbHG, § 47 Rn. 42.

431 *Flume*, AT I 2, S. 243 f.; *Priester*, FS Werner, 1984, 657 (672 f.); *Altmeppen*, GmbHG, § 53 Rn. 38; *Harbarth*, in: MüKoGmbHG, § 53 Rn. 143.

432 Vgl. *Priester*, FS Werner, 1984, 657 (672 ff.).

433 *Priester*, FS Werner, 1984, 657 (673); *Fleck*, FS R. Fischer, 1979, 107 (127).

434 *Altmeppen*, GmbHG, § 53 Rn. 38; *Priester/Tebben*, in: Scholz, GmbHG, § 53 Rn. 36; *K. Schmidt*, in: Scholz, GmbHG, § 47 Rn. 42; *Grage*, RNotZ 2005, 251 (262 f.); *Piehler*, DStR 1992, 1654 (1658); *Priester*, FS Werner, S. 657 (672 f.); *Overrath*, Die Stimmrechtsbindung, S. 82; vgl. ferner BGHZ 10, 44 (50) = NJW 1953, 1548.

Unabhängig von der Frage der Zulässigkeit einer entsprechenden Stimmbindungsvereinbarung gilt es überdies zu beachten, dass sie dem Anleihegläubiger keinen umfassenden Schutz vor einer Verwässerung seines Optionsrechts infolge einer Kapitalerhöhung bietet.[435] Denn nach allgemeiner Ansicht kann auch der gebundene Gesellschafter von seinem Stimmrecht in anderer Weise Gebrauch machen, als er es dem Dritten versprochen hat.[436] Die Wirksamkeit seiner Stimmabgabe und des Kapitalerhöhungsbeschlusses beeinträchtigt das nicht.[437]

### 3. *Zwischenergebnis*

Verwässerungsschutzklauseln, welche die Gesellschaft verpflichten, während der Laufzeit der Optionsanleihe weitere Kapitalmaßnahmen zu unterlassen, sind unwirksam. Sie verstoßen gegen den Grundsatz der Satzungsautonomie.

Dies gilt auch für Stimmbindungsverträge, durch welche sich die Gesellschafter gegenüber Dritten verpflichten, während der Laufzeit der Optionsanleihe gegen jedwede Erhöhung des Stammkapitals zu stimmen. Überdies würden derartige Stimmbindungsvereinbarungen den Anleihegläubiger nicht umfassend schützen.

Unabhängig von der Frage der Zulässigkeit entsprechender Abreden gilt es zu beachten, dass sie aus Sicht der Gesellschaft in hohem Maße unvernünftig wären.[438] Die GmbH wäre in ihrer Finanzierungs- und damit auch wirtschaftlichen Bewegungsfreiheit enorm eingeschränkt. Da sich dies zugleich zum Nachteil der Anleihegläubiger auswirken kann, werden auch diese alternativen Schutzmechanismen bevorzugen.

---

435 *Loos*, DB 1960, 515 (518).

436 *Priester*, FS Werner, 1984, 657 (667).

437 BGH NJW 1983, 1910 (1911); OLG Koblenz NJW 1986, 1692 (1693); OLG Stuttgart DB 2001, 854 (859); OLG Saarbrücken GmbHR 2005, 546 (548); *Priester*, FS Werner, 1984, 657 (667); *Altmeppen*, GmbHG, § 47 Rn. 75; *Drescher*, in: MüKoGmbHG, § 47 Rn. 250; *Ganzer*, in: Rowedder/Schmidt-Leithoff, GmbHG, § 47 Rn. 44; *Hillmann*, in: Henssler/Strohn, GmbHG, § 47 Rn. 91; *Hüffer/Schäfer*, in: HCL, GmbHG, § 47 Rn. 91; *K. Schmidt*, in: Scholz, GmbHG, § 47 Rn. 53; *Zöllner/Noack*, in: Baumbach/Hueck, GmbHG, § 47 Rn. 117; *König*, ZGR 2005, 417 (423).

438 Vgl. *Habersack*, in: MüKoAktG, § 221 Rn. 293; *Loos*, DB 1960, 515 (517).

### *II. Vorzeitige Ausübung des Optionsrechts*

Um eine Verwässerung der Rechtsposition des Anleihegläubigers zu vermeiden, kommt überdies in Betracht, die Optionsbedingungen in der Weise auszugestalten, dass dem Anleihegläubiger die Gelegenheit geboten wird, an weiteren Kapitalmaßnahmen zu partizipieren. Im älteren aktienrechtlichen Schrifttum wurde daher vorgeschlagen, dem Anleihegläubiger vor einer Kapitalerhöhung die vorzeitige Ausübung des Optionsrechts zu gestatten.[439] Dadurch sollte die Möglichkeit eröffnet werden, noch vor Durchführung einer beschlossenen Kapitalerhöhung Aktionär zu werden und damit ein gesetzliches Bezugsrecht (§ 186 Abs. 1 AktG) auf die jungen Aktien zu erwerben.[440]

Obwohl entsprechende Klauseln in der Vergangenheit in der Praxis durchaus Verwendung gefunden haben[441], stellen sie weder im Aktienrecht noch im hier interessierenden GmbH-Recht eine sinnvolle Lösung dar: Nach einhelliger Ansicht kommt es hinsichtlich der Frage, welche Personen ein gesetzliches Bezugsrecht haben, auf die Eigenschaft als Gesellschafter zum Zeitpunkt des Kapitalerhöhungsbeschlusses an.[442] Übt der Anleihegläubiger also *nach* einem Kapitalerhöhungsbeschluss, aber *vor* Durchführung der Kapitalerhöhung das Optionsrecht aus, und wird Gesellschafter, steht ihm kein gesetzliches Bezugsrecht zu.

Ebenfalls handelt es sich um keinen gangbaren Weg, dem Anleihegläubiger die vorzeitige Ausübung seines Optionsrechts nach der Ankündigung der geplanten Kapitalerhöhung, aber *vor* dem Kapitalerhöhungsbeschluss zu gestatten. An die Ausübung des Optionsrechts wäre er nämlich auch dann gebunden, wenn die geplante Kapitalerhöhung in der Folge nicht zustande kommt.[443]

### *III. Anpassung der Bezugsbedingungen*

Im Aktienrecht sehen Optionsbedingungen in der Regel Verwässerungsschutzklauseln vor, welche für den Fall einer Kapitalerhöhung eine Herabsetzung

---

439 *Meyer*, BB 1955, 549 (551); *Linnhoff*, DB 1955, 1193 (1196) mit Verweis auf die Wandelanleihe der Mannesmann AG: „ein Anleihegläubiger […] kann […] die sofortige Umwandlung seiner Teilschuldverschreibung in Aktien […] verlangen.“.

440 Vgl. *Loos*, DB 1960, 515 (543).

441 Vgl. *Loos*, DB 1960, 515 (543) unter Berufung auf die Anleihe der Wandelschuldverschreibungen der AEG AG von 1958 und der Schering AG von 1959.

442 Statt aller *Lieder*, in: MüKoGmbHG, § 55 Rn. 74.

443 *Habersack*, in: MüKoAktG, § 221 Rn. 295; *Loos*, DB 1960, 515 (543); *Reiswich*, Das Rechtsprinzip des Verwässerungsschutzes, S. 192.

des Optionspreises anordnen.[444] Zur genauen Berechnung des ermäßigten Optionspreises wurden insbesondere in der betriebswirtschaftlichen Literatur etliche Formeln entwickelt.[445] Unabhängig von der konkreten Berechnungsart gewähren sämtliche Verwässerungsschutzklauseln, die allein eine Ermäßigung des Optionspreises vorsehen, allerdings nur einen unzureichenden Schutz der Anleihegläubiger.[446] Es erfolgt lediglich ein Ausgleich für die Verwässerung des wirtschaftlichen Wertes der optierbaren Geschäftsanteile.[447] Gänzlich unberücksichtigt bleibt hingegen, dass mit jeder Kapitalerhöhung auch die angestrebte Herrschaftsmacht der Anleihegläubiger verwässert.[448]

### *IV. Einräumung eines Bezugsrechts auf die neuen Geschäftsanteile*

Ein vollumfänglicher Verwässerungsschutz kann allein durch eine Klausel gewährleistet werden, nach der den Anleihegläubigern im Falle einer

---

444 *Florstedt*, in: KölnerKomm, AktG, § 221 Rn. 363 ff.; *Habersack*, in: MüKoAktG, § 221 Rn. 299; *Koch*, in: Hüffer/Koch, AktG, § 221 Rn. 62; *Scholz*, in: MHdB-GesR IV, § 64 Rn. 46; *Seiler*, in: BeckOGK-AktG, § 221 Rn. 165; *Gallego Sanchez*, Das Erwerbsrecht, S. 159; *Reiswich*, Das Rechtsprinzip des Verwässerungsschutzes, S. 194; ist die Reduzierung des Optionspreises unmöglich, da sie zur Folge hätte, dass der Erwerbspreis unter pari sinken würde, hat die Gesellschaft stattdessen einen Barausgleich zu leisten, *Habersack*, in: MüKoAktG, § 221 Rn. 291.

445 Vgl. *Ludwig*, Kredit und Kapital 10 (1977), S. 91 ff.; *Heubel*, Das Problem der Konversion von Wandelschuldverschreibungen aus der Sicht des Emittenten und des Anlegers, S. 217 ff.; *Janssen*, Bedeutung und Ausstattung von Wandel- und Optionsanleihen, S. 162 ff.; *Greggers/Nippel*, Schmalenbachs Zeitschrift für betriebswirtschaftliche Forschung, 494 (496 ff.); *Reiswich*, Das Rechtsprinzip des Verwässerungsschutzes, S. 194 ff. Die wohl geläufigste Berechnungsklausel lautet: $P = (K^*W + k^*w)/(K+k)$. Dabei steht P für den ermäßigten Optionspreis für einen Geschäftsanteil bzw. eine Aktie; K für das Grund- bzw. Stammkapital vor der Kapitalerhöhung; W für den alten Optionspreis pro Geschäftsanteil bzw. Aktie; k für den Nennbetrag der effektiven Kapitalerhöhung und w für den Bezugspreis für einen neuen aus der Kapitalerhöhung hervorgehenden Geschäftsanteil bzw. eine Aktie, s. *Lutter*, in: KölnerKomm, 2. Aufl., AktG, § 221 Rn. 132; *Hirte*, in: GroßKommAktG, § 221 Rn. 193; *Reiswich*, Das Rechtsprinzip des Verwässerungsschutzes, S. 199, der die Formel indes als veraltet bezeichnet; wohl auch *Gallego Sanchez*, Das Erwerbsrecht, S. 159, der die Formel jedoch fälschlicherweise als $P = (K^*W) + (k^*w)/(K+k)$ widergibt.

446 *Gallego Sanchez*, Das Erwerbsrecht, S. 160.

447 *Gallego Sanchez*, Das Erwerbsrecht, S. 160; ferner *Schumann*, Optionsanleihen, S. 177.

448 *Gallego Sanchez*, Das Erwerbsrecht, S. 160; vgl. auch *Reiswich*, Das Rechtsprinzip des Verwässerungsschutzes, S. 204.

Kapitalerhöhung ein Recht auf den Bezug der neuen Geschäftsanteile gewährt wird.[449] Der Umfang des Bezugsrechts auf die neu zu schaffenden Geschäftsanteile entspricht der hypothetischen Beteiligungsquote, die dem Anleihegläubiger zukäme, wenn er sein Optionsrecht bereits ausgeübt hätte.[450] Der Anleihegläubiger wird also so behandelt, als hätte er von seinem Optionsrecht bereits Gebrauch gemacht und die Stellung eines Gesellschafters eingenommen.[451]

Auf diese Weise kann er sowohl seine potentielle Beteiligungsquote durch Ausübung seines nunmehr zusätzlich bestehenden Bezugsrechts aufrechterhalten, als auch eine Verwässerung des wirtschaftlichen Wertes seiner potentiellen Beteiligung verhindern.[452] Sollte der Anleihegläubiger nicht gewillt oder nicht im Stande sein, der GmbH weitere Mittel zur Verfügung zu stellen, kann er

---

449 *Lutter*, KölnerKomm, 2. Aufl., AktG, § 221 Rn. 66; *Gallego Sanchez*, Das Erwerbsrecht, S. 166; tendenziell auch *Reiswich*, Das Rechtsprinzip des Verwässerungsschutzes, S. 183.

450 Vgl. *Habersack*, in: MüKoAktG, § 221 Rn. 294.

451 *Gallego Sanchez*, Das Erwerbsrecht, S. 163; *Reiswich*, Das Rechtsprinzip des Verwässerungsschutzes, S. 181.

452 Beispiel: Das Stammkapital einer GmbH beträgt 100.000 Euro, eingeteilt in 100.000 Geschäftsanteile im Nennwert von jeweils einem Euro. Das Gesellschaftsvermögen beläuft sich auf 120.000 Euro. Einem Anleihegläubiger ist das Recht eingeräumt, für einen Optionspreis von 138.000 Euro 100.000 neue Geschäftsanteile im Nennwert von jeweils einem Euro zu beziehen. Würde der Anleihegläubiger sein Optionspreis ausüben, würde das Gesellschaftsvermögen auf 258.000 Euro anwachsen. Der Wert der 100.000 Geschäftsanteile, die der Anleihegläubiger erworben hätte, beliefe sich auf 129.000 Euro.
Vor Ausübung des Optionsrechts soll das Stammkapital der Gesellschaft um 40.000 Euro, eingeteilt in 40.000 Geschäftsanteile im Nennwert von jeweils einem Euro erhöht werden. Der Ausgabepreis eines Geschäftsanteils soll 1,50 Euro betragen. In diesem Fall muss dem Anleihegläubiger das Recht eingeräumt werden, 20.000 Geschäftsanteile zu einem Ausgabepreis von 1,50 Euro zu beziehen. Dieses Recht würde neben sein ohnehin bereits bestehendes Bezugsrecht treten. Er hätte also das Recht, insgesamt 120.000 Geschäftsanteile für 168.000 Euro zu beziehen. Würde der Anleihegläubiger seine Bezugsrechte ausüben, würde das Gesellschaftsvermögen auf 318.000 Euro steigen. Der Wert der 120.000 Geschäftsanteile, die der Anleihegläubiger erworben hätte, beliefe sich auf 159.000 Euro. Dies entspricht dem Wert, den seine zu beziehenden Geschäftsanteile vor der Kapitalerhöhung hatten, zuzüglich der 30.000 Euro, die er für den Bezug der 20.000 im Rahmen der späteren Kapitalerhöhung geschaffenen Geschäftsanteile geleistet hat.

immerhin die vermögensmäßige Verwässerung seiner potentiellen Beteiligung durch Veräußerung des Bezugsrechts ausgleichen.[453]

Ein entsprechendes, vertraglich eingeräumtes Bezugsrecht des Anleihegläubigers tritt in Konkurrenz mit dem gesetzlichen Bezugsrecht der Gesellschafter (§ 186 Abs. 1 AktG analog). Da es sich bei ersterem um ein in der Optionsanleihe eingeräumtes Bezugsrecht handelt, muss § 221 AktG (analog) auch insoweit als *lex specialis* zu § 187 AktG (analog) angesehen werden, sodass das Bezugsrecht des Anleihegläubigers vorbehaltlos besteht.[454] Die Gesellschafter haben somit im Kapitalerhöhungsbeschluss das gesetzliche Bezugsrecht teilweise, entsprechend der potentiellen Beteiligungsquote des Anleihegläubigers auszuschließen und den Anleihegläubiger zur Übernahme zuzulassen.[455] Schließen die Gesellschafter das gesetzliche Bezugsrecht nicht aus, sondern übernehmen selbst in vollem Umfang die neuen Geschäftsanteile, haben die übergangenen Anleihegläubiger nach §§ 280, 283 BGB einen Schadensersatzanspruch gegen die Gesellschaft.[456]

## *D. Fazit*

Während der Optionsfrist besteht für die Anleihegläubiger die Gefahr, dass die Gesellschaft eine Kapitalerhöhung durchführt, da diese Einbußen an seiner potentiellen Mitgliedschaft zur Folge hätten. In aller Regel sehen die Optionsbedingungen daher unterschiedliche Regelungen vor, die eine Verwässerung der Optionsrechte vermeiden sollen. Verpflichtungen der Gesellschaft, während der Laufzeit der Optionsanleihen Kapitalmaßnahmen zu unterlassen, sind ebenso unwirksam wie Stimmbindungsverträge, durch welche sich einzelne

453 *Gallego Sanchez*, Das Erwerbsrecht, S. 164.

454 A.A. *Rieder/Holzmann*, in: Grigoleit, AktG, § 221 Rn. 59; *Koch*, in: Hüffer/Koch, AktG, § 221 Rn. 62; *Reiswich*, Das Rechtsprinzip des Verwässerungsschutzes, S. 185 f.; unklar *Habersack*, in: MüKoAktG, § 221 Rn. 294: Zusicherung stehe nach § 187 AktG unter dem Vorbehalt des gesetzlichen Bezugsrechts. Dennoch würde die Gesellschaft bei Verweigerung des Bezugsrechtsausschlusses auf Schadensersatzersatz wegen Nichterfüllung der Bezugszusage haften. Insoweit sei § 221 als lex specialis zu § 187 anzusehen.

455 S. zur sachlichen Rechtfertigung des Bezugsrechtsausschlusses *Rieder/Holzmann*, in: Grigoleit, AktG, § 221 Rn. 59; *Seiler*, in: BeckOGK-AktG, § 221 Rn. 165; *Gallego Sanchez*, Das Erwerbsrecht, S. 165 ff.; *Schumann*, Optionsanleihen, S. 168 ff.; *Reiswich*, Das Rechtsprinzip des Verwässerungsschutzes, S. 187 ff.

456 Vgl. *Hirte*, in: GroßKommAktG, § 221 Rn. 182; *Karollus*, in: GHEK, AktG, § 221 Rn. 185: „wegen Nichterfüllung der Bezugszusage schadensersatzpflichtig"; a.A. *Gallego Sanchez*, Das Erwerbsrecht, S. 165.

Gesellschafter gegenüber Dritten verpflichten, während der Laufzeit der Optionsanleihe gegen die Durchführung von Kapitalmaßnahmen zu stimmen. Klauseln, die im Falle einer Kapitalerhöhung eine Herabsetzung des Optionspreises anordnen, vermögen eine Verwässerung des wirtschaftlichen Wertes des Optionsrechts zu verhindern und sind in der Praxis von größter Bedeutung. Unberücksichtigt bleibt jedoch, dass mit jeder Kapitalerhöhung auch die potentielle Herrschaftsmacht des Anleihegläubigers verwässert. Einen vollumfänglichen Verwässerungsschutz bieten daher nur Klauseln, nach denen den Anleihegläubigern im Falle einer Kapitalerhöhung ein Recht auf den Bezug der neu zu schaffenden Geschäftsanteile gewährt wird. Sehen die Optionsbedingungen keine Verwässerungsschutzklauseln vor, besteht ein gesetzlicher Verwässerungsschutz. Im Falle einer nominellen Kapitalerhöhung erfolgt gemäß § 57m Abs. 3 GmbHG eine automatische Anpassung der Optionsbedingungen an die veränderten Verhältnisse. Nach einer effektiven Kapitalerhöhung ist eine Anpassung der Bezugskonditionen im Wege der ergänzenden Vertragsauslegung im konkreten Einzelfall vorzunehmen.

# § 8 Informationsrechte des Optionsberechtigten

## A. *Problemstellung*

Klassischerweise werden Optionsanleihen von börsennotierten Aktiengesellschaften ausgegeben. Sieht man von seltenen Ausnahmefällen ab, spekulieren die Inhaber der Optionsanleihen allein darauf, dass der Aktienkurs während der Laufzeit der Optionsanleihe über den Optionspreis, also den Preis, zu dem der Optionsberechtigte die Aktien erwerben kann, steigt.[457] Bei unterstellt ökonomisch sinnvollem Verhalten übt der Optionsberechtigte in diesem Fall sein Optionsrecht aus und kann durch die sofortige Weiterveräußerung der erworbenen Aktien Gewinne realisieren. Ob der Aktienkurs über oder unter dem Optionspreis liegt, kann der Optionsberechtigte jederzeit anhand des tagesaktuellen Börsenkurses ermitteln.

Gewährt eine Gesellschaft in der Rechtsform der GmbH Optionsrechte auf den Bezug neuer Geschäftsanteile, unterscheidet sich die Gesamtsituation in mehrerlei Hinsicht. Der wohl wichtigste Unterschied besteht darin, dass für den Optionsberechtigten der Wert der zu erwerbenden Beteiligung nicht ohne Weiteres feststellbar ist. Obendrein ist die Beteiligung aufgrund der eingeschränkten Verkehrsfähigkeit von GmbH-Geschäftsanteilen auf einen längeren Zeitraum in einer überdies regelmäßig personalistisch strukturierten Gesellschaft angelegt. Angesichts dessen ist es für eine fundierte Entscheidung über die Ausübung des Optionsrechts unerlässlich, sich über die rechtlichen, wirtschaftlichen, personellen und organisatorischen Verhältnisse der Gesellschaft zu informieren und eine umfassende Unternehmensbewertung durchzuführen.[458] Für eine derartige Analyse benötigt der Optionsberechtigte gesellschaftsinterne Informationen und Daten. Dies wirft sowohl die Frage auf, wie sich der Optionsberechtigte derartige Informationen verschaffen kann, als auch, welche Interna eine Gesellschaft offenlegen darf.

## B. *Gesellschafter als Optionsberechtigter*

Spezielle Informationsrechte für den Inhaber einer Optionsanleihe sind gesetzlich nicht vorgesehen. Ist der Inhaber einer Optionsanleihe zugleich Gesellschafter, ist die Frage, ob ihm in seiner Eigenschaft als Optionsrechtsinhaber ein

---

457 Statt aller *Florstedt*, in: KölnerKomm, AktG, § 221 Rn. 61; *Seiler*, in: BeckOGK-AktG, § 221 Rn. 11 jew. dort auch zum folgenden Text.

458 Vgl. zum Umfang einer Due Diligence *Ziegler*, DStR 2000, 249; *Hensel/Dörstling*, DStR 2021, 170.

Informationsrecht zusteht, praktisch jedoch ohne Belang. Sein Bedürfnis nach Informationen über die Gesellschaft kann er ohne Weiteres aufgrund seiner Stellung als Gesellschafter befriedigen. So haben gemäß § 51a Abs. 1 GmbHG die Geschäftsführer jedem Gesellschafter auf Verlangen unverzüglich Auskunft über die Angelegenheiten der Gesellschaft zu geben und die Einsicht der Bücher und Schriften zu gestatten. Da der Begriff „Angelegenheiten der Gesellschaft" umfassend zu verstehen ist, kann sich der Gesellschafter über alle Tatsachen informieren, die für die wirtschaftliche Situation der Gesellschaft, den Gang der laufenden Geschäfte und die Unternehmensführung relevant sind.[459] Zudem zählen zu den Angelegenheiten der Gesellschaft alle Faktoren, welche die zukünftige Gewinnerwartung und die beabsichtigte Geschäftspolitik betreffen.[460] Auch Beziehungen zu Geschäftspartnern, Beteiligungen, Innenbeziehungen der GmbH sowie die Anstellungsverhältnisse der Geschäftsführer und sonstigen Mitarbeiter sind Gegenstand des Informationsrechts.[461] Durch die GmbH geführte Bücher, gesammelte Schriften und in EDV-Systemen gespeicherte Daten sind unvermeidlich Angelegenheiten der Gesellschaft und unterliegen als solche dem Einsichtsrecht der Gesellschafter.[462]

Das Auskunfts- und Einsichtsrecht erstreckt sich somit auf sämtliche Informationen, die der Gesellschafter für die Entscheidungsfindung über die Ausübung seines Optionsrechts bedarf.

Problematisch erscheint allein, dass er die Informationen nicht als Gesellschafter, sondern als Inhaber eines Optionsrechts und damit als Gläubiger der Gesellschaft verwenden möchte. Gemäß § 51a Abs. 2 S. 1 GmbHG darf der Geschäftsführer die Auskunft und die Einsicht verweigern, wenn die Sorge besteht, dass der Gesellschafter sie zu gesellschaftsfremden Zwecken verwendet. Gesellschaftsfremd bezeichnet jegliche Verwendung, die nicht den mitgliedschaftlichen Interessen des Gesellschafters oder der Förderung des

---

459 BGHZ 135, 48 (52) = NJW 1997, 1985; BGHZ 220, 254 (Rn. 44) = NJW 2019, 1512; *Altmeppen*, GmbHG, § 51a Rn. 6; *Bayer*, in: Lutter/Hommelhoff, GmbHG, § 51a Rn. 12; *Hillmann*, in: MüKoGmbHG, § 51a Rn. 27; *Schindler*, in: BeckOK-GmbHG, § 51a Rn. 18; *Zöllner/Noack*, in: Baumbach/Hueck, GmbHG, § 51a Rn. 10 f.

460 *Hillmann*, in: MüKoGmbHG, § 51a Rn. 27; *Römermann*, in: MHLS, GmbHG, § 51a Rn. 30.

461 *Altmeppen*, GmbHG, § 51a Rn. 6 f.; *Hillmann*, in: MüKoGmbHG, § 51a Rn. 27; *Römermann*, in: MHLS, GmbHG, § 51a Rn. 31 ff.; *Zöllner/Noack*, in: Baumbach/Hueck, GmbHG, § 51a Rn. 11.

462 BGHZ 135, 48 (52) = NJW 1997, 1985; *Altmeppen*, GmbHG, § 51a Rn. 9; *Römermann*, in: MHLS, GmbHG, § 51a Rn. 162.

Unternehmensinteresses dient.[463] In Anbetracht dessen könnte erwogen werden, dass der Gesellschafter gesellschaftsfremde Zwecke verfolgt, wenn und weil er die Informationen allein aufgrund seiner Stellung als Optionsberechtigter begehrt.

Letztlich dürfte es sich hierbei allerdings um ein Scheinproblem handeln. Da jedenfalls nicht zu besorgen ist, dass der Gesellschaft durch die Verwendung der erlangten Informationen ein Nachteil zugefügt wird, darf die Erteilung der Auskunft und die Einsichtnahme in die Unternehmensunterlagen nicht verweigert werden, vgl. § 51a Abs. 2 S. 1 GmbHG.

Mithin kann sich ein Gesellschafter kraft seines gesetzlichen Auskunfts- und Einsichtsrecht nach § 51a GmbHG alle Informationen verschaffen, die er benötigt, um eine fundierte Entscheidung über die Ausübung seines Optionsrechts zu treffen.

## *C. Geschäftsführer als Optionsberechtigter*

Ist der Inhaber eines Optionsrechts zugleich Geschäftsführer der die Optionsrechte gewährenden Gesellschaft, so bedarf er ebenfalls keines besonderen Informationsrechts. Allein aufgrund seiner Geschäftsführerstellung verfügt der Optionsberechtigte über alle erforderlichen Informationen, um eine fundierte Entscheidung über die Ausübung des Optionsrechts treffen zu können. Dies gilt selbst dann, wenn die GmbH von mehreren Geschäftsführern geleitet wird und zwischen diesen eine Ressortaufteilung besteht. Schließlich verlangt die dem unzuständigen Geschäftsführer bei einer Ressortaufteilung verbleibende Kontroll- und Überwachungspflicht, dass sich der Geschäftsführer fortwährend einen Ein- und Überblick über die fremde Ressortgeschäftsführung verschafft.[464]

---

463 *Altmeppen*, GmbHG, § 51a Rn. 28; *Hillmann*, in: MüKoGmbHG, § 51a Rn. 63; *Hüffer/Schäfer*, in: HCL, GmbHG, § 51a Rn. 47; *K. Schmidt*, in: Scholz, GmbHG, § 51a Rn. 39; *Schindler*, in: BeckOK-GmbHG, § 51a Rn. 48.

464 BGH NJW 2019, 1067 (Rn. 21); OLG Koblenz NZG 2008, 397 (398); *Altmeppen*, GmbHG, § 37 Rn. 34; *Baukelmann*, in: Rowedder/Schmidt-Leithoff, GmbHG, § 37 Rn. 45; *Beurskens*, in: Baumbach/Hueck, GmbHG, § 43 Rn. 48; *U. H. Schneider/S. H. Schneider*, in: Scholz, GmbHG, § 37 Rn. 117; *Stephan/Tieves*, in: MüKoGmbHG, § 37 Rn. 83; *Ziemons*, in: MHLS, GmbHG, § 43 Rn. 343; *Fleck*, GmbHR 1974, 224 (225); *Hoffmann-Becking*, ZGR 1998, 497 (512 f.); *Medicus*, GmbHR 1998, 9 (16); *Lohr*, NZG 2000, 1204 (1210); *Lutter*, GmbHR 2000, 301 (310 f.); *Peters*, GmbHR 2008, 682 (684 ff.); *Froesch*, DB 2009, 722; *Buck-Heeb*, BB 2019, 584 (588); ferner zur AG *Martens*, FS Fleck, 1988, 191 (200 f.).

Kommt der Geschäftsführer dieser umfassenden Selbstinformationspflicht nach, ist er zwangsläufig über sämtliche Belange der Gesellschaft informiert.

## *D. Dritter als Optionsberechtigter*

Ist der Inhaber einer Optionsanleihe entweder zugleich Gesellschafter oder Geschäftsführer, ist die Frage, ob dem Inhaber einer Optionsanleihe als solchem ein Informationsrecht zusteht, praktisch also ohne Relevanz. Von Bedeutung ist die Frage allein, wenn der Optionsberechtigte ein gesellschaftsfremder Dritter ist.

### *I. Gesetzliche Informationsrechte*

In Betracht kommt zunächst, dass dem Inhaber einer Optionsanleihe in analoger Anwendung des § 51a GmbHG kraft Gesetzes ein umfassendes Auskunfts- und Einsichtsrecht gegen die Gesellschaft zusteht. Diese Erwägung beruht auf dem Umstand, dass eine Optionsanleihe wirtschaftlich betrachtet eine Mischform zwischen Eigen- und Fremdkapital darstellt.[465] Gemäß § 272 Abs. 2 Nr. 2 HGB ist der für das Optionsrecht erzielte Erlös in die gesetzliche Kapitalrücklage einzustellen und somit als Eigenkapital auszuweisen.[466] In Anbetracht dessen wird der Inhaber einer Optionsanleihe mitunter als „Gläubiger und Gesellschafter in einer Person"[467] bezeichnet. Vor diesem Hintergrund könnte in Erwägung gezogen werden, dass dem Inhaber einer Optionsanleihe auch gesellschaftertypische Informationsrechte zuteilwerden.

Überzeugen kann diese Überlegung jedoch nicht, da sie auf einer unzutreffenden Grundannahme fußt. Der Inhaber einer Optionsanleihe ist, solange er von seinem Optionsrecht keinen Gebrauch gemacht hat, nicht „Gläubiger und Gesellschafter in einer Person", sondern ausschließlich Gläubiger der Gesellschaft.[468] Das die Optionsanleihe charakterisierende Recht auf den Erwerb neuer Geschäftsanteile ist rein schuldrechtlicher Natur.[469] Vorwirkungen

465 *Florstedt*, in: KölnerKomm, AktG, § 221 Rn. 273; *Habersack*, in: MüKoAktG, § 221 Rn. 28; *Merkt*, in: K. Schmidt/Lutter, AktG, § 221 Rn. 19.

466 *Habersack*, in: MüKoAktG, § 221 Rn. 28; *Merkt*, in: K. Schmidt/Lutter, AktG, § 221 Rn. 19.

467 *Busse von Colbe*, in: Bilanzierung von Optionsanleihen, S. 50.

468 Statt vieler *Schumann*, Optionsanleihen, S. 27.

469 *Florstedt*, in: KölnerKomm, AktG, § 221 Rn. 273; *Habersack*, in: MüKoAktG, § 221 Rn. 27; *Merkt*, in: K. Schmidt/Lutter, AktG, § 221 Rn. 20; *von Caemmerer*, JZ 1951, 417 (418); *Georgakopoulos*, ZHR 120 (1957), 84 (87); *Hueck*, DB 1963, 1347 jew. m.w.N.

mitgliedschaftlicher Natur bestehen bis zur Ausübung des Optionsrechts nicht.[470] Folglich kann der Optionsrechtsinhaber vor Ausübung des Anteilserwerbsrechts auch keinerlei korporationsrechtliche Informationsrechte haben.

Als Rechtsgrundlage für einen gesetzlichen Informationsanspruch kommt ferner der allgemeine Grundsatz von Treu und Glauben (§ 242 BGB) in Betracht. Die Gesellschaft könnte in Anbetracht der Tatsache, dass sie über die Informationen verfügt, die der Optionsberechtigte zwingend benötigt, um die ökonomische Sinnhaftigkeit der Ausübung seines Optionsrechts bewerten zu können, gehalten sein, dem Optionsberechtigten über ihn interessierende Umstände und Entwicklungen aufzuklären.

Eine allgemeine Aufklärungspflicht ist dem deutschen Recht jedoch grundsätzlich fremd.[471] So ist „niemand […] rechtlich verpflichtet, bestimmte Tatsachen einem anderen schon deshalb zu offenbaren, weil dieser an der Kenntnis ein rechtliches Interesse hat."[472] Von diesem Grundsatz macht der BGH in ständiger Rechtsprechung jedoch Ausnahmen. So nimmt er etwa an, dass vor einem Vertragsschluss für jede Partei die Pflicht besteht, den anderen Teil über allein ihr bekannte Umstände aufzuklären, von denen sie weiß, dass sie von solch wesentlicher Bedeutung sind, dass sie die Entscheidung des anderen Teils über den Vertragsschluss beeinflussen können und nach der Verkehrsauffassung eine Aufklärung erwartet werden kann.[473]

Unter Berücksichtigung dieser vom BGH statuierten Maxime ist eine Aufklärungspflicht der Gesellschaft gegenüber dem Optionsberechtigten während der Optionsfrist nach Treu und Glauben in gewissem Umfang zu befürworten. Schließlich befinden sich die Parteien während der Optionsfrist in einer Phase, in der sie in Anbetracht des Optionsrechts immerzu unmittelbar vor dem

---

470 *Habersack*, in: MüKoAktG, § 221 Rn. 28; *Merkt*, in: K. Schmidt/Lutter, AktG, § 221 Rn. 21; *Schumann*, Optionsanleihen, S. 27 f.; *Gallego Sanchez*, Das Erwerbsrecht, S. 129 ff.

471 Eingehend *Franck*, AcP 213 (2013), 222 (235 ff.); statt aller *Armbrüster*, in: MüKoBGB, § 123 Rn. 33; *Emmerich*, in: MüKoBGB, § 311 Rn. 64 *Kähler*, in: BeckOGK-BGB, § 242 Rn. 621 jew. m.w.N.

472 BGH NJW 2003, 3624 (3625).

473 BGHZ 60, 221 (224) = NJW 1973, 752; BGH NJW 1974, 849 (851); BGH NJW 1979, 2243; BGH NJW-RR 1988, 394; BGH NJW-RR 1990, 78 (79); BGH NJW 1993, 2107; BGH NJW-RR 1996, 429; BGH NJW 2000, 803 (804); BGH NJW 2001, 2163 (2164); BGH NJW 2007, 3057 (3059); BGHZ 174, 186 (Rn. 13) = NJW 2008, 1307; BGH NJW-RR 2016, 859 (Rn. 12); BGHZ 215, 306 (Rn. 18) = BGH NJW 2017, 2403; zustimmend *Emmerich*, in: MüKoBGB, § 311 Rn. 66.

Abschluss eines Vertrages in Form eines Übernahmevertrages stehen. In diesem vorvertraglichen Stadium hat allein die Gesellschaft Kenntnis von sämtlichen die Gesellschaft betreffenden Umständen. Soweit diese von solch wesentlicher Bedeutung sind, dass sie die Entscheidung des Optionsberechtigten über die Ausübung des Optionsrechts und damit den Abschluss des Übernahmevertrages beeinflussen können, hat die Gesellschaft den Optionsberechtigten über diese Umstände aufzuklären.

In Bezug auf die Frage, wann ein Umstand von solch zentraler Bedeutung ist, dass er für die Entscheidung des Optionsberechtigten über den Abschluss des Übernahmevertrages von Bedeutung ist, sodass nach der Verkehrsauffassung eine Aufklärung erwartet werden darf, kann auf die Rechtsprechung des BGH zu den Aufklärungspflichten eines Verkäufers von Geschäftsanteilen rekurriert werden. Schließlich ist es im Hinblick auf das Informationsinteresse des Anteilserwerbers ohne Belang, ob er neue oder existierende Geschäftsanteile erwirbt.

Dementsprechend hat die Gesellschaft über erhebliche Umsatzeinbußen,[474] Verluste in den vergangenen Geschäftsjahren,[475] eine Unterdeckung des Stammkapitals, eine drohende oder schon eingetretene Zahlungsunfähigkeit und eine Überschuldung der Gesellschaft[476] zu informieren.[477] Zudem hat sie den Optionsberechtigten über den Bestand wesentlicher Verträge, Rechtsstreitigkeiten von erheblicher Bedeutung und die Ertragslage im Allgemeinen[478] aufzuklären. In Kombination mit denen im Bundesanzeiger veröffentlichten und zum Handelsregister eingereichten Unterlagen kann sich der Optionsberechtigte so zumindest ein schemenhaftes Bild von den rechtlichen und wirtschaftlichen Verhältnissen der Gesellschaft machen.

## *II. Vertragliche Informationsrechte*

In der Regel wird sich der Optionsberechtigte angesichts der meist weitreichenden Bedeutung seiner Entscheidung über die Ausübung des Optionsrechts jedoch nicht mit den Informationen zufriedengeben, die ihm aufgrund der gesetzlichen Aufklärungspflicht der Gesellschaft zuteilwerden. Vielmehr wird er begehren, selbst Einblick in sämtliche Geschäftsunterlagen der Gesellschaft zu erhalten,

---

474 BGH NJW-RR 1996, 429.

475 BGH NJW 2002, 1042 (1043 f.).

476 BGH NJW 2001, 2163 (2164); OLG Düsseldorf ZIP 2016, 2363 (2365).

477 Eing. zu den Aufklärungspflichten des Verkäufers von Geschäftsanteilen *Herresthal*, in: BeckOGK-BGB, § 311 Rn. 420; *von Woedtke*, GmbHR 2017, 505 (506).

478 OLG Düsseldorf ZIP 2016, 2363 (2365).

um sich eine verlässliche und umfassende Informationsbasis zu verschaffen, auf deren Grundlage er eine fundierte Entscheidung über die Beteiligung an der Gesellschaft treffen kann.[479] So geht einer Beteiligung eines gesellschaftsfremden Investors im Wege einer Kapitalerhöhung in aller Regel eine ausführliche Unternehmensprüfung (*Due Diligence*) voraus.[480]

Vor diesem Hintergrund wird ein gesellschaftsfremder Dritter, wenn er ein Optionsrecht auf den Bezug neuer Geschäftsanteile erwirbt, darauf bestehen, dass ihm zugleich das Recht eingeräumt wird, in Zukunft eine umfassende Unternehmensprüfung vorzunehmen, respektive regelmäßig Einsicht in die Unternehmensunterlagen zu erhalten.

Bei der Bereitstellung von Informationen zur Durchführung einer Unternehmensbewertung bzw. bei einer Verpflichtung hierzu handelt es sich aufgrund der Bedeutung der Preisgabe von Unternehmensinterna um eine über den regulären Geschäftsbetrieb hinausgehende Maßnahme.[481] Folglich sind die Geschäftsführer verpflichtet, vor der Verpflichtung der Gesellschaft zur Offenlegung der Informationen die Entscheidung der Gesellschafter einzuholen.[482]

Umstritten ist, ob dieser Beschluss den allgemeinen Grundsätzen entsprechend mit einfacher Mehrheit gefasst werden kann (vgl. § 47 Abs. 1 GmbHG). Die wohl herrschende Meinung lehnt dies ab. Zumeist ohne eingehende Auseinandersetzung mit der Thematik nimmt sie an, dass der Gesellschafterbeschluss einstimmig[483] oder zumindest mit qualifizierter Mehrheit[484] gefasst werden

---

479 Vgl. *Lutter*, ZIP 1997, 613 (614).

480 *Brandi*, NZG 2004, 600 (603 f.); *Thelen*, RNotZ 2020, 121 (129); vgl. ferner *Sieger/Hasselbach*, BB 2004, 60 (64).

481 *Volhard/Weber*, FS Semler, 1993, 387 (395); *Fleischer*, in: MüKoGmbHG, § 43 Rn. 208; *Paefgen*, in: HCL, GmbHG, § 43 Rn. 158; *Götze*, ZGR 1999, 202 (225); *Ziegler*, DStR 2000, 249 (251); *Bremer*, GmbHR 2000, 176; *Körbers*, NZG 2002, 263 (267); *Rittmeister*, NZG 2004, 1032 (1036); *Engelhardt*, GmbHR 2009, 237 (240); abw. *Stephan/Tieves*, in: MüKoGmbHG, § 37 Rn. 137: Gesellschafterentscheid unter bestimmten Voraussetzungen entbehrlich.

482 Vgl. allg. zur Vorlagepflicht der Geschäftsführer bei außergewöhnlichen Geschäften statt vieler *Oetker*, in: Henssler/Strohn, AktG, § 37 Rn. 7 f.; *Hommelhoff*, ZGR 1978, 119 (126 f.); *Hommelhoff*, ZIP 1983, 383 (385).

483 LG Köln GmbHR 2009, 261 (262); *Altmeppen*, GmbHG, § 43 Rn. 25; *Müller*, in: BeckOK-GmbHG, § 85 Rn. 30a; *Wicke*, GmbHG, § 43 Rn. 5; *Ziemons*, in: MHLS, GmbHG, § 43 Rn. 309; wohl auch *Kleindiek*, in: Lutter/Hommelhoff, GmbHG, § 43 Rn. 21: Mehrheitsentscheidung genügt nicht.

484 *Oppenländer*, GmbHR 2000, 535 (540); *Geidel/Lange*, GmbHR 2015, 852 (856).

müsse. Sie begründet ihre Auffassung damit, dass „wegen des Gefährdungspotentials der Offenlegung eine einfache Mehrheit nicht ausreichen“[485] könne.

Dem kann nicht gefolgt werden. Die Auffassung entbehrt nicht nur jeder gesetzlichen Grundlage.[486] Auch überzeugt es nicht, der Gefahr, dass infolge der Offenlegung der Geschäftsunterlagen Konkurrenten und Wettbewerber Kenntnis von vertraulichen Gesellschaftsinterna erlangen, durch besondere Mehrheitserfordernisse an den zur Offenlegung legitimierenden Gesellschafterbeschluss zu begegnen.[487] Ein effektiver Schutz wird vielmehr dadurch gewährleistet, dass die Gesellschafter kraft ihrer gesellschaftsrechtlichen Treuepflicht dazu verpflichtet sind, gegen die Einsichtsgewährung zu stimmen, sollte ein Informationsmissbrauch zum Schaden der Gesellschaft drohen.[488] Die Gesellschafter dürfen einer Einsichtsgewährung daher nur zuzustimmen, wenn durch geeignete Vorkehrungen sichergestellt ist, dass Geschäftsgeheimnisse und vertrauliche Angaben, deren Offenlegung wesentliche Nachteile für die Gesellschaft mit sich bringen würde, sachgerecht geschützt sind.[489] Letzteres ließe sich etwa dadurch gewährleisten, dass der Dritte eine Vertraulichkeitsvereinbarung (*Non-Disclosure Agreement*) unterzeichnet und hochsensible Daten von der Offenlegung ausgeschlossen oder nur in vermindertem Umfang einsehbar sind. Ist die Zustimmung der Gesellschafter zur Gestattung der Einsichtnahme treuepflichtswidrig, kann die überstimmte Minderheit gegen die Umsetzung im Wege der einstweiligen Verfügung vorgehen.[490] Allein eine entsprechende materielle Beschlusskontrolle gewährleistet einen effektiven und zweckmäßigen Schutz vertraulicher Gesellschaftsinterna. An einem triftigen Grund für die Begründung eines besonderen Mehrheitserfordernisses fehlt es hingegen.[491]

---

485 *Geidel/Lange*, GmbHR 2015, 852 (856).

486 *Körbers*, NZG 2002, 263 (267); *Engelhardt*, GmbHR 2009, 237 (241).

487 *Engelhardt*, GmbHR 2009, 237 (241); vgl. ferner *Ziemons*, in: MHLS, GmbHG, § 43 Rn. 309.

488 *Kleindiek*, in: Lutter/Hommelhoff, GmbHG, § 43 Rn. 21; *Stephan/Tieves*, in: MüKoGmbHG, § 37 Rn. 138; *Paefgen*, in: HCL, GmbHG, § 43 Rn. 158; *Ziegler*, DStR 2000, 249 (252); a.A. *Ziemons*, in: MHLS, GmbHG, § 43 Rn. 309 ohne nähere Begründung.

489 Vgl. zu den Modalitäten der Einsichtsgewährung *Fleischer*, ZIP 2002, 651 (652).

490 *Engelhardt*, GmbHR 2009, 237 (241).

491 Im Ergebnis auch *Beurskens*, in: Baumbach/Hueck, GmbHG, § 85 Rn. 15; *Fleischer*, in: MüKoGmbHG, § 43 Rn. 208; *Paefgen*, in: HCL, GmbHG, § 43 Rn. 158; *Koppensteiner*, ZHR 155 (1991), 97 (101); *Körbers*, NZG 2002, 263 (267); *Engelhardt*, GmbHR 2009, 237 (241).

# § 9 Die Ausübung des Bezugsrechts

## *A. Grundlagen*

Je nach rechtlicher Konstruktion des Anteilserwerbsrechts kann der Inhaber einer Optionsanleihe von der GmbH den Abschluss eines Übernahmevertrages zu den vertraglich festgesetzten Konditionen verlangen oder durch die Ausübung seines Optionsrechts einen entsprechenden Übernahmevertrag selbst zustande bringen:[492]

Ist das Anteilserwerbsrecht als vorvertraglicher Anspruch auf Abschluss eines Übernahmevertrages ausgestaltet, kann der Inhaber der Optionsanleihe unter denen in den Optionsbedingungen genannten Voraussetzungen eine Übernahmeerklärung abgeben, zu deren Annahme die GmbH verpflichtet ist. Hat die Gesellschaft dem Inhaber der Optionsanleihe mittels einer Festofferte (vgl. §§ 145, 148 BGB) ein Optionsrecht eingeräumt, kommt der Übernahmevertrag zustande, indem der Inhaber der Optionsanleihe den Antrag der Gesellschaft auf Abschluss des Übernahmevertrages annimmt (§ 130 BGB). Wurde das Optionsrecht durch Abschluss eines Optionsvertrages begründet, so enthält der Optionsvertrag das bindende Übernahmevertragsangebot der GmbH und das Recht des Anleihegläubigers, dieses Angebot anzunehmen.[493] Die spätere Optionserklärung beinhaltet mithin die Annahme des Vertragsangebotes der GmbH.[494] Ist das Optionsrecht mittels eines bedingten Übernahmevertrages begründet worden, kann der Inhaber der Optionsanleihe allein durch seine Optionserklärung den Übernahmevertrag in Kraft setzen.[495]

## *B. Formerfordernisse bei Ausübung des Bezugsrechts*

Unabhängig von der rechtlichen Ausgestaltung des Anteilserwerbsrechts resultiert aus der Optionserklärung bzw. der Geltendmachung des vorvertraglichen Anspruchs jedenfalls der Abschluss eines Übernahmevertrages. In Anbetracht des § 55 Abs. 1 GmbHG ist – in Anknüpfung an die Ausführungen unter § 5 B. – zu bestimmen, ob die Ausübung des Anteilserwerbsrechts formgebunden ist.

---

492 Zur AG statt aller *Florstedt*, in: KölnerKomm, AktG, § 221 Rn. 470.

493 Vgl. *Bork*, in: Staudinger, BGB, Vorb. § 145 Rn. 73; *Busche*, in: MüKoBGB, Vorb. § 145 Rn. 74.

494 Vgl. *Bork*, in: Staudinger, BGB, Vorb. § 145 Rn. 73; *Busche*, in: MüKoBGB, Vorb. § 145 Rn 74.

495 *Kniehase*, Derivate auf eigene Aktien, S. 37.

### *I. Die Formbedürftigkeit eines auf einem Vorvertrag beruhenden Hauptvertrages im Allgemeinen*

Wird auf Grundlage eines Vorvertrages ein Hauptvertrag abgeschlossen, so bedarf dieser im Grundsatz – selbstverständlich – der gesetzlich angeordneten Form.

Eine Ausnahme von diesem Grundsatz ist aus teleologischen Gründen nur dann zu machen, wenn dem Formerfordernis des Hauptvertrages allein eine Warnfunktion zugunsten der Partei zukommt, welche ob des Vorvertrages zum Abschluss des Hauptvertrages verpflichtet ist. Da die Partei durch den Vorvertrag ohnehin bereits gebunden und zum Abschluss des Hauptvertrages verpflichtet ist, käme eine Warnung zum Zeitpunkt des Hauptvertragsschlusses zu spät und das Formerfordernis wäre ohne jeglichen Nutzen.[496] Die Formvorschrift ist in diesem Fall teleologisch zu reduzieren.[497]

### *II. Die Formbedürftigkeit des auf Grundlage des vorvertraglichen Anspruchs geschlossenen Übernahmevertrages*

Da es sich bei einem Übernahmevertrag, welcher aufgrund eines vorvertraglichen Anspruchs des Inhabers der Optionsanleihe gegen die Gesellschaft geschlossen wurde, offensichtlich nicht um eine vorstehend geschilderte Ausnahme handelt, muss die Erklärung des Inhabers der Optionsanleihe gemäß § 55 Abs. 1 GmbHG zumindest notariell beglaubigt werden. Die Annahme seitens der GmbH ist nicht formgebunden.[498]

### *III. Die Formbedürftigkeit einer Optionserklärung im Allgemeinen*

Bei Optionsverträgen bedarf – anknüpfend an die hier vertretene Auffassung zu deren Formbedürftigkeit – die Optionserklärung zur Ausübung des Optionsrechts stets der für die Annahme des Hauptvertrages gesetzlich angeordneten Form.[499]

---

496 Beispiel: Die Erklärung desjenigen, der sich vorvertraglich zum Abschluss eines Bürgschaftsvertrages verpflichtet, ist analog § 766 S. 1 BGB formgebunden. Da der (spätere) Bürge durch den Vorvertrag ohnehin bereits zum Abschluss des Bürgschaftsvertrages verpflichtet ist, ist § 766 S. 1 BGB teleologisch zu reduzieren, sodass seine eigentliche Bürgschaftserklärung nicht formgebunden ist.

497 Ähnlich für den Optionsvertrag *Casper*, Der Optionsvertrag, S. 134: Eine Wiederholung des Formerfordernisses bei der Ausübung des Optionsrechts kann unterbleiben, wenn die Formvorschrift allein den Übereilungsschutz des Optionsgebers bezweckt.

498 Statt aller *Altmeppen*, GmbHG, § 55 Rn. 16.

499 So im Ergebnis auch *Flume*, AT II, S. 686 f.; *Larenz*, SchuldR BT 1, S. 158, *Lorenz*, FS Dölle, Band 1, 1963, 103 (115 ff.); *Georgiades*, FS Larenz, 1973, 409 (425 f.); *Bork*,

Ist zum Zwecke des Übereilungsschutzes der Hauptvertrag formgebunden, so bedarf bei Abschluss des Optionsvertrages lediglich die Erklärung des Options*gebers* der gesetzlich angeordneten Form.[500] Der Options*nehmer* hingegen ist allein vor der Ausübung des Optionsrechts zu warnen, sodass nicht seine auf den Abschluss des Optionsvertrages gerichtete Erklärung, sondern seine Optionserklärung formgebunden ist.[501]

Kommt dem Formerfordernis des Hauptvertrages eine Klarstellungs- und Beweisfunktion zu, bedarf der Optionsvertrag der gesetzlich angeordneten Form, da durch Abschluss des Optionsvertrages bereits der zu fixierende Inhalt des Hauptvertrages festgelegt wird.[502] Übt der Optionsnehmer sein Optionsrecht aus, so ist auch seine Optionserklärung formbedürftig. Denn nunmehr gilt es klarzustellen, *dass* und *zu welchem Zeitpunkt* der Hauptvertrag durch die Ausübung der Option Wirksamkeit erlangt hat.[503]

Diese Auffassung steht im Widerspruch zur wohl noch herrschenden Meinung. Basierend auf der Annahme, dass der Optionsvertrag stets formgebunden sei, geht sie davon aus, dass die Optionsausübung stets formfrei erfolgen könne.[504] Allerdings kann die herrschende Meinung auch in diesem Punkt nicht überzeugen.[505]

Sie stützt ihre Annahme im Wesentlichen auf eine vermeintlich allgemeine Wertung des Gesetzgebers, die sich § 456 Abs. 1 S. 2 BGB entnehmen lasse.[506] Gemäß § 456 Abs. 1 S. 2 BGB bedarf die Erklärung des Wiederkäufers nicht der für den Kaufvertrag bestimmten Form. Da das Wiederkaufsrecht gemeinhin

---

in: Staudinger, BGB, Vorb. § 145 Rn. 74, *Busche*, in: MüKoBGB, Vorb. § 145 Rn. 73 ff.; *Mansel*, in: Jauernig, BGB, Vorb. § 145 Rn. 6; *Möslein*, in: BeckOGK-BGB, § 145 Rn. 86; *Casper*, Der Optionsvertrag, S. 131 ff.

500 Eing. hierzu S. 98 f.

501 Ähnlich *Bork*, in: Staudinger, BGB, Vorb. § 145 Rn. 74; *Casper*, Der Optionsvertrag, S. 133.

502 Eing. hierzu S. 99.

503 So auch *Casper*, Der Optionsvertrag, S. 134.

504 BGH NJW 1991, 2698; BGH NJW-RR 1996, 1167; *Armbrüster*, in: Erman, BGB, Vorb. § 158 Rn. 15; *Ellenberger*, in: Palandt, BGB, Vorb. § 145 Rn. 23; *Wolf*, in: Soergel, BGB, Vorb. § 145 Rn. 71; *Wolf*, DNotZ 1995, 179 (185); *von Einem*, Die Rechtsnatur der Option, S. 114 ff.

505 So auch *Bork*, in: Staudinger, BGB, Vorb. § 145 Rn. 74; *Busche*, in: MüKoBGB, Vorb. § 145 Rn. 75; *Möslein*, in: BeckOGK-BGB, § 145 Rn. 86; *Casper*, Der Optionsvertrag, S. 131 ff.

506 *Mertens*, JZ 2004, 431 (438).

als gesetzlich geregelter Fall eines Optionsrechts betrachtet wird,[507] könne aus der Regelung geschlossen werden, dass die Ausübung eines Optionsrechts nicht formgebunden sei.[508]

Dem ist zu widersprechen.[509] Die Vorschrift des § 456 Abs. 1 S. 2 BGB ist auf die ursprüngliche Fassung des § 313 S. 1 BGB aF (heute § 311b Abs. 1 S. 1 BGB) zugeschnitten.[510] Bis zur Novellierung des § 313 S. 1 BGB a.F. im Jahre 1973 war ein Vertrag, durch den eine Verpflichtung zur Veräußerung eines Grundstückes begründet wird, beurkundungspflichtig. Die Erklärung des Erwerbers war nur formgebunden, da der gesamte Vertrag zu beurkunden war.[511] Die Erwerbsverpflichtung war also nur im Rahmen des Synallagma des Vertrages (mit-) beurkundungspflichtig.[512] Eine Erklärung, durch welche eine reine Erwerbsverpflichtung begründet wurde, war nach damaligen Recht hingegen nicht zu beurkunden.[513] Demnach hatte § 456 Abs. 1 S. 2 BGB (§ 497 Abs. 1 S. 2 BGB a.F.) ursprünglich lediglich klarstellende Bedeutung.[514]

Dass die Norm 1973 mit der Novellierung des § 313 S. 1 BGB a.F. nicht aufgehoben wurde, wird vielfach als Redaktionsversehen des Gesetzgebers qualifiziert.[515] Jedenfalls kann nicht angenommen werden, der Gesetzgeber habe durch die Änderung des § 313 BGB a.F bei unverändertem Bestehen des § 456 Abs. 1 S. 2 BGB zum Ausdruck bringen wollen, Optionserklärungen seien nicht formgebunden.[516]

---

507 So *Georgiades*, FS Larenz, 1973, 409 (421 f.); *Daum*, in: BeckOGK-BGB, § 456 Rn. 16; *Otto*, in: jurisPK-BGB, § 145 Rn. 56; *Gehrlein*, WM 2020, 1 jew. m.w.N.

508 *Mertens*, JZ 2004, 431 (438).

509 Gleichsinnig *Bork*, in: Staudinger, BGB, Vorb. § 145 Rn. 74; *Busche*, in: MüKoBGB, Vorb. § 145 Rn. 75; *Möslein*, in: BeckOKG-BGB, § 145 Rn. 68; *Casper*, Der Optionsvertrag, S. 132.

510 *Bork*, in: Staudinger, BGB, Vorb. § 145 Rn. 74; *Casper*, Der Optionsvertrag, S. 132.

511 *Wufka*, DNotZ 1990, 339 (350 f.).

512 *Wufka*, DNotZ 1990, 339 (351) m.w.N.

513 *Wufka*, DNotZ 1990, 339 (351).

514 *Casper*, Der Optionsvertrag, S. 132.

515 *Heckschen*, Die Formbedürftigkeit mittelbarer Grundstücksgeschäfte, S. 54; ferner *Wufka*, DNotZ 1990, 339 (350 ff.); *Casper*, Der Optionsvertrag, S. 132; *Bork*, in: Staudinger, BGB, Vorb. § 145 Rn. 74: „rechtspolitisch fragwürdig geworden".

516 *Bork*, in: Staudinger, BGB, Vorb. § 145 Rn. 74; *Casper*, Der Optionsvertrag, S. 132.

### *IV. Die Formbedürftigkeit der Optionserklärung des Inhabers einer Optionsanleihe*

Im Einklang mit der hier vertretenen Ansicht, nach welcher die Optionserklärung stets der für die Annahme des Hauptvertrages gesetzlich angeordneten Form bedarf, ist die Optionserklärung, durch welche der Inhaber der Optionsanleihe den Übernahmevertrag zustande bringt, gemäß § 55 Abs. 1 GmbHG notariell zu beglaubigen.

## § 10 Die Verschaffung der Mitgliedschaft

Aus dem Übernahmevertrag, welchen der Inhaber einer Optionsanleihe durch die Ausübung seines Bezugsrechts in der vorstehend erörterten Weise zustande bringen kann, folgt die Pflicht der Gesellschaft zur Verschaffung der Mitgliedschaft. Um ihrer Verpflichtung nachzukommen, hat die Gesellschaft eine Kapitalerhöhung gegen Einlagen durchzuführen. In der Wahl der Art der Kapitalerhöhung gegen Einlagen ist die Gesellschaft frei. Es gilt daher, für sie einen möglichst praktikablen Weg zu finden, das Stammkapital der Gesellschaft abhängig von der Ausübung der Optionsrechte zu erhöhen.

### *A. Die reguläre Kapitalerhöhung gemäß § 55 GmbHG*

#### *I. Überblick und Problematik*

Den gesetzlichen Regelfall einer Kapitalerhöhung gegen Einlagen stellt die reguläre Kapitalerhöhung i.S.v. § 55 GmbHG dar. Die Gesellschaft könnte die aus den Optionsanleihen mittelbar resultierenden Ansprüche auf den Erwerb neuer Geschäftsanteile mithin erfüllen, indem sie nach Ausübung eines Optionsrechts und Abschluss eines Übernahmevertrages eine reguläre Kapitalerhöhung durchführt.[517] Ein solches Vorgehen würde allerdings zu mehreren praktischen Schwierigkeiten führen, sofern die GmbH eine Vielzahl von Optionsanleihen ausgegeben hat.

Das größte Problem besteht darin, dass die Laufzeit einer Optionsanleihe in aller Regel mehrere Jahre beträgt und nicht alle Optionsrechtsgläubiger zeitgleich ihr Optionsrecht ausüben werden. Für die GmbH hat dies zur Folge, dass sie nach jeder Ausübung eines Optionsrechts zur Erfüllung ihrer Verbindlichkeiten eine reguläre Kapitalerhöhung durchzuführen hätte. Angesichts des Ablaufs einer regulären Kapitalerhöhung würde dies für die GmbH ein überaus aufwendiges und kostspieliges Unterfangen darstellen. So müsste stets ein Kapitalerhöhungsbeschuss gefasst werden, welcher den allgemeinen Anforderungen an eine Satzungsänderung zu genügen hat – insbesondere also notariell

517 Vgl. statt vieler *Fest*, in: Hopt/Seibt, AktG, § 221 Rn. 106 ff.; *Habersack*, in: MüKo-AktG, § 221 Rn. 214; *Koch*, in: Hüffer/Koch, AktG, § 221 Rn. 59; *Rieder/Holzmann*, in: Grigoleit, AktG, § 221 Rn. 55; *Wehrhahn*, Finanzierungsinstrumente, S. 183 f.; *Lux*, Die Dogmatik des Umtausches von Wandelanleihen in Aktien, S. 190; *Mackh*, Wandelschuldverschreibungen, S. 75 ff.

zu beurkunden ist, § 53 Abs. 2 S. 1 GmbHG.[518] In Anbetracht dessen stellen eine Vielzahl effektiver Kapitalerhöhungen keinen praktikablen Weg für die Gesellschaft dar, um ihren nach Ausübung der Optionsrechte entstehenden Verpflichtungen nachzukommen.[519]

### *II. Untaugliche Lösungsansätze*

Um das beschriebene Problem zu umgehen, findet man in der Literatur die Empfehlung, zum Zeitpunkt der Ausgabe der Optionsanleihen nur einen Kapitalerhöhungsbeschluss zu fassen, welcher den Erhöhungsbetrag zunächst lediglich im Sinne einer Obergrenze bestimmt. Auf Grundlage dieses einen Kapitalerhöhungsbeschlusses sollen, abhängig von der jeweiligen Ausübung der Optionsrechte, eine Vielzahl an Durchführungen regulärer Kapitalerhöhungen erfolgen.[520]

Dieser Lösungsansatz ist allerdings unbrauchbar, da ein solches Vorgehen in mehrfacher Hinsicht unzulässig ist: Zwar lässt die herrschende Meinung zu, dass ein Kapitalerhöhungsbeschluss den Erhöhungsbetrag zunächst nur im Sinne einer Obergrenze festsetzt.[521] Der definitive Erhöhungsbetrag bestimmt sich in diesem Falle danach, in welchem Umfang neue Geschäftsanteile gezeichnet werden.[522] Um den Erhöhungsbetrag zu bestimmen, wird eine Zeichnungsfrist

---

518 S. allg. zu den Notarkosten infolge des Beurkundungserfordernisses *Saß*, DNotZ 2016, 213 (226 ff.); vgl. ferner BT-Drucks. 16/9737 S. 99; *Priester*, GmbHR 2008, 1177 (1183); *Seibert/Decker*, ZIP 2008, 1208 (1211); *Cramer*, GmbHR 2009, 406 (407 f.).

519 Vgl. *Fest*, in: Hopt/Seibt, AktG, § 221 Rn. 111: nur in seltenen Ausnahmefällen; *Wehrhahn*, Finanzierungsinstrumente, S. 184; *Lux*, Die Dogmatik des Umtausches von Wandelanleihen in Aktien, S. 191: „Notlösung".

520 So wohl *Lux*, Die Dogmatik des Umtausches von Wandelanleihen in Aktien, S. 192; vgl. *Mackh*, Wandelschuldverschreibungen, S. 75, Fn. 409.

521 RGZ 85, 205 (207); OLG Hamburg NZG 2000, 549; *Lutter*, FS Schilling, 1973, 213 f.; *Nietsch*, FS U. H. Schneider, 2011, 873 (889); *Altmeppen*, GmbHG, § 55 Rn. 7; *Arnold/Born*, in: Bork/Schäfer, GmbHG, § 55 Rn. 11; *Bayer*, in: Lutter/Hommelhoff, GmbHG, § 55 Rn. 9; *Bormann*, in: GBS, GmbHG, § 55 Rn. 12; *Gummert*, in: Henssler/Strohn, GmbHG, § 55 Rn. 5; *Inhester*, in: Saenger/Inhester, GmbHG, § 55 Rn. 7; *Lieder*, in: MüKoGmbHG, § 55 Rn. 36; *Hermanns*, in: MHLS, GmbHG, § 55 Rn. 16; *Priester/Tebben*, in: Scholz, GmbHG, § 55 Rn. 19; *Servatius*, in: Baumbach/Hueck, GmbHG, § 55 Rn. 11; *Schnorbus*, in: Rowedder/Schmidt-Leithoff, GmbHG, § 55 Rn. 11; *Ulmer/Casper*, in: UHL, GmbHG, § 55 Rn. 20; *Wicke*, GmbHG, § 55 Rn. 5; *Gerber/Pilz*, GmbHR 2005, 1324 (1325); *Lieder*, ZGR 2010, 868 (894); *Saß*, RNotZ 2016, 213 (214).

522 *Altmeppen*, GmbHG, § 55 Rn. 7; *Bayer*, in: Lutter/Hommelhoff, GmbHG, § 55 Rn. 9; *Bormann*, in: GBS, GmbHG, § 55 Rn. 12; *Lieder*, in: MüKoGmbHG, § 55 Rn. 38;

gesetzt, nach deren Ablauf entsprechend dem bis dahin erreichten Zeichnungsstand der Erhöhungsbetrag feststeht.[523] Um jedoch den Effekt einer bedingten Kapitalerhöhung auszuschließen, soll die Zeichnungsfrist einen „überschaubaren Zeitraum (max. 6 Monate) nicht übersteigen“[524] dürfen.[525] Eine weitere Kapitalerhöhung im Rahmen des zunächst nicht ausgeschöpften Erhöhungsspielraums ist ohne erneute Beschlussfassung unzulässig, da es eine reguläre Kapitalerhöhung in mehreren Tranchen nicht gibt.[526]

Der in der Literatur teils vorgebrachte Lösungsansatz scheitert also zum einen daran, dass die von der jeweiligen Ausübung der Optionsrechte abhängige Durchführung der Kapitalerhöhung auf eine unzulässige sukzessive Eintragung einer beschlossenen Kapitalerhöhung bzw. eine reguläre Kapitalerhöhung in Tranchen hinausliefe. Darüber hinaus müsste für den vorgeschlagenen Lösungsansatz die Zeichnungsfrist der Optionsfrist entsprechen. Da die Optionsfrist jedoch typischerweise mehrere Jahre beträgt, die Zeichnungsfrist hingegen auf einen Zeitraum von maximal sechs Monaten beschränkt ist, ist dies unmöglich.

### *III. Praktikable Abwicklung*

Sieht die GmbH vor, die Ansprüche der Optierenden mittels regulärer Kapitalerhöhungen zu erfüllen, stellt es mithin ein unumgehbares Problem dar, dass die

---

*Priester/Tebben*, in: Scholz, GmbHG, § 55 Rn. 19; *Ulmer/Casper*, in: UHL, GmbHG, § 55 Rn. 20; *Wicke*, GmbHG, § 55 Rn. 5.

523 Statt aller *Ulmer/Casper*, in: UHL, GmbHG, § 55 Rn. 20.

524 *Ulmer/Casper*, in: UHL, GmbHG, § 55 Rn. 20.

525 *Arnold/Born*, in: Bork/Schäfer, GmbHG, § 55 Rn. 12; *Bayer*, in: Lutter/Hommelhoff, GmbHG, § 55 Rn. 9; *Hermanns*, in: MHLS, GmbHG, § 55 Rn. 17; *Lieder*, in: MüKoGmbHG, § 55 Rn. 37; *Priester/Tebben*, in: Scholz, GmbHG, § 55 Rn. 19; *Ulmer/Casper*, in: UHL, GmbHG, § 55 Rn. 20; *Gerber/Pilz*, GmbHR 2005, 1325; *Leuering*, NJW-Spezial 2005, 363; vgl. auch *Altmeppen*, GmbHG, § 55 Rn. 7; *Bormann*, in: GBS, GmbHG, § 55 Rn. 12; *Servatius*, in: Baumbach/Hueck, GmbHG, § 55 Rn. 11; *Saß*, RNotZ 2016, 213 (214).

526 *Altmeppen*, GmbHG, § 55 Rn. 6; *Bayer*, in: Lutter/Hommelhoff, GmbHG, § 55 Rn. 9; *Gummert*, in: Henssler/Strohn, GmbHG, § 55 Rn. 5; *Lieder*, in: MüKoGmbHG, § 55 Rn. 38; *Priester/Tebben*, in: Scholz, GmbHG, § 55 Rn. 19; *Servatius*, in: Baumbach/Hueck, GmbHG, § 55 Rn. 11; *Ulmer/Casper*, in: UHL, GmbHG, § 55 Rn. 20; *Priester*, NZG 2010, 81 ff.; a.A. zur AG *Schüppen*, AG 2001, 125 ff.: Es „kann eine ordentliche Kapitalerhöhung um einen Maximalbetrag […] in mehreren Teilschritten zum Handelsregister angemeldet werden“; *Bücker*, NZG 2009, 1339 (1340): „Durchführung einer ordentlichen Kapitalerhöhung in mehreren Teilschritten ist zulässig“; *Holzmann/Eichstädt*, DStR 2010, 277 (281).

Gesellschafter nach jeder Ausübung von Optionsrechten erneut einen Kapitalerhöhungsbeschluss zu fassen haben. Allerdings ist es möglich, die Abwicklung für die Gesellschaft dennoch verhältnismäßig praktikabel zu gestalten. So kann in den Anleihebedingungen vorgesehen werden, dass die Ausübung der Optionsrechte nur innerhalb eines bestimmten Zeitraums - etwa innerhalb einer bestimmten Woche pro Jahr - möglich ist.[527] Dadurch ließe sich die Zahl der erforderlichen Gesellschafterbeschlüsse in Grenzen halten.[528] Die Gesellschaft hat jedoch zu beachten, dass derartige Klauseln die Optionsanleihe für Investoren unter Umständen weniger attraktiv machen.[529]

## *B. Das genehmigte Kapital*

Neben einer regulären Kapitalerhöhung (§ 55 GmbHG) sieht das GmbHG noch die Kapitalerhöhung aus genehmigtem Kapital (§ 55a GmbHG) als Kapitalerhöhung gegen Einlagen vor. Das genehmigte Kapital ist eine in der Satzung der Gesellschaft enthaltene Ermächtigung der Geschäftsführer, das Stammkapital durch Ausgabe neuer Geschäftsanteile zu erhöhen.[530] Das genehmigte Kapital ist also noch kein Stammkapital und seine Schaffung keine Kapitalerhöhung.[531] Es dient vielmehr als Grundlage, das Kapital ohne Beschluss der Gesellschafterversammlung bedarfsabhängig durch die Geschäftsführer zu erhöhen.[532] Es ermöglicht der Gesellschaft damit eine im Vergleich zur regulären Kapitalerhöhung schnellere und flexiblere Form der Kapitalerhöhung.[533] Aus diesem Grund werden die Gesellschafter in aller Regel, nachdem die Gesellschaft Optionsanleihen ausgegeben hat, zur Bedienung der Optionsrechte ein genehmigtes Kapital

---

527 Vgl. ferner *Holland/Goslar*, NZG 2006, 892 (894).

528 *Holland/Goslar*, NZG 2006, 892 (894).

529 *Holland/Goslar*, NZG 2006, 892 (894).

530 *Lieder*, in: MüKoGmbHG, § 55a Rn. 4; *Servatius*, in: Baumbach/Hueck, GmbHG, § 55a Rn. 2; *Wicke*, GmbHG, § 55a Rn. 1.

531 *Servatius*, in: Baumbach/Hueck, GmbHG, § 55a Rn. 2; *Lieder*, DNotZ 2010, 655 (656).

532 *Hermanns*, in: MHLS, GmbHG, § 55a Rn. 2; *Servatius*, in: Baumbach/Hueck, GmbHG, § 55a Rn. 2.

533 *Hermanns*, in: MHLS, GmbHG, § 55a Rn. 1; *Wiese/Schneider*, in: MAH-GmbH, § 5 Rn. 242; *Terbrack*, DNotZ 2012, 917 (918); s. zu rechtspolitischer Kritik an der Einführung eines genehmigten Kapitals im GmbHG *Katschinski/Rawert*, ZIP 2008, 1993 (1997); *Priester*, GmbHR 2008, 1177 (1183); *Bayer/Hoffmann*, GmbHR 2009, R161; *Bayer/Hoffmann/Lieder*, GmbHR 2010, 9 (15); *K. Schmidt*, JZ 2009, 10 (17); die Änderung positiv aufnehmend *Klett*, GmbHR 2008, 1312.

schaffen.[534] So können die Geschäftsführer eigenständig das Kapital sukzessive – abhängig von der Ausübung der Optionsrechte – erhöhen. Zudem bringt eine Kapitalerhöhung aus genehmigtem Kapital den Vorteil mit sich, dass die Entscheidung der Geschäftsführer zur Kapitalerhöhung im Gegensatz zu einem Kapitalerhöhungsbeschluss im Rahmen einer regulären Kapitalerhöhung nicht der notariellen Form bedarf.[535] Die Kapitalerhöhung aus genehmigtem Kapital stellt daher im Vergleich zu einer regulären Kapitalerhöhung die kostengünstigere und weniger aufwendige Variante dar, um etwaige Ansprüche der Optionsrechtsinhaber auf Verschaffung der Geschäftsanteile zu erfüllen.

### *I. Der Ablauf einer Kapitalerhöhung aus genehmigtem Kapital*

In Anbetracht der Bedeutung des genehmigten Kapitals für die Erfüllung der aus Optionsanleihen resultierenden Ansprüche ist im Folgenden der Ablauf einer Kapitalerhöhung aus genehmigtem Kapital darzustellen. Dabei ist zu untersuchen, welche Besonderheiten bei den Kapitalerhöhungen zum Zwecke der Erfüllung der Anteilserwerbsansprüche beachtet werden müssen.

#### *1. Die Schaffung des genehmigten Kapitals*

##### *a) Notwendige Bestandteile des Ermächtigungsbeschlusses*

Da durch die Schaffung des genehmigten Kapitals die Geschäftsführer zu einer Erhöhung des Stammkapitals ermächtigt werden, stellt § 55a GmbHG eine Durchbrechung der ausschließlichen Kompetenz der Gesellschafterversammlung für Satzungsänderungen dar.[536] Um aber dem Grundsatz der Satzungsautonomie Rechnung zu tragen, muss die Entscheidung zur Kompetenzverlagerung auf die Geschäftsführer zwingend durch die Gesellschafter in Gestalt einer entsprechenden Satzungsregelung erfolgen.[537] Die Satzungsregelung muss zwingend

---

534 Vgl. *Fest*, in: Hopt/Seibt, AktG, § 221 Rn. 760; *Stadler*, in: Bürgers/Körber/Lieder, AktG, § 221 Rn. 1.

535 Statt aller *Altmeppen*, GmbHG, § 55a Rn. 2; *Gummert*, in: Henssler/Strohn, GmbHG, § 55a Rn. 1; *Lieder*, in: MüKoGmbHG, § 55a Rn. 1; *Oppenhoff*, BB 2008, 1630 (1631); *Priester* GmbHR 2008, 1177 (1183); *Seibert/Decker*, ZIP 2008, 1208 (1211); *Cramer*, GmbHR 2009, 406 (407 f.).

536 *Altmeppen*, GmbHG, § 55a Rn. 2; *Priester/Tebben*, in: Scholz, GmbHG, § 55a Rn. 5; *Schnorbus*, in: Rowedder/Schmidt-Leithoff, GmbHG, § 55a Rn. 1; *Schnorbus/Donner* NZG 2009, 1241; zweifelnd *Gummert*, in: Henssler/Strohn, GmbHG, § 55a Rn. 26 unter Hinweis auf das Weisungsrecht der Gesellschafterversammlung.

537 Die Ermächtigung kann entweder in der ursprünglichen Satzung enthalten sein (§ 55a Abs. 1 GmbHG), oder durch einen satzungsändernden Gesellschafterbeschluss

einen bestimmten Nennbetrag bezeichnen, um den die Geschäftsführer das Stammkapital erhöhen können.[538] Es ist somit nicht möglich, die Bestimmung des Betrages des genehmigten Kapitals in das Ermessen der Geschäftsführer zu stellen.[539] Deren Ermächtigung beschränkt sich auf die Festlegung des konkreten Erhöhungsbetrages innerhalb der durch den genehmigten Betrag gezogenen Grenzen.[540]

Der Nennbetrag des genehmigten Kapitals darf gemäß § 55a Abs. 1 S. 2 GmbHG insgesamt die Hälfte des zum Zeitpunkt der Ermächtigung vorhandenen Stammkapitals nicht überschreiten.[541] Diese Einschränkung dürfte im Zusammenhang mit der Erfüllung der aus der Optionsanleihe resultierenden Ansprüche allerdings kein Problem darstellen.

Neben dem Nennbetrag, bis zu welchem die Erhöhung des Stammkapitals möglich ist, muss die Ermächtigung zwingend eine Frist beinhalten, innerhalb derer die Erhöhung zulässig ist.[542] Gemäß § 55a Abs. 1 S. 1, Abs. 2 GmbHG darf diese Ausübungsfrist einen Zeitraum von fünf Jahren nicht überschreiten. Wird ein genehmigtes Kapital geschaffen, um Ansprüche Optionsberechtigter auf den Erwerb neuer Geschäftsanteile zu erfüllen, stellt dies ein Problem dar. In aller Regel weisen Optionsanleihen eine längere Laufzeit als fünf Jahre auf.[543]

---

nachträglich eingeführt werden (§ 55a Abs. 2 GmbHG); vgl. statt aller *Altmeppen*, GmbHG, § 55a Rn. 5; *Servatius*, in: Baumbach/Hueck, GmbHG, § 55a Rn. 8 f.; *Schnorbus/Donner*, NZG 2009, 1241; *Saß*, DNotZ 2016, 213 (223).

538 *Altmeppen*, GmbHG, § 55a Rn. 14; *Bayer*, in: Lutter/Hommelhoff, GmbHG, § 55a Rn. 11; *Casper*, in: UHL, GmbHG, § 55a Rn. 12; *Gummert*, in: Henssler/Strohn, GmbHG, § 55a Rn. 8; *Hermanns*, in: MHLS, GmbHG, § 55a Rn. 8; *Lieder*, in: MüKoGmbHG, § 55a Rn. 20; *Priester/Tebben*, in: Scholz, GmbHG, § 55a Rn. 13.

539 *Gummert*, in: Henssler/Strohn, GmbHG, § 55a Rn. 8.

540 *Altmeppen*, GmbHG, § 55a Rn. 27; *Gummert*, in: Henssler/Strohn, GmbHG, § 55a Rn. 8; *Lieder*, in: MüKoGmbHG, § 55a Rn. 37; *Servatius*, in: Baumbach/Hueck, GmbHG, § 55a Rn. 13.

541 Vgl. *Casper*, in: UHL, GmbHG, § 55a Rn. 13; *Gummert*, in: Henssler/Strohn, GmbHG, § 55a Rn. 10; *Lieder*, in: MüKoGmbHG, § 55a Rn. 21; *Priester/Tebben*, in: Scholz, GmbHG, § 55a Rn. 13.

542 Vgl. statt aller *Altmeppen*, GmbHG, § 55a Rn. 10; *Bayer*, in: Lutter/Hommelhoff, GmbHG, § 55a Rn. 11; *Casper*, in: UHL, GmbHG, § 55a Rn. 15; *Gummert*, in: Henssler/Strohn, GmbHG; § 55a Rn. 13; *Hermanns*, in: MHLS, GmbHG, § 55a Rn. 5; *Lieder*, in: MüKoGmbHG, § 55a Rn. 23; *Priester/Tebben*, in: Scholz, GmbHG, § 55a Rn. 14; *Servatius*, in: Baumbach/Hueck, GmbHG, § 55a Rn. 4; *Wicke*, GmbHG, § 55a Rn. 9.

543 Vgl. etwa Optionsanleihe der Brenntag SE 2015/2022 (ISIN: DE000A1Z3XP8 bzw. DE000A1Z3XR4): 7 Jahre; Optionsanleihe der BASF SE 2017/2023

In diesen Fällen ist es erforderlich, das genehmigte Kapital während der Laufzeit der Optionsanleihe ein- oder sogar mehrmals zu erneuern.[544] Dazu bedarf es, wie sich aus § 55a Abs. 2 GmbHG ergibt, erneut eines satzungsändernden Beschlusses.

Indem § 55a Abs. 1 S. 1, Abs. 2 GmbHG bestimmt, dass die Ausübungsfrist ab Eintragung der Satzungsänderung im Handelsregister beginnt, ist es ausgeschlossen, das zeitliche Limit der Ermächtigung durch sog. „Kettenermächtigungen" zu unterlaufen.[545] So kann die Gesellschafterversammlung nicht etwa ein genehmigtes Kapital II schaffen, dessen Laufzeit mit Ablauf der für das genehmigte Kapital I bestimmten Frist beginnt, so dass insgesamt ein über fünf Jahre hinausreichender Ermächtigungsrahmen entsteht.[546] Ein vergleichbares Ergebnis lässt sich auch nicht dadurch erreichen, dass sowohl ein Ermächtigungsbeschluss für ein genehmigtes Kapital I als auch für ein genehmigtes Kapital II gefasst wird, der Geschäftsführer aber angewiesen wird, die Eintragung des Ermächtigungsbeschlusses für das genehmiget Kapital II in das Handelsregister bis kurz vor oder nach Ablauf der für das genehmigte Kapital I bestimmten Frist hinauszuzögern.[547] Schließlich würde die Gesellschafterversammlung dadurch im Ergebnis einen über fünf Jahre hinausreichenden Ermächtigungsrahmen schaffen, der den Zweck des zeitlichen Limits, die Selbstentmachtung der Gesellschafterversammlung zu begrenzen, konterkarieren würde.

### b) *Fakultativer Inhalt des Ermächtigungsbeschlusses*

Zusätzlich zu dem notwendigen Inhalt eines Ermächtigungsbeschluss kann dieser weitere Bestimmungen über Inhalt und Bedingungen des genehmigten Kapitals enthalten. Dient das genehmigte Kapital zur Erfüllung der aus

---

(ISIN: DE000A2BPEU0): 6 Jahre; Optionsanleihe der Biofrontera AG 2009/2017 (ISIN: DE000A0Z1690): 8 Jahre.

544 Vgl. zu der Problematik auch *Holland/Goslar*, NZG 2006, 892 (893 f.).

545 Vgl. *Casper*, in: UHL, GmbHG, § 55a Rn. 15; *Ekkenga*, in: Fleischer, HdB des Vorstandsrechts, § 21 Rn. 15; *Priester/Tebben*, in: Scholz, GmbHG, § 55a Rn. 14; *Roth*, in: Roth/Altmeppen, GmbHG, 9. Aufl., 2019, § 55a Rn. 10; *Helmreich*, GWR 2011, 561 (563).

546 Vgl. *Ekkenga*, in: Fleischer, HdB des Vorstandsrechts, § 21 Rn. 15; *Helmreich*, GWR 2011, 561 (563).

547 Vgl. dazu auch *Ekkenga*, in: Fleischer, HdB des Vorstandsrechts, § 21 Rn. 15; s. zur sog. „faktischen Fristverlängerung" *Altmeppen*, GmbHG, § 55a Rn. 12; *Lieder*, in: MüKoGmbHG, § 55a Rn. 23a; *Wegmann*, in: MHdB-GesR III, § 53 Rn. 134; zur AG *Rottnauer*, BB 1999, 330 (333 f.).

Optionsanleihen resultierenden Ansprüche, sollten die Gesellschafter von dieser Möglichkeit Gebrauch machen. So können sie etwa die Ermächtigung der Geschäftsführer zur Kapitalerhöhung auf einen bestimmten Zweck, die Bedienung der Optionsrechte, beschränken.[548]

Zudem haben die Gesellschafter ihr gesetzliches Bezugsrecht auf die neuen Geschäftsanteile (§ 186 AktG analog) in der Satzungsbestimmung über das genehmigte Kapital auszuschließen oder die Geschäftsführer zum Ausschluss zu ermächtigen, damit die aus Optionsanleihen resultierenden Ansprüche auf den Bezug neuer Geschäftsanteile erfüllt werden können.[549] Der Bezugsrechtsausschluss ist in materieller Hinsicht zu diesem Zwecke zulässig, da er im Interesse der Gesellschaft sachlich gerechtfertigt ist.[550]

Sehen die Anleihebedingungen vor, dass der Optionsberechtigte seine nach Zustandekommen des Übernahmevertrages zu leistende Einlage durch Übertragung der Schuldverschreibung erbringen kann, muss die Zulässigkeit einer Sachkapitalerhöhung gemäß § 55a Abs. 3 GmbHG in der Ermächtigung ausdrücklich bestimmt sein.[551] Die Ermächtigung kann sich inhaltlich darauf beschränken, generell die Zulässigkeit von Sacheinlagen anzuordnen.[552] Sie kann aber auch

---

548 Vgl. *Altmeppen*, GmbHG, § 55a Rn. 18; *Bormann*, in: GBS, GmbHG, § 55a Rn. 16; *Casper*, in: UHL, GmbHG, § 55a Rn. 17; *Inhester*, in: Saenger/Inhester, GmbHG, § 55a Rn. 18; *Lieder*, in: MüKoGmbHG, § 55a Rn. 24; *Priester/Tebben*, in: Scholz, GmbHG, § 55a Rn. 18; *Wicke*, GmbHG, § 55a Rn. 12; *Schnorbus/Donner*, NZG 2009, 1241 (1242); *Saß*, RNotZ 2016, 213 (223).

549 Vgl. zum Bezugsrechtsausschluss beim genehmigten Kapital *Altmeppen*, GmbHG, § 55a Rn. 21; *Bayer*, in: Lutter/Hommlehoff, GmbHG, § 55a Rn. 22 f.; *Bormann*, in: GBS, GmbHG, § 55a Rn. 47; *Gummert*, in: Henssler/Strohn, GmbHG, § 55a Rn. 15 f.; *Inhester*, in: Saenger/Inhester, GmbHG, § 55a Rn. 23; *Lieder*, in: MüKoGmbHG, § 55a Rn. 62; *Priester/Tebben*, in: Scholz, GmbHG, § 55a Rn. 35; *Servatius*, in: Baumbach/Hueck, GmbHG, § 55a Rn. 14a; *Wicke*, GmbHG, § 55a Rn. 11; *Ziemons*, in: BeckOK-GmbHG, § 55a Rn. 59.

550 So auch LG Frankfurt AG 1984, 296 (299); *Holland/Goslar*, NZG 2006, 892 (894); *Schumann*, Optionsanleihen, S. 175.

551 Eing. hierzu S. 149 ff.; vgl. ferner *Altmeppen*, GmbHG, § 55a Rn. 42; *Bayer*, in: Lutter/Hommelhoff, GmbHG, § 55a Rn. 31; *Bormann*, in: GBS, GmbHG, § 55a Rn. 37; *Casper*, in: UHL, GmbHG, § 55a Rn. 31; *Gummert*, in: Henssler/Strohn, GmbHG, § 55a Rn. 32; *Hermanns*, in: MHLS, GmbHG, § 55a Rn. 13; *Lieder*, in: MüKoGmbHG, § 55a Rn. 56; *Priester/Tebben*, in: Scholz, GmbHG, § 55a Rn. 15; *Servatius*, in: Baumbach/Hueck, GmbHG, § 55a Rn. 17; *Wicke*, GmbHG, § 55a Rn. 11, 18.

552 *Bormann*, in: GBS, GmbHG, § 55a Rn. 38; *Lieder*, in: MüKoGmbHG, § 55a Rn. 56; *Priester/Tebben*, in: Scholz, GmbHG, § 55a Rn. 15.

nähere Angaben enthalten und bestimmen, dass allein die Schuldverschreibung einlagefähig ist.[553]

### 2. *Die Ausnutzung des genehmigten Kapitals*

Im Rahmen der ihnen erteilten Ermächtigung entscheiden die Geschäftsführer über die Durchführung einer Kapitalerhöhung und die Ausgabe neuer Geschäftsanteile nach pflichtgemäßem Ermessen.[554] Sie gelten durch die Schaffung des genehmigten Kapitals zugleich als ermächtigt, im Namen der Gesellschaft Übernahmeverträge abzuschließen.[555] Wurde die von den Geschäftsführern beschlossene Kapitalerhöhung in vollem Umfang übernommen, haben sämtliche Geschäftsführer die Durchführung der Kapitalerhöhung zur Eintragung in das Handelsregister anzumelden (vgl. §§ 57 Abs. 1, 78 GmbHG).[556]

Somit können die Geschäftsführer nach Schaffung eines genehmigten Kapitals selbstständig, ohne dass es der erneuten Mitwirkung der Gesellschafter bedürfte, sämtliche aus der Optionsanleihe erwachsenden Ansprüche erfüllen.

## C. *Das bedingte Kapital*

Der praktikabelste Weg, um Ansprüche auf den Bezug neuer Geschäftsanteile aus Optionsanleihen zu erfüllen, wäre jedoch – wie eingangs erörtert – jener über eine bedingte Kapitalerhöhung.[557]

---

553 *Altmeppen*, GmbHG, § 55a Rn. 42; *Bormann*, in: GBS, GmbHG, § 55a Rn. 38; *Priester/Tebben*, in: Scholz, GmbHG, § 55a Rn. 15; *Wicke*, GmbHG, § 55a Rn. 18.

554 *Altmeppen*, GmbHG, § 55a Rn. 26; *Arnold/Born*, in: Bork/Schäfer, GmbHG, § 55a Rn. 17; *Bormann*, in: GBS, GmbHG, § 55a Rn. 40; *Bayer*, in: Lutter/Hommelhoff, GmbHG, § 55a Rn. 9; *Casper*, in: UHL, GmbHG, § 55a Rn. 20; *Gummert*, in: Henssler/Strohn, GmbHG, § 55a Rn. 22; *Lieder*, in: MüKoGmbHG, § 55a Rn. 37; *Priester/Tebben*, in: Scholz, GmbHG, § 55a Rn. 19; *Wicke*, GmbHG, § 55a Rn. 4, 13; *Klett*, GmbHR 2008, 1312 (1315); *Cramer*, GmbHR 2009, 406 (408).

555 *Gummert*, in: Henssler/Strohn, GmbHG, § 55a Rn. 22; *Lieder*, in: MüKoGmbHG; § 55a Rn. 48; *Priester/Tebben*, in: Scholz, GmbHG, § 55a Rn. 42; *Schnorbus*, in: Rowedder/Schmidt-Leithoff, GmbHG, § 55a Rn. 26; *Schnorbus/Donner*, NZG 2009, 1241 (1244 f.); *Trautmann*, Das genehmigte Kapital der GmbH, S. 121.

556 Statt aller *Altmeppen*, GmbHG, § 55a Rn. 32; *Bayer*, in: Lutter/Hommelhoff, GmbHG, § 55a Rn. 27; *Gummert*, in: Henssler/Strohn, GmbHG, § 55a Rn. 22; *Hermanns*, in: MHLS, GmbHG, § 55a Rn. 17; *Priester/Tebben*, in: Scholz, GmbHG, § 55a Rn. 45.

557 Vgl. statt aller *Habersack*, in: MüKoAktG, § 221 Rn. 216; *Koch*, in: Hüffer/Koch, AktG, § 221 Rn. 59; *Rieder/Holzmann*, in: Grigoleit, AktG, § 221 Rn. 54; *Georgakopoulos*, ZHR 120 (1957), 84 (93); *Angerer/Pläster*, NZG 2008, 326; *Drinhausen/Keinath*, BB

Dem GmbHG sind §§ 192 ff. AktG entsprechende Vorschriften und damit ein bedingtes Kapital allerdings fremd. Vor dem Hintergrund, dass die Vorschriften eigens der Unterlegung von Umtausch- und Optionsrechten von Wandelschuldverschreibungen dienen,[558] stellt sich indes die Frage, ob die Regelungen im GmbH-Recht nach der Ausgabe von Optionsanleihen entsprechend Anwendung finden können.

Die analoge Anwendung kommt jedoch allein angesichts des Fehlens einer planwidrigen Regelungslücke nicht in Betracht. Das GmbHG kannte lange Zeit weder eine bedingte Kapitalerhöhung noch eine Kapitalerhöhung aus genehmigtem Kapital als Sonderfälle der Kapitalerhöhung gegen Einlagen. Das hat der Gesetzgeber des MoMiG im Jahre 2008 geändert und das aus dem Aktienrecht bekannte genehmigte Kapital auch für die GmbH eingeführt.[559] Die Einführung des Instituts der bedingten Kapitalerhöhung unterblieb hingegen. Es muss in Anbetracht dessen davon ausgegangen werden, dass der Gesetzgeber erwogen hat, die aus dem Aktienrecht bekannten Sonderfälle der Kapitalerhöhung gegen Einlagen für die GmbH vorzusehen, sich jedoch bewusst allein für die Einführung des genehmigten Kapitals entschieden hat.[560] Die §§ 192 ff. AktG sind daher nicht analog im GmbH-Recht anzuwenden.[561]

## D. *Fazit*

Die GmbH kann vorsehen, die aus den Optionsanleihen mittelbar erwachsenden Ansprüche auf Verschaffung der Mitgliedschaft mittels regulärer Kapitalerhöhungen zu erfüllen. In diesem Fall ist nach jeder Ausübung eines Optionsrechts erneut ein Kapitalerhöhungsbeschluss zu fassen. Da es sich hierbei um ein

---

2011, 1736; *Schanz*, BKR 2011, 410 (412 f.); *Oulds*, CFL 2013, 213 (218); *Lux*, Die Dogmatik des Umtausches von Wandelanleihen in Aktien, S. 193.

558 Vgl. *Rieckers*, in: BeckOGK-AktG, § 221 Rn. 3; *Rieder/Holzmann*, in: Grigoleit, AktG, § 192 Rn. 2; *Georgakopoulos*, ZHR 120 (1957), 84 (93); *Hoffmann*, AG 1973, 47 (52); *Schumann*, Optionsanleihen, S. 24; *Lux*, Die Dogmatik des Umtausches von Wandelanleihen in Aktien, S. 193.

559 Vgl. BGBl. 2008 Teil I Nr. 48, S. 2026 (2030).

560 Vgl. *Fest*, in: Hopt/Seibt, AktG, § 221 Rn. 760.

561 *Fest*, in: Hopt/Seibt, AktG, § 221 Rn. 760; ähnlich *Winneke*, Schuldrechtliche Vereinbarungen über Kapitalbeschaffungsmaßnahmen, S. 129 ff.; *Priester*, in: Scholz, 9. Aufl. 2002, GmbHG, § 55 Rn. 11; wohl auch *Bayer*, in: Lutter/Hommelhoff, GmbHG, § 55 Rn. 2; *Fest*, in: Hopt/Seibt, AktG, § 221 Rn. 760; *Lieder*, in: MüKoGmbHG, § 55a Rn. 20; *Wiese/Schneider*, in: MAH-GmbH, § 5 Rn. 14; *Fox/Hüttche/Lechner*, GmbHR 2000, 521 (534); *Rinnert*, NZG 2001, 865 ff.; *Lieder*, DNotZ 2010, 655 (659).

aufwendiges und kostspieliges Unterfangen handelt, sollte so ausschließlich verfahren werden, sofern die GmbH nur einen oder wenige Optionsrechtsgläubiger hat oder eine Klausel in den Optionsbedingungen vorgesehen ist, welche die Ausübung des Optionsrechts nur innerhalb eines bestimmten Zeitraums erlaubt. Allein auf diese Weise lässt sich die Anzahl der erforderlichen Gesellschafterbeschlüssen in Grenzen halten.

In allen anderen Fällen sollten die Optionsrechte mit einem genehmigten Kapital unterlegt werden. Dieses ermöglicht den Geschäftsführern, selbstständig, ohne erneuter Mitwirkung der Gesellschafter der Pflicht der Gesellschaft zur Verschaffung der Mitgliedschaft nachkommen zu können. Die Kapitalerhöhung aus genehmigtem Kapital stellt mithin im Vergleich zur regulären Kapitalerhöhung die schnellere und kostengünstigere Form der Kapitalerhöhung zur Bedienung der Optionsrechte dar. Die Unterlegung der Optionsrechte mit einem bedingten Kapital ist im GmbH-Recht nicht möglich.

## § 11 Die Durchsetzbarkeit des Anteilserwerbsrechts

Das eine Optionsanleihe prägende Anteilserwerbsrecht ist – wie vorstehend dargestellt – klassischerweise als vorvertraglicher Anspruch auf Abschluss eines Übernahmevertrages ausgestaltet, der seinerseits einen Erfüllungsanspruch auf Verschaffung der Mitgliedschaft zum Inhalt hat. Lehnt die Gesellschaft es ab, mit dem Inhaber der Optionsanleihe zu den in den Optionsbedingungen festgelegten Konditionen einen Übernahmevertrag zu schließen, kann der Inhaber der Optionsanleihe Erfüllungsklage erheben. Die Klage ist nicht unmittelbar auf Verschaffung der Mitgliedschaft, sondern zunächst nur auf Abschluss des Übernahmevertrages zu richten.[562] Da der Inhaber der Optionsanleihe das Angebot auf Abschluss des Übernahmevertrages auf Grundlage der Optionsbedingungen zumeist selbst formulieren kann, ist Leistungsklage auf Annahme dieses Angebotes zu erheben.[563] Bei Vorliegen eines entsprechenden Titels kann der vorvertragliche Anspruch im Wege der Zwangsvollstreckung nach § 894 ZPO durchgesetzt werden.

Ist dem Inhaber der Optionsanleihe statt eines vorvertraglichen Anspruchs ein Optionsrecht im bürgerlich-rechtlichen Verständnis eingeräumt worden, kann er durch einseitige Willenserklärung den Übernahmevertrag unmittelbar herbeiführen. Gerichtlicher Hilfe für das Zustandekommen des Übernahmevertrages bedarf es nicht.

Auch der nunmehr durch Abschluss des Übernahmevertrages begründete Anspruch auf Verschaffung der Mitgliedschaft ist gerichtlich durchsetzbar und begründet – entgegen teilweise vertretener Auffassung – nicht lediglich eine Schadensersatzverpflichtung bei Zuwiderhandlung.[564] Ein Verstoß gegen den Grundsatz der Satzungsautonomie liegt darin nicht, da die Gesellschafter in voller Freiheit und unter Beachtung der für eine Kapitalerhöhung geltenden

---

562 Vgl. allg. zu Vorverträgen *Armbrüster*, in: Erman, BGB, Vorb. § 145 Rn. 50.

563 Vgl. BGH WM 1994, 752 (753 f.); BGH NJW 2001, 1272 (1273); BGH NJW 2006, 2843 (Rn. 26); BGHZ 191, 139 (Rn. 34) = NJW 2012, 373; *Armbrüster*, in: Erman, BGB, Vorb. § 145 Rn. 50; *Bork*, in: Staudinger, BGB, Vorb. § 145 Rn. 67.

564 *Eimer*, Zeichnungsverträge und Zeichnungsvorverträge, S. 168 ff.; vgl. *Milch*, BB 2016, 1538 (1539); allg. zu Verpflichtungen der Gesellschaft zur Satzungsänderung *Bayer*, in: Lutter/Hommelhoff, GmbHG, § 53 Rn. 40; *Harbarth*, in: MüKoGmbHG, § 53 Rn. 138; *Hoffmann*, in: MHLS, GmbHG, § 53 Rn. 51; *Priester/Tebben*, in: Scholz, GmbHG, § 53 Rn. 35; *Ulmer/Casper*, in: UHL, GmbHG, § 53 Rn. 42; *Fleck*, ZGR 1988, 104 (115 f.); a.A. *Servatius*, in: Baumbach/Hueck, GmbHG, § 55 Rn. 40.

Regeln die Eingehung der Bindung beschlossen haben.[565] Von einem „Eingriff in die freie Willensbildung der Gesellschafterversammlung“[566] kann somit nicht die Rede sein.[567]

Das gegen die GmbH erstrittene Urteil ersetzt nach § 894 ZPO sowohl den Kapitalerhöhungs- als auch den Zulassungsbeschluss.[568] Zwar betrifft § 894 ZPO nach seinem Wortlaut allein die Abgabe einer Willenserklärung. Doch ist allgemein anerkannt, dass der Anwendungsbereich des § 894 ZPO nicht formal, sondern wertend zu bestimmen und der Begriff der Willenserklärung vor dem Hintergrund einer möglichst effektiven Durchsetzung des Vollstreckungsziels zu betrachten ist.[569]

Da für das Entstehen der Geschäftsanteile darüber hinaus die Eintragung der Kapitalerhöhung im Handelsregister erforderlich ist, werden die dafür notwendigen Erklärungen und Handlung von dem auf Verschaffung der Mitgliedschaft gerichteten Titel ebenfalls umfasst.[570] So wird etwa die zur Eintragung der Kapitalerhöhung erforderliche Anmeldungserklärung nach § 894 ZPO fingiert.[571] Die Abfassung des gemäß § 54 Abs. 1 S. 2 HS. 1 GmbHG beizufügenden vollständigen Wortlauts des geänderten Gesellschaftsvertrages ist im Wege der Ersatzvornahme nach § 887 ZPO zu vollstrecken, da aufgrund der Möglichkeit, den bisherigen, beim Handelsregister eingereichten Satzungswortlaut elektronisch abzurufen (§ 9 HGB), die Mitwirkung der

565 *Fleck*, ZGR 1988, 104 (116).

566 RGZ 170, 358 (371 f.); ähnlich bereits RGZ 112, 273 (279): „Denn jedenfalls geht es nicht an, durch äußeren Zwang in die Willensbildung des Körperschaftsorgans, als das die Gesellschafterversammlung sich darstellt, einzugreifen.“; RGZ 160, 257 (262): „mit den Vorschriften über die Willensbildung der Gesellschafterversammlung [...] unvereinbar“.

567 *Fleck*, ZGR 1988, 104 (116).

568 *Eimer*, Zeichnungsverträge und Zeichnungsvorverträge, S. 168; *Milch*, BB 2016, 1538 (1539); vgl. ferner *Bayer*, in: Lutter/Hommelhoff, GmbHG, § 53 Rn. 40; *Harbarth*, in: MüKoGmbHG, § 53 Rn. 138; *Hoffmann*, in: MHLS, GmbHG, § 53 Rn. 51; *Priester/Tebben*, in: Scholz, GmbHG, § 53 Rn. 35; *Ulmer/Casper*, in: UHL, GmbHG, § 53 Rn. 42; *Fleck*, ZGR 1988, 104 (116).

569 *Hoffmann*, in: MHLS, GmbHG, § 53 Rn. 51; *Fleck*, ZGR 1988, 104 (115); *Eimer*, Zeichnungsverträge und Zeichnungsvorverträge, S. 168.

570 *Hoffmann*, in: MHLS, GmbHG, § 53 Rn. 51.

571 *Hoffmann*, in: MHLS, GmbHG, § 53 Rn. 51; *Ulmer/Casper*, in: UHL, GmbHG, § 53 Rn. 42; *Milch*, BB 2016, 1538 (1539); allg. zu Registererklärungen *Gruber*, in: MüKoZPO, § 894 Rn. 2; *Lackmann*, in: Musielak/Voit, ZPO, § 894 Rn. 5.

Gesellschaft nicht erforderlich ist.[572] Die Bescheinigung des Notars gemäß § 54 Abs. 1 S. 2 HS. 2 GmbHG kann der Gläubiger nach § 896 ZPO selbst einholen.[573] Eine Vollstreckungshandlung ist insofern nicht notwendig.[574]

572 *Harbarth*, in: MüKoGmbHG, § 53 Rn. 138; *Hoffmann*, in: MHLS, GmbHG, § 53 Rn. 51; zum elektronischen Abrufverfahren *Merkt*, in: Baumbach/Hopt, HGB, § 9 Rn. 4.

573 *Harbarth*, in: MüKoGmbHG, § 53 Rn. 138; *Hoffmann*, in: MHLS, GmbHG, § 53 Rn. 51.

574 *Hoffmann*, in: MHLS, GmbHG, § 53 Rn. 51.

## § 12 Die Einlageleistung

### *A. Grundsatz*

Aus dem Übernahmevertrag, welchen der Optionsberechtigte zu den in den Optionsbedingungen festgelegten Konditionen durch Ausübung seines Optionsrechts herbeiführen kann, folgt seine Pflicht als Übernehmer zur Leistung einer Einlage.[575] In aller Regel sehen die Optionsbedingungen den Abschluss eines Übernahmevertrages vor, nach welchem eine Geldleistung, also eine Bareinlage (sog. „Optionspreis") geschuldet ist.[576] Selbstverständlich kann allerdings auch eine Sacheinlage vorgesehen werden.

Im Hinblick auf die Erfüllung der Einlagepflicht gelten die allgemeinen Grundsätze. Mithin kommen gemäß §§ 56, 56a GmbHG die gleichen Regeln wie im Falle der Gründung der GmbH zur Anwendung.[577]

### *B. Die wirtschaftliche Annäherung von Options- an Wandelanleihen*

#### *I. Die Schuldverschreibung als Gegenstand der Einlage*

Teils sehen Optionsbedingungen vor, dass der Inhaber der Optionsanleihe die nach dem Abschluss des Zeichnungs- bzw. Übernahmevertrages geschuldete Einlage durch Übertragung der mit dem Optionsrecht verbundenen Schuldverschreibung zu erbringen hat. Alternativ kommt in Betracht, die Optionsbedingungen mit Bestimmungen zu versehen, welche es dem Inhaber der Optionsanleihe lediglich erlauben, die Einlageschuld durch die Hingabe der Schuldverschreibung zu erfüllen.[578] Hierzu kann etwa die Einlageschuld als

---

575 BGHZ 140, 258 (261) = NJW 1999, 1252; BGH NJW 2015, 3786 (Rn. 16); BayObLG NZG 2002, 585 (586); *Altmeppen*, GmbHG, § 55 Rn. 17; *Servatius*, in: Baumbach/Hueck, GmbHG, § 55 Rn. 31; *Priester/Tebben*, in: Scholz, GmbHG, § 55 Rn. 96.

576 *Fest*, in: Hopt/Seibt, AktG, § 221 Rn. 222; *Florstedt*, in: KölnerKomm, AktG, § 221 Rn. 472; *Habersack*, in: MüKoAktG, § 221 Rn. 229; *Koch*, in: Hüffer/Koch, AktG, § 194 Rn. 3; *Stadler*, in: Bürgers/Körber/Lieder, AktG, § 221 Rn. 2.

577 Vgl. *Habersack*, in: MüKoAktG, § 221 Rn. 229; zur Erfüllung der Einlagepflicht *Altmeppen*, GmbHG, § 55 Rn. 51.

578 Vgl. *Fest*, in: Hopt/Seibt, AktG, § 221 Rn. 222 ff.; *Florstedt*, in: KölnerKomm, AktG, § 221 Rn. 473; *Habersack*, in: MüKoAktG, § 221 Rn. 34, 237; *Hirte*, in: Kein Zeilenumbruch., § 221 Rn. 13, 208; *Merkt*, in: K. Schmidt/Lutter, AktG, § 221 Rn. 39; *Scholz*, in: MHdB-GesR IV, § 64 Rn. 7; *Schumann*, Optionsanleihen, S. 63; *Linnhoff*, Optionsanleihen, S. 193; *Kjer*, Optionsanleihen, S. 290 ff.

Wahlschuld i.S.d. §§ 262 ff. BGB ausgestaltet werden.[579] Der Übernehmer kann in diesem Fall die Einlage nach seiner Wahl durch Zahlung des Optionspreises oder aber durch Übertragung der Schuldverschreibung erbringen.[580] Die zu erbringende Leistung steht nicht von Anfang an fest, sondern kann später durch den Übernehmer konkretisiert werden.[581]

Ein der Wahlschuld wirtschaftlich entsprechendes Ergebnis kann dadurch bewirkt werden, dass dem Inhaber der Optionsanleihe eine Ersetzungsbefugnis (*facultas alternativa*) im Hinblick auf die Tilgung seiner Optionspreisschuld eingeräumt wird.[582] Diese erlaubt es ihm ebenfalls, den Optionspreis wahlweise in bar oder aber durch Hingabe der Schuldverschreibung zu erfüllen. Im Unterschied zur Wahlschuld ist die Leistungspflicht des Übernehmers zwar von Anfang an konkret festgelegt; doch ist der Übernehmer berechtigt, durch eine andere als die vorrangig geschuldete Leistung Erfüllung herbeizuführen.[583]

Die vorstehenden Gestaltungsformen erleichtern dem Inhaber der Optionsanleihe die Leistung der Einlage und schonen – soweit die Einlage durch die Übertragung der Schuldverschreibung erbracht wird – dessen Liquidität, da kein oder zumindest weniger Kapital zur Bezahlung des Optionspreises aufgebracht werden muss.[584]

### *II. Die Unterscheidung zwischen Optionsanleihen bei Inzahlungnahme der Anleihe und Wandelanleihen*

Indessen drängt sich die Frage auf, wie entsprechende Optionsanleihen bei Inzahlungnahme der Anleihe von Wandelanleihen abzugrenzen sind. Schließlich wurde eingangs festgehalten, dass sich Wandel- und Optionsanleihen grundsätzlich durch das Schicksal der Schuldverschreibung bei Ausübung des Aktien- bzw. Anteilserwerbsrechts unterscheiden: Der Inhaber einer Wandelanleihe kann Aktien bzw. Geschäftsanteile nur unter Aufgabe der in der

579 *Fest*, in: Hopt/Seibt, AktG, § 221 Rn. 224; s. zur Zulässigkeit der Vereinbarung einer Wahlschuld *Ulmer/Casper*, in: HCL, GmbHG, § 5 Rn. 49.

580 *Fest*, in: Hopt/Seibt, AktG, § 221 Rn. 224; *Frey*, in: GroßKommAktG, § 194 Rn. 53; s. eing. zur Einlageschuld als Wahlschuld *Altmeppen*, GmbHG, § 19 Rn. 58 f.; *Ulmer/Casper*, in: HCL, GmbHG, § 5 Rn. 49.

581 Vgl. zur Wahlschuld allgemein *Krafka*, in: BeckOGK-BGB, § 262 Rn. 2.

582 *Fest*, in: Hopt/Seibt, AktG, § 221 Rn. 225; *Florstedt*, in: KölnerKomm, AktG, § 221 Rn. 473.

583 Vgl. statt aller *Krafka*, in: BeckOGK-BGB, § 262 Rn. 5; *Lorenz*, in: BeckOK-BGB, § 262 Rn. 13; *Krüger*, in: MüKoBGB, § 262 Rn. 8.

584 *Schumann*, Optionsanleihen, S. 63.

Schuldverschreibung verbrieften Rechte beziehen; die Rechte aus der Schuldverschreibung und das Wandlungsrecht können nicht kumulativ geltend gemacht werden.[585] Bei Optionsanleihen hingegen stehen Schuldverschreibung und Aktien- bzw. Anteilsbezugsrecht im Grundsatz nicht in einem Verhältnis der Alternativität.[586] Vielmehr können die Rechte aus der Schuldverschreibung und das Bezugsrecht gemeinhin nebeneinander geltend gemacht werden.[587] Sehen Optionsbedingungen jedoch vor, dass der Inhaber der Optionsanleihe die geschuldete Einlage durch die Übertragung der mit dem Optionsrecht verbundenen Schuldverschreibung zu erbringen hat, stehen auch bei der Optionsanleihe die Rechte aus der Schuldverschreibung und das Bezugsrecht in einem Alternativverhältnis zueinander. Um sich des dennoch bestehenden Unterschiedes zu Wandelanleihen bewusst zu werden, ist die dogmatische Grundlage des Wandlungsrechts i.S.v. § 221 Abs. 1 S. 1 Alt. 1 AktG zu beleuchten.

Nach heute einhelliger Auffassung ist das Wandlungsrecht als eine Ersetzungsbefugnis (*facultas alternativa*) des Inhabers der Wandelanleihe als Gläubiger der Gesellschaft zu qualifizieren.[588] Die Ausübung des Wandlungsrechts bewirkt, dass an die Stelle der bisher von der Gesellschaft geschuldeten Leistung – scil. Verzinsung und Tilgung des Schuldverschreibungsbetrages – eine andere geschuldete Leistung – scil. die Verschaffung von Geschäftsanteilen bzw. Aktien der Gesellschaft – tritt.[589] Die Ersetzung der von der Gesellschaft geschuldeten Leistung verändert zugleich den Charakter der ursprünglich auf die Anleihe geleisteten Zahlung.[590] Sie wird nunmehr als Einlage auf die mit der Wandlung begehrten Geschäftsanteile bzw. Aktien angesehen.[591] Die

585 Statt aller *Merkt*, in: K. Schmidt/Lutter, AktG, § 221 Rn. 29.

586 Vgl. statt aller *Merkt*, in: K. Schmidt/Lutter, AktG, § 221 Rn. 35.

587 *Merkt*, in: K. Schmidt/Lutter, AktG, § 221 Rn. 35.

588 Statt aller *Habersack*, FS Nobbe, 2009, 539 (547 f.); *Fest*, in: Hopt/Seibt, AktG, § 221 Rn. 73; *Florstedt*, in: KölnerKomm, AktG, § 221 Rn. 274; *Habersack*, in: MüKoAktG, § 221 Rn. 30; *Haberstock/Greitemann*, in: Hölters, AktG, § 221 Rn. 92; *Hirte*, in: GroßKommAktG, § 221 Rn. 207; *Koch*, in: Hüffer/Koch, AktG, § 221 Rn. 4; *Merkt*, in: K. Schmidt/Lutter, AktG, § 221 Rn. 30; *Rieder/Holzmann*, in: Grigoleit, AktG, § 221 Rn. 5; *Schumann*, Optionsanleihen, S. 31; *Rusch*, Die Wandelschuldverschreibung, S. 44 f., 67; *Meyer*, BB 1955, 549; s. allg. zur *facultas alternativa Krüger*, in: MüKoBGB, § 262 Rn. 8 ff.

589 *Florstedt*, in: KölnerKomm, AktG, § 221 Rn. 274; *Habersack*, in: MüKoAktG, § 221 Rn. 226; *Schumann*, Optionsanleihen, S. 31.

590 *Schumann*, Optionsanleihen, S. 31; ferner *Habersack*, FS Nobbe, 2009, 539 (548); *Kalisch*, JW 1925, 573 (574 f.).

591 *Rusch*, Die Wandelschuldverschreibung, S. 67; *Schumann*, Optionsanleihen, S. 31.

Umwidmung des Anleihekapitals hat zur Folge, dass zu keinem Zeitpunkt eine eigenständige Einlageschuld entsteht.[592]

Im Gegensatz dazu hat die Ausübung des Optionsrechts, auch wenn die Optionsbedingungen die Hingabe der Schuldverschreibung als Einlage vorsehen, zunächst keinerlei Auswirkungen auf das Schicksal der Schuldverschreibung. Infolge der Ausübung des Optionsrechts wird ein Zeichnungs- bzw. Übernahmevertrag geschlossen und eine Einlageschuld zur Entstehung gebracht.[593] Erst nach der Entstehung der Einlageschuld leistet der Optionsberechtigte – in einem zumindest gedanklich gesonderten Akt – durch die Hingabe der Schuldverschreibung die Einlage.[594]

Selbst wenn Optionsanleihen ebenfalls eine Ersetzungsbefugnis vorsehen, besteht ein Unterschied zu Wandelanleihen. Die Ersetzungsbefugnis des Inhabers der Optionsanleihe erlaubt, die Optionspreisschuld durch Hingabe der Schuldverschreibung zu erfüllen. Die Ersetzungsbefugnis bezieht sich somit allein auf die Modalität der Erfüllung der bestehenden Optionspreisschuld.[595] Es handelt sich um eine Ersetzungsbefugnis des Inhabers der Optionsanleihe als *Schuldner* der Gesellschaft und nicht wie im Falle der Wandelanleihe um eine Ersetzungsbefugnis des Inhabers der Wandelanleihe als *Gläubiger* der Gesellschaft.[596]

Damit ist festzuhalten, dass sich Optionsanleihen durch Verrechnungsabreden zwar in wirtschaftlicher Hinsicht an Wandelanleihen annähern lassen.[597] Die wirtschaftlichen Parallelen können jedoch nicht über die weiterhin bestehenden rechtlichen Unterschiede hinwegtäuschen.

### *III. Verbreitete Gestaltungsformen in der Praxis*

Die vorstehend erörterten Gestaltungsformen von Inzahlungnahmevereinbarungen wurden im Aktienrecht in der Praxis allerdings lange Zeit bewusst vermieden.[598] Grund dafür war, dass grundsätzlich eine Sacheinlage vorliegt, soweit der Optionspreis durch die Hingabe der Schuldverschreibung erfüllt wird. Man

592 *Habersack*, in: MüKoAktG, § 221 Rn. 30, 34.

593 *Habersack*, in: MüKoAktG, § 221 Rn. 34.

594 *Habersack*, in: MüKoAktG, § 221 Rn. 34; *Merkt*, in: K. Schmidt/Lutter, AktG, § 221 Rn. 39.

595 *Habersack*, in: MüKoAktG, § 221 Rn. 34; *Karollus*, in: GHEK, AktG, § 221 Rn. 158; *Merkt*, in: K. Schmidt/Lutter, AktG, § 221 Rn. 37; *Schumann*, Optionsanleihen, S. 32.

596 *Schumann*, Optionsanleihen, S. 32; vgl. *Karollus*, in: GHEK, AktG, § 221 Rn. 158.

597 *Merkt*, in: K. Schmidt/Lutter, AktG, § 221 Rn. 39 dort auch zum folgenden Text.

598 *Schumann*, Optionsanleihen, S. 63.

versuchte, die Anwendung der Sacheinlagevorschriften mit ihren nachteiligen Rechtsfolgen – insbesondere der Werthaltigkeitsprüfung – zu vermeiden, indem man sich vermeintlich alternativer Gestaltungsvarianten bediente, die bis heute verbreitet sind (sog. „Quasi-Inzahlungnahme").[599] So wird mitunter in den Optionsbedingungen vorgesehen, dass der aus der Schuldverschreibung folgende Zahlungsanspruch zeitgleich mit der Ausübung des Optionsrechts fällig wird oder durch Kündigung fällig gestellt werden kann.[600] Nachdem die Gesellschaft die Forderung getilgt hat, soll der Übernehmer den dadurch erhaltenen Betrag als Bareinlage an die Gesellschaft leisten können.[601] Alternativ wird in den Anleihebedingungen eine Verrechnung des Rückzahlungsbetrags mit dem Optionspreis vorgesehen.[602]

Diese Art der Ausgestaltung mag überraschen. Schließlich gelten hinsichtlich der Erfüllung der Einlagepflicht die gleichen Grundsätze wie im Falle der Gründung der GmbH (vgl. §§ 56, 56a GmbHG). Nach diesen sind die beiden letztgenannten Ausgestaltungen aber grundsätzlich unzulässig: Die Verrechnung der Einlageforderung gegen den Rückzahlungsanspruch aus der Schuldverschreibung bewirkt wirtschaftlich betrachtet, dass Gegenstand der Einlageleistung des Optionsberechtigten keine Barzahlung, sondern die aus der Schuldverschreibung folgende Forderung gegen die Gesellschaft ist. Es läuft daher auf eine verdeckte Sacheinlage hinaus, wenn die Gesellschaft aufgrund einer entsprechenden Verpflichtung in den Anleihebedingungen – also einer „Vorabsprache" – nach der Ausübung des Optionsrechts mit der Einlageforderung gegen den aus der Schuldverschreibung folgenden Rückzahlungsanspruch aufrechnet.[603]

Entsprechendes gilt, wenn die Gesellschaft gemäß den Anleihebedingungen nach Ausübung des Optionsrechts die Rückzahlungsforderung des

599 *Schumann*, Optionsanleihen, S. 64; vgl. *Karollus*, in: GHEK, AktG, § 221 Rn. 25.

600 *Fest*, in: Hopt/Seibt, § 221 Rn. 227; *Habersack*, in: MüKoAktG, § 221 Rn. 238; *Karollus*, in: GHEK, AktG, § 221 Rn. 25.

601 Vgl. *Habersack*, in: MüKoAktG, § 221 Rn. 238; *Karollus*, in: GHEK, AktG, § 221 Rn. 25.

602 *Fest*, in: Hopt/Seibt, AktG, § 221 Rn. 227; *Habersack*, in: MüKoAktG, § 221 Rn. 238; *Karollus*, in: GHEK, AktG, § 221 Rn. 25; *Schumann*, Optionsanleihen, S. 64.

603 So im Grundsatz auch *Hirte*, in: GroßKommAktG, § 221 Rn. 216; vgl. BGH NJW 1979, 216; *Altmeppen*, GmbHG, § 19 Rn. 71, 76; *Fastrich*, in: Baumbach/Hueck, GmbHG, § 19 Rn. 40; *Priester/Tebben*, in: Scholz, GmbHG, § 56 Rn. 65; *Schwandtner*, in: MüKoGmbHG, § 19 Rn. 94, 123; *Veil*, in: Scholz, GmbHG, § 19 Rn. 81, 93; *Gehrlein*, Der Konzern 2007, 771 (784); *Veil*, ZIP 2007, 1241 (1245); *Heinze*, GmbHR 2008, 1065 (1068).

Anleihegläubigers zu tilgen und der Optionsberechtigte den dadurch erhaltenen Betrag als Bareinlage wiederum an die Gesellschaft zu leisten hat. Auch in diesem Fall erhält die Gesellschaft bei wirtschaftlicher Betrachtung der als zusammengehörig zu bewertenden Zahlungsvorgänge lediglich die Befreiung von einer Verbindlichkeit. Es liegt somit ebenfalls eine verdeckte Sacheinlage einer Forderung gegen die Gesellschaft vor.[604]

Die heute herrschende Meinung geht dennoch von der Zulässigkeit entsprechender Klauseln aus.[605] Zudem sollen nach herrschender Meinung die Sacheinlagevorschriften keine Anwendung finden, wenn der Optionspreis durch die Hingabe der Schuldverschreibung erfüllt wird.[606] Begründet wird dies mit der entsprechenden Anwendung des § 194 Abs. 1 S. 2 AktG.[607] Dieser statuiert für Wandelanleihen, dass der Umtausch von Schuldverschreibungen gegen Bezugsaktien nicht als Sacheinlage gilt. Entsprechendes soll in Anbetracht der wirtschaftlichen Parallelen auch für die Inzahlungnahme der Schuldverschreibungen bei Optionsanleihen gelten.

Im Folgenden ist der Frage nachzugehen, inwieweit dieser Auffassung gefolgt werden kann. Dazu sind zunächst Bedeutung und Reichweite des § 194 Abs. 1 S. 2 AktG zu ermitteln (dazu unter IV.). Basierend auf den gewonnenen Erkenntnissen wird erörtert, ob § 194 Abs. 1 S. 2 AktG analog auf Optionsanleihen bei der (Quasi-)Inzahlungnahme der Schuldverschreibung anzuwenden ist (dazu unter V.).

---

604 Vgl. BGHZ 113, 340 (345) = NJW 1991, 1754; BGHZ 125, 141 (142) = ZIP 1994, 701; BGH DNotZ 2016, 549 (551); *Altmeppen*, GmbHG, § 19 Rn. 73; *Lieder*, in: MüKoGmbHG, § 56 Rn. 61; *Servatius*, in: Baumbach/Hueck, GmbHG, § 56 Rn. 4; *Schwandtner*, in: MüKoGmbHG, § 19 Rn. 203; *Wicke*, GmbHG, § 19 Rn. 33; *Priester*, ZIP 1991, 345 (354); *ders.*, ZIP 1996, 1025; *ders.*, DStR 2010, 494 (500).

605 Vgl. statt aller *Fest*, in: Hopt/Seibt, AktG, § 221 Rn. 222 ff.; *Habersack*, in: MüKoAktG, § 221 Rn. 35; *Merkt*, in: K. Schmidt/Lutter, AktG, § 221 Rn. 35.

606 Vgl. statt aller *Apfelbacher/Niggemann*, in: Hölters, AktG, § 194 Rn. 7; *Fuchs*, in: MüKoAktG, § 194 Rn. 14; *Koch*, in: Hüffer/Koch, § 194 Rn. 3 jew. m.w.N.

607 Eing. S. 165 ff.; der Wortlaut der Norm („Umtausch“) lässt darauf schließen, dass der unmittelbare Anwendungsbereich auf Wandelanleihen begrenzt ist, so auch *Bungeroth*, in: GHEK, AktG, § 194 Rn. 6; *Fest*, in: Hopt/Seibt, AktG, § 221 Rn. 228; *Fuchs*, in: MüKoAktG, § 194 Rn. 5.

### *IV. Bedeutung und Reichweite des § 194 Abs. 1 S. 2 AktG*

#### *1. Meinungsstand zur dogmatischen Einordnung der Vorschrift*

Nach § 194 Abs. 1 S. 2 AktG gilt der Umtausch von Schuldverschreibungen gegen Bezugsaktien nicht als Sacheinlage. Nach früher herrschender Meinung wurde die Regelung als gesetzliche Fiktion eingestuft, da die Ausgabe neuer Aktien im Umtausch gegen Schuldverschreibungen im Grundsatz eine Kapitalerhöhung gegen Sacheinlagen sei.[608]

Demgegenüber geht die heute herrschende Meinung davon aus, § 194 Abs. 1 S. 2 AktG komme nur deklaratorische Bedeutung zu.[609] Dieser Auffassung liegt die Annahme zugrunde, der Inhaber der Schuldverschreibung ändere – wie bereits dargestellt – mit der Ausübung des Wandlungsrechts den Charakter der ursprünglich auf die Anleihe geleisteten Zahlung, die in eine Einlageleistung auf die begehrten Aktien umgewidmet werde.[610] Es werde somit nicht etwa die Schuldverschreibung als Einlage für die Aktie hingegeben, sondern der zunächst auf die Anleihe geleistete Betrag kraft Gestaltungsbefugnis zur Einlage.[611] Dieses Verständnis werde durch § 199 Abs. 2 AktG bestätigt, wonach betreffs des Verbotes der Unter-pari-Emission (vgl. § 9 Abs. 1 AktG) nur auf den Ausgabebetrag der Wandelschuldverschreibung abgestellt wird.[612]

Überwiegend wird allerdings angenommen, die unterschiedliche dogmatische Einordnung des § 194 Abs. 1 S. 2 AktG spiele aber „letztlich keine

608 *Baumbach/Hueck*, 12. Aufl. 1965, AktG, § 161 Anm. 1; *Wilhelmi*, in: von Godin/Wilhelmi, 4. Aufl. 1971, AktG, § 194 Anm. 3; *Schilling*, in: GroßKommAktG, 3. Aufl. 1973, § 194 Anm. 2; *Kastner*, JBl. 1952, 365; vgl. *Rieckers*, in: BeckOGK-AktG, § 194 Rn. 6.

609 *Bungeroth*, in: GHEK, AktG, § 194 Rn. 7 f.; *Groß*, in: Marsch-Barner/Schäfer HdB-AG, Rn. 51.64; *Habersack*, in: MüKoAktG, § 221 Rn. 230; *Hirte*, in: GroßKommAktG, § 221 Rn. 215; *Karollus*, in: GHEK, AktG, § 221 Rn. 151; *Rieder/Holzmann*, in: Grigoleit, AktG, § 194 Rn. 5 f.; *Hirte*, WM 1994, 321 (328); *Holland/Goslar*, NZG 2006, 892 (895); *Krause*, ZHR 181 (2017), 641 (670 f.); *Rusch*, Die Wandelschuldverschreibung, S. 67 f.; kritisch *Rieckers*, in: BeckOGK-AktG, § 194 Rn. 6.

610 *Bungeroth*, in: GHEK, AktG, § 194 Rn. 7; *Drygala/Staake*, in: KölnerKomm, AktG, § 194 Rn. 13; *Dürr*, in: Wachter, AktG, § 194 Rn. 4; *Groß*, in: Marsch-Barner/Schäfer, HdB-AG, Rn. 51.64; *Hirte*, in: GroßKommAktG, § 221 Rn. 215; *Rieckers*, in: BeckOGK-AktG, § 194 Rn. 6; *Rieder/Holzmann*, in: Grigoleit, AktG, § 194 Rn. 5 f.; *Hirte*, WM 1994, 321 (328); *Krause*, ZHR 181 (2017), 641 (670 f.); *Rusch*, Die Wandelschuldverschreibung, S. 67 f.; *Mackh*, Wandelschuldverschreibungen, S. 148.

611 *Habersack*, in: MüKoAktG, § 221 Rn. 230.

612 *Bungeroth*, in: GHEK, AktG, § 194 Rn. 7; *Fuchs*, in: MüKoAktG, § 194 Rn. 7; *Habersack*, in: MüKoAktG, § 221 Rn. 230; *Rieckers*, in: BeckOGK-AktG, § 194 Rn. 6.

entscheidende Rolle“[613]. Wichtig sei im Ergebnis lediglich, dass der Gesetzgeber die vollständige Anrechnung der ursprünglich für die Schuldverschreibung geleisteten Barzahlung als Einlage erlaubt.

Die Anordnung des § 194 Abs. 1 S. 2 AktG ist von erheblicher Tragweite. Sie hat zur Folge, dass rein faktisch betrachtet der in der Schuldverschreibung verbriefte Anspruch auf Rückzahlung des Anleihebetrages ohne Werthaltigkeitsprüfung stets zum Nennwert eingebracht werden kann.[614] Ob die Forderung gegen die Gesellschaft werthaltig ist, ist ohne Belang.[615] Vor diesem Hintergrund stellt sich die Frage, wie sich § 194 Abs. 1 S. 2 AktG zum Grundsatz der realen Kapitalaufbringung verhält.

### *2. Die Stellung des § 194 Abs. 1 S. 2 AktG im Kapitalaufbringungsrecht*

#### *a) Forderungen gegen die Gesellschaft als Gegenstand einer Sacheinlage*

Die dem gesamten Kapitalgesellschaftsrecht zugrundeliegende Maxime der realen Kapitalaufbringung stellt die tatsächliche und endgültige Aufbringung des in der Satzung und im Handelsregister verlautbarten Stammkapitals der Gesellschaft sicher.[616] Die Gesellschafter müssen als Äquivalent für das Privileg ihrer Haftungsbeschränkung mittels ihrer Einlage in das Gesellschaftsvermögen ein Garantiekapital aufbringen, welches der Gesellschaft im Sinne eines Betriebsfonds und Gläubigern als Haftungsfonds zur Verfügung steht.[617] Realisiert wird die Kapitalausstattung der Gesellschaft im Grundsatz durch die Zuführung von Vermögenswerten.[618] Wird im Rahmen einer Kapitalerhöhung eine Forderung gegen die Gesellschaft als Sacheinlage eingebracht, stellt dies insofern einen Sonderfall dar, als dem Gesellschaftsvermögen ausnahmsweise kein zusätzlicher Vermögensgegenstand zugeführt wird, der aktiviert werden könnte.[619] Vielmehr

---

613 *Fuchs*, in: MüKoAktG, § 194 Rn. 7; vgl. auch *Apfelbacher/Niggemann*, in: Hölters, AktG, § 194 Rn. 6; *Karollus*, in: GHEK, AktG, § 221 Rn. 151; *Rieckers*, in: BeckOGK-AktG, § 194 Rn. 6.

614 *Arnold*, FS Hoffmann-Becking, 2013, 29 (42); *Schnorbus/Trapp*, ZGR 2010, 1023 (1029); *Bayer*, AG 2012, 141 (150 f.); *Seibert/Böttcher*, ZIP 2012, 12 (16).

615 *Seiler*, in: BeckOGK-AktG, § 221 Rn. 83.; *Schnorbus/Trapp*, ZGR 2010, 1023 (1029).

616 Vgl. statt aller *Katzenstein*, in: BeckOGK-AktG, § 27 Rn. 3.

617 *Lutter*, FS Stiefel, 1987, 505; *Katzenstein*, in: BeckOGK-AktG, § 27 Rn. 3; *Verse*, in: Scholz, GmbHG, § 30 Rn. 2 jew. m.W.N.

618 *Leitzen*, in: MHLS, GmbHG, § 5 Rn. 69; *K. Schmidt*, ZHR 154 (1990), 237 (248); *Priester*, DB 2010, 1445 (1447) jew. m.wN.

619 Statt aller *Kleindiek*, FS Hommelhoff, 2012, 543 (552); *Arnold*, FS Hoffmann-Becking, 2013, 29 (39) dort auch folgender Text; ferner *Ekkenga*, DB 2012, 331 (334).

wird Fremdkapital lediglich in Eigenkapital umgewandelt. Es handelt sich mithin um einen reinen Passivtausch. Dennoch sind Forderungen gegen die Gesellschaft nach heute wohl einhelliger Meinung tauglicher Einlagegegenstand.[620] Dem liegt der Gedanke zugrunde, dass die Forderung gegen die Gesellschaft durch ihre Einbringung im Wege der Konfusion erlischt.[621] Wenn und weil eine entsprechende Schuldentlastung das Schuldendeckungspotential der Gesellschaft in gleicher Weise wie die Zuführung neuer Vermögenswerte erhöht, ist eine Gleichbehandlung geboten.

Uneinigkeit besteht jedoch seit langem darüber, zu welchem Wert Forderungen gegen die Gesellschaft eingebracht werden können. Teile des Schrifttums plädieren dafür, dass eine gegen die Gesellschaft gerichtete Forderung stets zu ihrem Nennwert eingebracht werden kann (sog. „Nennwertthese").[622] Die Bewertung der Forderung müsse aus Sicht der Gesellschaft erfolgen.[623] Deren Verbindlichkeiten sind gemäß § 253 Abs. 1 S. 2 HGB in der Bilanz zum Nennwert zu passivieren.[624] Eine Abwertung in der Bilanz ist – unabhängig von dem Realisationswert der Forderung – unzulässig.[625] Werde nunmehr die Forderung als Einlage eingebracht, werde die Gesellschaft, da sie die Forderung zum Nennwert

620 BGHZ 15, 52 (60) = NJW 1954, 1842; BGHZ 110, 47 (60) = NJW 1990, 982 – IBH/Lemmertz (zur AG); BGHZ 113, 335 (341) = NJW 1991, 1754; BGHZ 145, 150 (155) = NJW 2001, 67; OLG Schleswig, NZG 2001, 566 (568); *Altmeppen*, GmbHG, § 5 Rn. 30; *Bayer*, in: K. Schmidt/Lutter, AktG, § 27 Rn. 16; *Born*, in: GBS, GmbHG, § 5 Rn. 32 ff.; *Fastrich*, in: Baumbach/Hueck, GmbHG, § 5 Rn. 28; *Leitzen*, in: MHLS, GmbHG, § 5 Rn. 89; *Schmidt-Leithoff*, in: Rowedder/Schmidt-Leithoff, GmbHG, § 5 Rn. 29; *Schwandtner*, in: MüKoGmbHG, § 5 Rn. 124; *Solveen*, in: Hölters, AktG, § 27 Rn. 8; *Ulmer/Casper*, in: HCL, GmbHG, § 5 Rn. 68; *Veil*, in: Scholz, GmbHG, § 5 Rn. 46; *Pentz*, in: MüKoAktG, § 27 Rn. 29; *Schall*, in: GroßkommAktG, § 27 Rn. 181; a.A. *Schnorr von Carolsfeld*, DNotZ 1963, 418.

621 *Altmeppen*, GmbHG, § 5 Rn. 30.

622 *Geßler*, FS Möhring, 1975, 173 (181); *Schwandtner*, in: MüKoGmbHG, § 5 Rn. 127 ff.; *Reuter*, BB 1978, 1195; *Meilicke*, DB 1989, 1119 (1124); *Karollus*, ZIP 1994, 589 (594 ff.); *Hannemann* DB 1995, 2055 f.; *Cahn/Simon/Theiselmann*, DB 2010, 1629 ff.; *Cahn/Simon/Theiselmann*, DB 2012, 501 ff.; *Wansleben*, WM 2012, 2083 ff.; *Frey*, Einlagen in Kapitalgesellschaften, S. 55; *Mackh*, Wandelschuldverschreibungen, S. 161.

623 *Karollus*, ZIP 1994, 589 (595); *Maier-Reimer*, Gesellschaftsrecht in der Diskussion 2011, 107 (124 f.); *Wansleben*, WM 2012, 2083 (2086).

624 Statt aller *Poll*, in: BeckOK-HGB, § 253 Rn. 11; *Tiedchen*, in: MüKoBilanzR, § 253 Rn. 20 jew. m.w.N.

625 *Ballwieser*, in: MüKoHGB, § 253 Rn. 67; *Tiedchen*, in: MüKoBilanzR, HGB, § 253 Rn. 24; *Wansleben*, WM 2012, 2083 (2086).

zu passivieren hat, auch in dieser Höhe von der Verbindlichkeit frei.[626] Mithin erhalte sie aus ihrer Sicht stets einen Gegenwert in Höhe des Nennbetrages der Forderung.[627]

Die herrschende Meinung lehnt das zu Recht ab.[628] Die eingangs geäußerte Behauptung, das Erlöschen einer Schuld sei betreffs der Erhöhung des Schuldendeckungspotentials einer Zuführung neuen Aktivvermögens gleichzustellen, ist dahingehend zu konkretisieren, dass dies nur der Fall ist, wenn und weil durch das Erlöschen der Schuld *vorhandenes* Aktivvermögen zur Deckung anderer Verbindlichkeiten verfügbar wird, welches zuvor als Schuldendeckungsmasse der eingebrachten Forderung wirtschaftlich zugeordnet und somit „neutralisiert" worden war.[629] Erkennt man, dass allein die Freisetzung vorhandenen Aktivvermögens zum Zwecke der Deckung anderer Verbindlichkeiten eine

626 *Schwandtner*, in: MüKoGmbHG, § 5 Rn. 129; *Hannemann*, DB 1995, 2055 f.; *Cahn/Simon/Theiselmann*, CFL 2010, 238 (242 ff.); *Simon*, CFL 2010, 448 (451 ff.); *Cahn/Simon/Theiselmann*, DB 2012, 501 ff.; *Wansleben*, WM 2012, 2083 (2086).

627 *Geßler*, in FS Möhring, 1975, 173 (181); *Hoffmann*, BB 1992, 575 (577); *Krolop*, GmbHR 2007, 117 (119); *Wansleben*, WM 2012, 2083 (2086); vgl. ferner *Mackh*, Wandelschuldverschreibungen, S. 159 f.

628 BGHZ 110, 47 (61) = NJW 1990, 982 – IBH/Lemmertz; BGHZ 113, 335 (341 f.) = NJW 1991, 1754; BGHZ 125, 141 (145 f.) = NJW 1994, 1477; OLG Schleswig, NZG 2001, 566 (568); *Altmeppen*, FS Hommelhoff, 2012, 1 (13 ff.); *Kleindiek*, FS Hommelhoff, 2012, 543 ff.; *Arnold*, FS Hoffmann-Becking, 2013, 29 (41 f.); *Wiedemann*, FS Hoffmann-Becking, 2013, 1387 (1392 f.); *Habersack*, FS Kübler, 2015, 219 (220 f.); *Altmeppen*, GmbHG, § 5 Rn. 27 ff., § 56 Rn. 6 ff.; *Born*, in: GBS, GmbHG, § 5 Rn. 34; *Fastrich*, in: Baumbach/Hueck, GmbHG, § 5 Rn. 28; *Katzenstein*, in: BeckOGK-AktG, § 27 Rn. 39; *Koch*, in: Hüffer/Koch, AktG, § 27 Rn. 17; *Leitzen*, in: MHLS, GmbHG, § 5 Rn. 91; *Pentz*, in: MüKoAktG, § 27 Rn. 29; *Ulmer/Casper*, in: HCL, GmbHG, § 5 Rn. 69; *Veil*, in: Scholz, GmbHG, § 5 Rn. 46; *Priester*, DB 2010, 1445 ff.; *Hirte/Knof/Mock*, DB 2011, 632 (642); *Hölzle*, NZI 2011, 124 (128 f.); *K. Schmidt*, BB 2011, 1603 (1608 f.); *Ekkenga*, DB 2012, 331 ff.; *K. Schmidt*, ZGR 2012, 566 (573 f.); *Weber/Schneider*, ZInsO 2012, 374 (375 f.); *Seibt/Schulz*, CFL 2012, 313 (327); *H.-F. Müller*, KTS 2012, 419 (447 f.); *Lieder*, in Bayer/Koch, Aktuelles GmbH-Recht, 2013, 142 (158 f.); *Brünkmans*, ZInsO 2017, 1401 (1406 f.); *Häfele*, Die Treuepflicht der Aktionäre bei der vorinsolvenzrechtlichen Sanierung durch einen Debt Equity Swap, S. 61 ff.; *Kleine*, Der Umtausch von Forderungen in Nennkapital, S. 80 ff., 137 ff.; *Segmiller*, Kapitalmaßnahmen im Insolvenzplan, S. 185 ff.

629 *Kleindiek*, FS Hommelhoff, 2012, 543 (552); *Arnold*, FS Hoffmann-Becking, 2013, 29 (41); *Leitzen*, in: MHLS, GmbHG, § 5 Rn. 91; *Henze*, ZHR 154 (1990), 105 (121); *Ekkenga*, ZGR 2009, 581 (594); *Priester*, DB 2010, 1445 (1447); *Ekkenga*, DB 2012, 331 (334).

Kapitalerhöhung mittels der Einbringung einer Forderung gegen die Gesellschaft rechtfertigt, muss eine Nennwertanrechnung jedenfalls dann ausscheiden, wenn die Gesellschaft überschuldet ist.[630] In diesem Fall stehen der eingebrachten Forderung auf der Aktivseite keine Vermögenswerte gegenüber, die durch das Erlöschen der Schuld in vollem Umfang zur Deckung anderer Verbindlichkeiten frei werden.[631] Vielmehr wird nur der Anteil an dem noch vorhandenen Gesellschaftsvermögen frei, welcher der eingebrachten Forderung wirtschaftlich zugeordnet war und somit zum Ausgleich hätte herangezogen werden können.[632] Allenfalls in diesem Umfang ist die eingebrachte Forderung werthaltig. Könnte die Forderung gegen die Gesellschaft zu ihrem Nennwert eingebracht werden, wäre der dem Grundsatz der realen Kapitalaufbringung immanente Zusammenhang von Mittelzufluss und Garantiekapital aufgehoben.[633] Könnte etwa eine überschuldete Gesellschaft, die praktisch über keinerlei Aktiva verfügt, alle gegen sie bestehenden Forderungen zum Nennwert umwandeln, würde sie in der Folge gegebenenfalls eine enorm hohe Stammkapitalziffer aufweisen, ohne dass auch nur im Entferntesten ein Bezug zur realen Vermögenssituation der Gesellschaft bestünde.[634] Es würde „buchstäblich Luft in garantiertes Eigenkapital verwandelt“[635]. Der Nennwertthese kann vor diesem Hintergrund nicht gefolgt werden.

Dies wirft jedoch zugleich die Frage auf, woran sich die Bemessung des Wertes der einzubringenden Forderung stattdessen zu richten hat. Nach verbreiteter Ansicht sind die gleichen Grundsätze wie im Falle der Einbringung einer Forderung gegen einen Dritten heranzuziehen.[636] Mithin wäre auf den Verkehrswert der Forderung abzustellen.[637] Dies hätte zur Folge, dass ein Wertabschlag bereits

---

630 Statt vieler OLG Schleswig NZG 2001, 566 (568); *Priester*, DB 2010, 1445 (1448); *Ekkenga*, DB 2012, 331 (335 f.).

631 *Kleindiek*, FS Hommelhoff, 2012, 543 (552); *Arnold*, FS Hoffmann-Becking, 2013, 29 (41 f.); *Priester*, DB 2010, 1445 (1447).

632 *Kleindiek*, FS Hommelhoff, 2012, 543 (552); *Arnold*, FS Hoffmann-Becking, 2013, 29 (41) dort auch zum folgenden Text.

633 *Arnold*, FS Hoffmann-Becking, 2013, 29 (42).

634 *Arnold*, FS Hoffmann-Becking, 2013, 29 (40).

635 *Altmeppen*, FS Hommelhoff, 2012, 1 (14); *Ekkenga*, DB 2012, 331; ähnlich *Lutter*, FS Stiefel, 1987, 505 (517): Das im Handelsregister ausgewiesene Stammkapital wäre „Luft, allenfalls ein Hoffnungswert“.

636 Vgl. *Bayer*, in: K. Schmidt/Lutter, AktG, § 27 Rn. 20.

637 *Altmeppen*, FS Hommelhoff, 2012, 1 (14); *Bayer*, in: K. Schmidt/Lutter, AktG, § 27 Rn. 20; *Katzensteiner*, in: BeckOGK-AktG, § 27 Rn. 39; *Pentz*, in: MüKoAktG, § 27

bei ersten Zweifeln an der Leistungsfähigkeit der Gesellschaft vorzunehmen wäre.[638] Selbst wenn die Schulden der Gesellschaft durch Aktivvermögen voll gedeckt sind, die Gesellschaft allerdings nicht über ausreichend Liquidität zur Erfüllung ihrer Verbindlichkeiten verfügt, wäre die Einbringung der Forderung zum Nennwert ausgeschlossen.[639]

Führt man indes den bereits erörterten Neutralisierungsgedanken konsequent fort, kann für die Bemessung des Wertes der einzubringenden Forderung nicht der Verkehrswert, sondern allein der Vermögensstatus der Gesellschaft maßgeblich sein.[640] Notwendig, aber auch hinreichend für die Vollwertigkeit der Forderung ist, dass ihr auf der Aktivseite Vermögenswerte in gleichem Umfang gegenüberstehen. Ein Wertabschlag kommt demzufolge nur in Betracht, wenn die Gesellschaft überschuldet ist.[641] In diesem Falle stehen den einzelnen Verbindlichkeiten keine Aktiva in gleichem Umfang, sondern nur entsprechend der Befriedigungsquote gegenüber.[642] Mithin werden durch die Einbringung einer Forderung auch nur in diesem Umfang Aktiva zur Deckung anderer Verbindlichkeiten freigesetzt. Der Einbringungswert der Forderung bemisst sich somit nach dem der Befriedigungsquote entsprechenden Prozentsatz ihres Nennwertes.[643]

### *b) Vereinbarkeit mit § 194 Abs. 1 S. 2 AktG*

Diese Auffassung scheint allerdings im Widerspruch zu § 194 Abs. 1 S. 2 AktG zu stehen. Schließlich führt § 194 Abs. 1 S. 2 AktG rein praktisch dazu, dass der in der Schuldverschreibung einer Wandelanleihe verbriefte Anspruch auf Rückzahlung des Anleihebetrages stets zum Nennwert eingebracht werden kann.

---

Rn. 29; *Ulmer/Casper*, in: HCL, GmbHG, § 5 Rn. 69; *Veil*, in: Scholz, GmbHG, § 5 Rn. 46.

638 *Altmeppen*, GmbHG, § 5 Rn. 30: geminderte Bonität führt zu einem reduzierten Wertansatz; vgl. *Ekkenga*, DB 2012, 331 (336).

639 *Veil*, in: Scholz, GmbHG, § 5 Rn. 46; vgl. *Ekkenga*, DB 2012, 331 (336).

640 So *Kleindiek*, FS Hommelhoff, 2012, 543 (552); *Arnold*, in: FS Hoffmann-Becking, 2013, 29 (41 f.); *Ekkenga*, ZGR 2009, 581 (594); *Priester*, DB 2010, 1445 (1447 f.); *Ekkenga*, DB 2012, 331 (336).

641 *Kleindiek*, FS Hommelhoff, 2012, 543 (552); *Arnold*, FS Hoffmann-Becking, 2013, 29 (41); *Priester*, DB 2010, 1445 (1448).

642 *Arnold*, FS Hoffmann-Becking, 2013, 29 (41).

643 *Arnold*, FS Hoffmann-Becking, 2013, 29, 29 (41 f.); *Ekkenga*, DB 2012, 331 (336): Einbringungswert entspricht der auf die eingebrachte Forderung entfallenden Deckungsquote; vgl. ferner *Kleindiek*, FS Hommelhoff, 2012, 543 (552).

Bis zur Aktienrechtsnovelle 2016 dürfte dieser Widerspruch allerdings rein theoretischer Natur gewesen sein. Bis dahin galt die Norm nur für herkömmliche Wandelanleihen; also solche, die das Wandlungsrecht dem *Anleihegläubiger* gewähren. Man konnte davon ausgehen, dass dieser sein Wandlungsrecht nur ausübt, wenn der Aktienkurs über dem in den Anleihebedingungen vorgesehen Bezugspreis liegt.[644] In diesem Fall ist allerdings die Gesellschaft nicht überschuldet, sodass die der Wandlung zugrunde liegende Forderung gegen die Gesellschaft nach den Bewertungskriterien, die nach hier vertretener Auffassung heranzuziehenden sind, stets vollwertig ist.[645] *De facto* wäre es also nie vorgekommen, dass eine nicht vollwertige Forderung eingebracht worden wäre. Daher bestanden auch keine Bedenken, aus Vereinfachungsgründen den ursprünglichen auf die Anleihe gezahlten Betrag als Bareinlage anzuerkennen.[646]

Im Rahmen der Aktienrechtsnovelle 2016 wurde § 194 Abs. 1 S. 2 AktG allerdings dahingehend geändert, dass die Regelung nunmehr für *jedwede* Form des „Umtausch[es] von Schuldverschreibungen gegen Bezugsaktien“ gilt. Dabei handelt es sich um eine Änderung von erheblicher Bedeutung. Schließlich hat dies zur Folge, dass auch für umgekehrte Wandelanleihen – also solche, die der Gesellschaft ein Wandlungsrecht gewähren – der Gedanke der Voreinzahlung der Bareinlage gilt. Im Gegensatz zu herkömmlichen Wandelanleihen bilden diese jedoch die Grundlage für eine Finanzierungsmaßnahme im Krisenfall.[647] Schließlich wird der Gesellschaft das Recht eingeräumt, nach ihrem Belieben Verbindlichkeiten in Eigenkapital zu wandeln. Es besteht daher die Möglichkeit, dass die Gesellschaft ihr Wandlungsrecht ausübt, wenn die Forderung des Anleihegläubigers auf Rückzahlung des Nennbetrages der Anleihe nicht mehr vollwertig ist.[648] In diesem Fall kommt es faktisch zu einer „Umwandlung einer wertlosen Schuldverschreibung in nominelles Grundkapital“[649].

---

644 *Fuchs*, in: MüKoAktG, § 194 Rn. 5a; *Arnold*, FS Hoffmann-Becking, 2013, 29 (43); *Drygala*, WM 2011, 1637 (1642); *Bayer*, AG 2012, 141 (151); *Nodoushani*, WM 2016, 589 (593).

645 *Fuchs*, in: MüKoAktG, § 194 Rn. 5a; *Drygala*, WM 2011, 1637 (1642); *Bayer*, AG 2012, 141 (151); *Bader*, AG 2014, 472 (437); *Nodoushani*, WM 2016, 589 (593).

646 *Fuchs*, in: MüKoAktG, § 194 Rn. 5a; *Bayer*, AG 2012 (141 (151); *Drygala*, WM 2011, 1637 (1642).

647 *Arnold*, FS Hoffmann-Becking, 2013, 29 (43); *Bayer*, AG 2012, 141 (151); *Nodoushani*, WM 2016, 589 (593).

648 *Drygala*, WM 2011, 1637 (1642); vgl. *Nodoushani*, WM 2016, 589 (595).

649 Treffend *Bayer*, AG 2012, 141 (151).

Damit steht § 194 Abs. 1 S. 2 AktG nunmehr nicht nur theoretisch, sondern vollends im Widerspruch zu der hier vertretenen Auffassung, nach der Forderungen gegen die Gesellschaft nicht zum Nennwert eingebracht werden können, sofern die Gesellschaft überschuldet ist. In Anbetracht dessen wird mitunter angenommen, der Gesetzgeber habe durch die Aktienrechtsnovelle 2016 den vorstehenden Meinungsstreit zugunsten der Nennwertthese entschieden, sodass § 194 Abs. 1 S. 2 AktG lediglich Ausdruck eines verallgemeinerungsfähigen Prinzips sei.[650] Das überzeugt nicht. Hätte der Gesetzgeber die allgemeine Frage der Nennwerteinbringung von Forderungen regeln wollen, so hätte er dies wohl kaum anhand des § 194 Abs. 1 S. 2 AktG getan, dessen unmittelbarer Anwendungsbereich auf einen äußerst speziellen Fall beschränkt ist.[651] Vielmehr hätte er die Frage angesichts ihrer Bedeutung und des Diskussionsstandes allgemein und unter Einschluss der GmbH geregelt.[652] Ferner finden sich in den Gesetzesmaterialien keinerlei Hinweise auf einen entsprechenden Willen des Gesetzgebers.[653]

§ 194 Abs. 1 S. 2 AktG hat daher auf den Grundsatz, dass eine Forderung gegen die Gesellschaft nur dann zum Nennwert eingebracht werden kann, wenn ihr auf der Aktivseite Vermögenswerte in gleichem Umfang gegenüberstehen, die durch das Erlöschen der Schuld zur Deckung anderer Verbindlichkeiten frei werden, keinerlei Auswirkungen. Vielmehr ist zu konstatieren, dass § 194 Abs. 1 S. 2 AktG eine systemwidrige Ausnahmevorschrift darstellt, durch die der Gesetzgeber faktisch die tauschweise Einbringung einer wertlosen Forderung in Aktien zum Nennbetrag ermöglicht. Die Regelung ist verfehlt und mit dem Grundsatz der realen Kapitalaufbringung unvereinbar.[654]

### *V. Analoge Anwendung des § 194 Abs. 1 S. 2 AktG*

#### *1. Meinungsstand*

Dem unmittelbaren Anwendungsbereich des § 194 Abs. 1 S. 2 AktG unterfallen allein Wandelanleihen, welche von einer AG ausgegeben werden und mit einem

650 So *Spliedt*, GmbHR 2012, 462 ff. unter Berufung auf die zu diesem Zeitpunkt bereits geplante Aktienrechtsnovelle; vor der Aktienrechtsnovelle bereits *Karollus*, ZIP 1994, 589 (593).

651 *Drygala*, WM 2011, 1637 (1644).

652 *Drygala*, WM 2011, 1637 (1644); vgl. *Arnold*, FS Hoffmann-Becking, 2013, 29 (42 f.).

653 Vgl. Begr. RegE BT-Drs. 18/4349, S. 29.

654 Vgl. zur Kritik an der Regelung *Drygala*, WM 2011, 1637 (1641 ff.); *Bayer*, AG 2012, 141 (150 f.).

bedingten Kapital unterlegt sind. Fraglich ist, ob die Norm bei Optionsanleihen, welche von einer GmbH ausgegeben werden und zumeist mit einem genehmigten Kapital unterlegt sind, analog anzuwenden ist. Die vorherrschende Meinung im Schrifttum würde dies wohl bejahen.

Zum einen wird überwiegend davon ausgegangen, dass § 194 Abs. 1 S. 2 AktG analog anzuwenden sei, wenn das Aktienerwerbsrecht mit einem genehmigten Kapital unterlegt ist.[655] Das Fehlen einer dem § 194 Abs. 1 S. 2 AktG entsprechenden Regelung im Rahmen der Vorschriften über das genehmigte Kapital sei dem Umstand geschuldet, dass der Gesetzgeber für die Unterlegung von Wandelschuldverschreibungen das bedingte Kapital eingeführt hat. Er habe nicht bedacht, dass eine Erfüllung der Aktienerwerbsrechte auch auf Grundlage eines genehmigten Kapitals möglich ist.[656] Die Interessenlage sei bei beiden Formen der Kapitalerhöhung vergleichbar, da sich die Frage des Anknüpfungspunktes der Einlageleistung und die Problematik der Einhaltung des Grundsatzes der realen Kapitalaufbringung in beiden Fällen in identischer Weise stelle.[657] § 194 Abs. 1 S. 2 AktG sei Ausdruck einer allgemeinen Wertung, wonach bei Wandelanleihen die ursprünglich für die Schuldverschreibung geleistete Barzahlung als Einlage gelte, ohne dass es auf eine Beurteilung der Werthaltigkeit der Gläubigerforderung im Zeitpunkt der Ausübung des Wandlungsrechts ankäme.[658]

Diese vermeintlich allgemeine Wertung sei auch auf das GmbH-Recht übertragbar.[659] Weder die Entstehungsgeschichte noch der Wortlaut der Vorschrift

---

655 *Fest*, in: Hopt/Seibt, AktG, § 221 Rn. 231 (auch entsprechende Anwendung bei ordentlicher Kapitalerhöhung); *Hirte*, in: GroßKommAktG, § 205 Rn. 9; *Seiler*, in: BeckOGK-AktG, § 221 Rn. 83; *Holland/Goslar*, NZG 2006, 892 (895); *Schumann*, Optionsanleihen, S. 79 ff.; *Lux*, Die Dogmatik des Umtausches von Wandelanleihen in Aktien, S. 311; a.A. *Habersack*, in: MüKoAktG, § 221 Rn. 230.

656 *Schumann*, Optionsanleihen, S. 81; *Broichhausen*, Zusammengesetzte Finanzierungsinstrumente, S. 263; vgl. *Mackh*, Wandelschuldverschreibungen, S. 150 f.

657 *Hirte*, in: GroßKommAktG, § 205 Rn. 9; *Holland/Goslar*, NZG 2006, 892 (895); *Broichhausen*, Zusammengesetzte Finanzierungsinstrumente, S. 263; vgl. *Lux*, Die Dogmatik des Umtausches von Wandelanleihen in Aktien, S. 310; *Mackh*, Wandelschuldverschreibungen, S. 150 f.

658 *Schumann*, Optionsanleihen, S. 80; *Karollus*, ZIP 1994, 589 (594, Fn. 43); *Holland/Goslar*, NZG 2006, 892 (895); *Mackh*, Wandelschuldverschreibungen, S. 150 f.

659 Vgl. *Mackh*, Wandelschuldverschreibungen, S. 151 ff.; unklar *Bormann/Trautmann*, GmbHR 2016, 37 (43 f.): „Mangels hinreichender Rechtsprechung und sich im Fluss befindlicher Tendenzen im Schrifttum sollte daher grundsätzlich eine Werthaltigkeitsprüfung vorgenommen werden."

ließen auf eine Begrenzung auf die aktienrechtliche Wandelanleihe schließen.[660] Auch die Interessenlage sei vergleichbar, da die aus der Regelung resultierende Gefährdung einer effektiven Kapitalaufbringung in der GmbH in gleichem Maße bestehe wie in der AG.[661] Mithin müsse § 194 Abs. 1 S. 2 AktG bei Wandelanleihen, die von einer GmbH ausgegeben werden und mit einem genehmigten Kapital unterlegt sind, entsprechend Anwendung finden.

Doch sei der Anwendungsbereich des § 194 Abs. 1 S. 2 AktG nicht auf Wandelanleihen zu beschränken. Werde bei einer Optionsanleihe die nach Ausübung des Optionsrechts entstandene Einlageschuld durch Hingabe der Anleihe erfüllt, so müsse die Norm analog Anwendung finden.[662] Entsprechende Optionsanleihen seien Wandelanleihen nicht nur wirtschaftlich, sondern auch rechtlich so ähnlich, dass es gerechtfertigt sei, die Inzahlunggabe der zunächst gegen Geld erworbenen Anleihe den Regeln über die Sacheinlage zu entziehen.[663] Die daraus resultierende Gefährdung der Gläubiger könne in Kauf genommen werden, da sie nicht über diejenige bei Umtausch einer Wandelanleihe hinausgehe.[664]

Dies habe zugleich zur Folge, dass Gestaltungsformen, welche eine Verrechnung des Rückzahlungsbetrages aus der Schuldverschreibung mit dem Einlagepreis oder ein Hin- und Herzahlen der Beträge vorsehen, zulässig seien.[665] Da § 194 Abs. 1 S. 2 AktG die zur Tilgung der Einlageschuld hingegebene Schuldverschreibung von der Qualifikation als Sacheinlage ausnehmen, sei damit auch über ihre Einordnung als verdeckte Sacheinlage entschieden.[666] Was nicht

---

660 *Mackh*, Wandelschuldverschreibungen, S. 167.

661 *Mackh*, Wandelschuldverschreibungen, S. 168.

662 *Apfelbacher/Niggemann*, in: Hölters, AktG, § 194 Rn. 7; *Fest*, in: Hopt/Seibt, AktG, § 221 Rn. 229; *Florstedt*, in: KölnerKomm, AktG, § 221 Rn. 473 f.; *Groß*, in: Marsch-Barner/Schäfer, HdB-AG, Rn. 51.62; *Habersack*, in: MüKoAktG, § 221 Rn. 237; *Hirte*, in: GroßkommAktG, § 221 Rn. 216; *Koch*, in: Hüffer/Koch, AktG, § 221 Rn. 3; *Lieder*, in: Bürgers/Körber/Lieder, AktG, § 194 Rn. 5; *Merkt*, in: K. Schmidt/Lutter, AktG, § 221 Rn. 43; *Rieckers*, in: BeckOGK-AktG, § 194 Rn. 5, 15; *Scholz*, in: MHdB-GesR IV, § 58 Rn. 48; *Hirte*, WM 1994, 321 (328 f.); *Drinhausen/Keinath*, BB 2011, 1736; *Broichhausen*, Zusammengesetzte Finanzierungsinstrumente, S. 249 ff.; *Schumann*, Optionsanleihen, S. 76 ff.; a.A. *Fuchs*, in: MüKoAktG, § 194 Rn. 14; wohl auch *Bungeroth*, in: GHEK, § 194 Rn. 6.

663 *Fest*, in: Hopt/Seibt, AktG, § 221 Rn. 229; *Florstedt*, in: KölnerKomm, AktG, § 221 Rn. 473; *Habersack*, in: MüKoAktG, § 221 Rn. 237.

664 *Habersack*, in: MüKoAktG, § 221 Rn. 237, *Schumann*, Optionsanleihen, S. 65 ff.

665 *Fest*, in: Hopt/Seibt, AktG, § 221 Rn. 227; *Hirte*, in: GroßKommAktG, § 221 Rn. 216; *Hirte*, WM 1994, 321 (329); *Schumann*, Optionsanleihen, S. 76 ff.

666 *Schumann*, Optionsanleihen, S. 76.

als Sacheinlage gelte, könne auch nicht als verdeckte Sacheinlage eingeordnet werden.[667]

### 2. *Stellungnahme*

#### a) *Stellungnahme auf Grundlage der Annahme, § 194 Abs. 1 S. 2 AktG habe deklaratorischen Charakter*

Die Annahme der herrschenden Meinung, § 194 Abs. 1 S. 2 AktG sei sowohl eine rein deklaratorische Vorschrift als auch auf sämtliche, nicht vom unmittelbaren Anwendungsbereich der Norm erfasste Wandel- und Optionsanleihen analog anzuwenden, ist im Ansatz unschlüssig.

Sofern davon ausgegangen wird, § 194 Abs. 1 S. 2 AktG habe rein deklaratorischen Charakter, muss angenommen werden, die *ratio legis* erschöpfe sich vollends in der Klarstellung. Dann kann die Norm aber nicht in Fällen analog anwendbar sein, in denen ihr eine konstitutive Wirkung zukäme.[668] Die analoge Anwendung auf Optionsanleihen bei Inzahlungnahme der Schuldverschreibung muss demnach ausscheiden. Schließlich wird durch die Ausübung des Optionsrechts – anders als bei Ausübung des Wandlungsrechts – die Einlageschuld unstreitig zunächst zum Entstehen gebracht und erst durch Hingabe der Anleihe getilgt. Damit liegt unverkennbar im Grundsatz eine Sacheinlage vor. Indem die herrschende Meinung nun § 194 Abs. 1 S. 2 AktG analog anwendet, – mit der Folge, dass die Hingabe der Schuldverschreibung nicht als Sacheinlage gilt – verschafft sie der Norm einen Regelungsgehalt, der über die *ratio legis* der Klarstellung hinausgeht.[669]

Sofern man § 194 Abs. 1 S. 2 AktG rein deklaratorische Bedeutung beimisst, kann sich die Analogiebasis also nur auf Gestaltungsformen der Einlageschuld erstrecken, die unabhängig von § 194 Abs. 1 S. 2 AktG nicht als Sacheinlage gelten. Erkennt man dies, mag man allenfalls fordern, § 194 Abs. 1 S. 2 AktG sei entsprechend auf Wandelanleihen, die mit einem genehmigten Kapital unterlegt sind und/oder von einer GmbH ausgegeben wurden, anzuwenden. Schließlich würde in diesen Fällen bei Ausübung des Wandlungsrechts nach herrschender Meinung die auf die Anleihe geleistete Zahlung ohnehin in eine Leistung auf die Einlageschuld umgewidmet, sodass die Klarstellungsfunktion des § 194 Abs. 1 S. 2 AktG zumindest auf diese Fälle übertragbar sein könnte. Allerdings ginge

667 *Hirte*, in: GroßKommAktG, § 221 Rn. 216; *Schumann*, Optionsanleihen, S. 76.

668 Vgl. eing. zur Analogiefähigkeit deklaratorischer Vorschriften *Würdinger*, AcP 206 (2006), 946 (968 ff.).

669 Vgl. *Würdinger*, AcP 206 (2006), 946 (972).

auch das fehl. Wird bei Ausübung des Wandlungsrechts die ursprünglich auf die Anleihe geleistete Zahlung ohnehin als Einlage auf die mit der Wandlung begehrten Aktien bzw. Geschäftsanteile angesehen, wäre die analoge Anwendung des § 194 Abs. 1 S. 2 AktG ohne jede Wirkung. Eine analoge Anwendung scheitert in diesen Fällen an dem Vorliegen einer planwidrigen Regelungslücke.[670]

Angesichts dessen ist zu konstatieren, dass die Vorstellung der herrschenden Meinung, § 194 Abs. 1 S. 2 AktG habe rein deklaratorischen Charakter und sei analogiefähig, zu unauflösbaren Widersprüchlichkeiten führt.

Diese Erkenntnis hat für vorliegende Untersuchung zur Folge, dass § 194 Abs. 1 S. 2 AktG jedenfalls dann nicht analog auf Optionsanleihen bei Inzahlungnahme der Schuldverschreibung anwendbar sein kann, wenn man annimmt, der Regelung sei lediglich deklaratorische Bedeutung beizumessen.

#### *b) Stellungnahme auf Grundlage der Annahme, § 194 Abs. 1 S. 2 AktG habe konstitutive Wirkung*

Allerdings ist die Annahme, § 194 Abs. 1 S. 2 AktG habe rein deklaratorischen Charakter, nicht unumstritten. In der Vergangenheit wurde vereinzelt angenommen, der Regelung komme durchaus eine konstitutive Wirkung zu.[671] Der herrschenden Meinung sei zwar darin zuzustimmen, dass der Umtauschvorgang bei einer Wandelanleihe formal gesehen keine Sacheinlage sei.[672] Schließlich werde durch die Ausübung des Wandlungsrechts der Charakter der ursprünglich auf die Anleihe geleisteten Zahlung geändert, sodass diese in eine Einlageleistung auf die mit der Wandlung begehrten Aktien bzw. Geschäftsanteile umgewidmet werde. Doch stelle dies eine Umgehung der Sacheinlagevorschriften durch abweichende juristische Konstruktionen und damit im Grundsatz eine verdeckte Sacheinlage dar.[673]

§ 27 Abs. 3 S. 1 AktG bzw. § 19 Abs. 4 S. 1 GmbHG definiert den Tatbestand der verdeckten Sacheinlage als eine Bareinlage, die bei wirtschaftlicher Betrachtung aufgrund einer im Zusammenhang mit der Übernahme der Bareinlage

---

670 Vgl. *Würdinger*, AcP 206 (2006), 946 (971); kritisch auch *Rieckers*, in: BeckOGK-AktG, § 194 Rn. 6: „Hätte § 194 Abs. 1 S. 2 ohnehin nur eine deklaratorische Bedeutung, würde sich die Frage nach einer entsprechenden Anwendung auf das genehmigte Kapital gar nicht erst stellen."

671 *Karollus*, ZIP 1994, 589 ff.; vgl. ferner *Baumbach/Hueck*, 12. Aufl. 1965, AktG, § 162 Anm. 1; *Wilhelmi*, in: von Godin/Wilhelmi, 4. Aufl. 1971, AktG, § 194 Anm. 3; *Schilling*, in: GroßKommAktG, 3. Aufl. 1973, § 194 Anm. 2; *Kastner*, JBl. 1952, 365.

672 *Karollus*, ZIP 1994, 589 (592).

673 *Karollus*, in: GHEK, AktG, § 221 Rn. 151; *Karollus*, ZIP 1994, 589 (592).

getroffenen Abrede ganz oder teilweise als Sacheinlage zu bewerten ist. Die Vorschrift zielt also auf Fälle, in denen die Vorschriften über Sacheinlagen umgangen werden, indem zwar formal eine Bareinlage geleistet wird, im wirtschaftlichen Ergebnis der Gesellschaft aber ein Sachwert, wie etwa eine Forderung, zugewandt wird.[674] In Anbetracht dessen könne im Falle des Umtauschvorgangs bei einer Wandelanleihe nicht allein auf die dogmatische Etikette abgestellt werden.[675] Es könne nicht darauf ankommen, dass der Umtauschvorgang juristisch so konstruiert werde, dass allein ein nachträglicher Austausch der Leistungszwecke und nicht eine Forderungseinbringung vorliege.[676] Entscheidend sei der wirtschaftliche Ablauf.[677] Angesichts dessen sei § 194 Abs. 1 S. 2 AktG durchaus eine konstitutive Wirkung beizumessen, da die Regelung den Umtauschvorgang gegenüber dem Verdikt der verdeckten Sacheinlage abschirme.[678]

Geht man davon aus, § 194 Abs. 1 S. 2 AktG habe konstitutive Bedeutung, kommt eine analoge Anwendung der Norm auf Optionsanleihen mit Inzahlungnahmeklauseln – unabhängig davon, ob diese von einer GmbH oder einer AG ausgegeben wurden – grundsätzlich in Betracht.

Im Ergebnis hat es aber sein Bewenden damit, dass auch in diesem Fall die analoge Anwendung der Norm ausscheiden muss. Die vorstehenden Ausführungen haben gezeigt, dass es sich bei § 194 Abs. 1 S. 2 AktG um eine Sondervorschrift handelt, die ausnahmsweise Abstriche vom Grundsatz der effektiven Kapitalaufbringung gestattet. Ausnahmevorschriften sind als solche zwar nicht generell analogieunfähig.[679] Allerdings hat der Gesetzgeber bei der Änderung des § 194 Abs. 1

---

674 Statt aller zur GmbH *Altmeppen*, GmbHG, § 19 Rn. 56; *Fastrich*, in: Baumbach/Hueck, GmbHG, § 19 Rn. 45; *Verse*, in: Henssler/Strohn, GmbHG, § 19 Rn. 31; zur AG *Bayer*, in: K. Schmidt/Lutter, AktG, § 27 Rn. 59; *Koch*, in: Hüffer/Koch, AktG, § 27 Rn. 26; *Vedder*, in: Grigoleit, AktG, § 27 Rn. 41.

675 *Karollus*, ZIP 1994, 589 (592).

676 *Karollus*, ZIP 1994, 589 (592) mit dem Hinweis darauf, dass in anderem Zusammenhang, der Voreinzahlung auf die künftige Einlageschuld, die nachträgliche Änderung des Leistungszwecks für unzulässig angesehen wird, vgl. BGH ZIP 1982, 1320; BGH ZIP 1992, 992 (994); BGH DStR 1991, 1664 (1665); OLG Hamm DB 1986, 2320, OLG Köln NJW-RR 1991, 932; OLG Düsseldorf NZG 2000, 690 (692); OLG Hamm GmbHR 1992, 749 (750); *K. Schmidt*, ZGR 1982, 519 (530); *Eckhardt*, MittRhNotK 1997, 290 (297); *Henkel*, NZI 2005, 649 (651 f.).

677 *Karollus*, ZIP 1994, 589 (592).

678 *Karollus*, ZIP 1994, 589 (593).

679 *Würdinger*, AcP 206 (2006), 946 (957 ff.); *Würdinger*, JuS 2008, 949 ff.; *Schneider*, JA 2008, 174 ff.; *Rosenkranz*, JURA 2015, 783 (787); *Meier/Jocham*, JuS 2016, 392 (395).

S. 2 AktG im Jahre 2016 klargestellt, dass „§ 194 Absatz 1 Satz 2 AktG [...] nur dann [gilt], wenn Bezugsaktien im Sinne des § 192 Absatz 2 Nummer 1 AktG ausgegeben werden, wenn also aufgrund einer Ersetzungsbefugnis das Schuldverhältnis rückwirkend umgestaltet wird. Ansonsten bleibt es dabei, dass Forderungen als Sacheinlagen einzubringen sind."[680] In Anbetracht dieser eindeutigen Aussage des Gesetzgebers kann das Vorliegen einer planwidrigen Regelungslücke für den Fall der Inzahlungnahme von Schuldverschreibungen zum Zwecke der Erfüllung der durch die Optionsrechtausübung entstandenen Einlageschuld nicht angenommen werden.[681] Der Gesetzgeber hat vielmehr ausdrücklich hervorgehoben, dass § 194 Abs. 1 S. 2 AktG eine nicht analogiefähige Sonderregelung ist, welche ausschließlich für von einer AG ausgegebene Wandelanleihen Geltung beanspruchen kann, die mit einem bedingten Kapital unterlegt sind.

Wenngleich dies einigen in Anbetracht der wirtschaftlichen Vergleichbarkeit von Wandel- und Optionsanleihen bei Inzahlungnahme der Schuldverschreibung inkonsequent erscheinen mag, so haben sie den eindeutigen Willen des Gesetzgebers zu respektieren. Über dessen bewusste Entscheidung darf sich der gesetzesgebundene Rechtsanwender nicht aufgrund eigener rechtspolitischer Vorstellungen hinwegsetzen,[682] zumal auch aus rechtspolitischer Sicht eine Ausweitung des Anwendungsbereiches des § 194 Abs. 1 S. 2 AktG verfehlt wäre. Die vorstehenden Ausführungen haben ergeben, dass § 194 Abs. 1 S. 2 AktG eine verfehlte Regelung ist, welche unverzichtbare Erfordernisse des Kapitalaufbringungsrechts preisgibt und deren Anwendungsbereich es auf ein Minimum zu reduzieren gilt.

### *VI. Ergebnis*

Unabhängig davon, ob § 194 Abs. 1 S. 2 AktG deklaratorische oder konstitutive Bedeutung zukommt, findet die Regelung auf Optionsanleihen bei Inzahlungnahme der mit dem Optionsrecht verbundenen Schuldverschreibung nicht entsprechend Anwendung. Übt der Optionsberechtigte sein Optionsrecht aus und gibt die Schuldverschreibung zur Erfüllung der Einlageschuld in Zahlung, so ist der Vorgang als Sachkapitalerhöhung (§ 56 GmbHG) zu qualifizieren. Das bedeutet zugleich, dass bei Gestaltungsformen zur Umgehung der für Sacheinlagen geltenden Vorschriften die Grundsätze über die verdeckte Sacheinlage zur Anwendung gelangen (§§ 56 Abs. 2, 19 Abs. 4 GmbHG).

---

680 Begr. RegE BT Drs. 18/4349 S. 29.

681 Gleichsinnig *Lieder*, in: Bayer/Koch, Aktuelles GmbH-Recht, 2013, 142 (165 f.)

682 *Wienbracke*, Juristische Methodenlehre, S. 110 m.w.N.

## Kapitel 2 – Zum Erwerb existierender Geschäftsanteile berechtigende Optionsanleihen

### § 1 Überblick

Gegenstand der bisherigen Untersuchungen sind ausschließlich Optionsanleihen, welche den Inhaber zum originären Erwerb neuer Geschäftsanteile berechtigen. Objekt des Anteilserwerbsrechts können jedoch auch allein bereits existierende Geschäftsanteile der Gesellschaft sein.

Im GmbH-Recht dürfte dieser Gestaltungsform eine weitaus größere Bedeutung zukommen als im Aktienrecht. Schließlich obliegt es der Gesellschaft, Vorsorge dafür zu treffen, im Falle der Ausübung der Optionsrechte über eigene Anteile zur Erfüllung der Anteilserwerbsrechte zu verfügen. Dazu hat die Gesellschaft zunächst selbst eigene Anteile zu erwerben. Während § 71 AktG für die AG ein grundsätzliches Verbot des Erwerbs eigener Aktien statuiert („darf eigene Aktien nur erwerben"), ist im GmbH-Recht der Erwerb eigener Anteile im Grundsatz zulässig.[683] § 33 GmbHG stellt lediglich aus Gründen des Kapitalschutzes Schranken für den Erwerb auf.[684] Für die GmbH ist es angesichts dessen mit deutlich weniger Schwierigkeiten verbunden, die Erfüllbarkeit der Anteilserwerbsrechte sicherzustellen.

### § 2 Zuständigkeit für die Ausgabe der Optionsanleihen

#### *A. Problemaufriss und Lösungsansatz*

Bei der Ausgabe entsprechender Optionsanleihen wird die Gesellschaft aufgrund des rein schuldrechtlichen Charakters einer Optionsanleihe durch ihre Geschäftsführer vertreten. In Anbetracht der Tatsache, dass dem Anteilserwerbsberechtigten ein Anspruch auf Abschluss eines Kaufvertrages über eigene Anteile der Gesellschaft eingeräumt wird, stellt sich indes die Frage, ob im Innenverhältnis die Zustimmung der Gesellschafterversammlung erforderlich ist.

Hat die Gesellschafterversammlung einer Vereinbarung über die Veräußerung eigener Geschäftsanteile zuzustimmen, so ist die Mitwirkung der

683 Vgl. zur AG *Koch*, in: Hüffer/Koch, AktG, § 71 Rn. 3; *Laubert*, in: Hölters, AktG, § 71 Rn. 2; zur GmbH: *Fleischer*, in: Henssler/Strohn, GmbHG, § 33 Rn. 1; *Sosnitza*, in: MHLS, GmbHG, § 33 Rn. 1.

684 *Kersting*, in: Baumbach/Hueck, GmbHG, § 33 Rn. 1; *Sosnitza*, in: MHLS, GmbHG, § 33 Rn. 1.

Gesellschafterversammlung auch bei Einräumung eines vorvertraglichen Anspruchs[685] auf Abschluss eines entsprechenden Kaufvertrages erforderlich. Da der Vorvertrag einen vertraglich legitimierten Abschlusszwang begründet,[686] würde der Gesellschafterversammlung andernfalls die Entscheidungshoheit über die Veräußerung der Anteile entzogen.

Ebenfalls hat eine Beteiligung der Gesellschafterversammlung bei der Einräumung der Anteilserwerbsrechte stattzufinden, wenn für den Erwerb eigener Anteile die Zustimmung der Gesellschafterversammlung nötig ist. Um den aus dem vorvertraglichen Anspruch mittelbar erwachsenden Anspruch auf Abtretung der Anteile erfüllen zu können, hat die Gesellschaft zunächst selbst eigene Anteile zu erwerben. Sollte der Erwerb eigener Anteile an die Zustimmung der Gesellschafterversammlung geknüpft sein, wäre die Gesellschafterversammlung gehalten, dem Erwerb der Anteile zuzustimmen, um Schadensersatzpflichten der Gesellschaft wegen Nichterfüllung der Anteilserwerbsrechte zu vermeiden. Mithin würde ein vorvertraglicher Anspruch die etwaige Entscheidungsfreiheit der Gesellschafterversammlung über den Erwerb eigener Anteile beeinträchtigen. Damit die etwaige Entscheidungshoheit über den Erwerb eigener Anteile bei der Gesellschafterversammlung verbleibt, müsste bereits die Einräumung des vorvertraglichen Anspruchs an die Zustimmung der Gesellschafterversammlung geknüpft sein.

Als Zwischenergebnis ist damit festzuhalten: Für die Frage, ob und gegebenenfalls mit welcher Mehrheit die Gesellschafterversammlung der Einräumung eines vorvertraglichen Anspruchs auf Abschluss eines Kaufvertrages über eigene Anteile der Gesellschaft zuzustimmen hat, ist von entscheidender Bedeutung, inwieweit ihre Mitwirkung bei Erwerb und Weiterveräußerung eigener Anteile erforderlich ist.[687]

---

685 Entspr. gilt für die Einräumung eines Optionsrechts im bürgerlich-rechtlichen Verständnis. Aus Gründen der Übersichtlichkeit ist im Folgenden indes allein von dem Regelfall, einem vorvertraglichen Anspruch, die Rede. Eing. zur dogmatischen Einordnung des einer Optionsanleihe zugrundeliegenden „Optionsrechts“ s. S. 33 ff.

686 *Bork*, in: Staudinger, BGB, Vorb. § 145 Rn. 51.

687 So im Grundprinzip wohl auch ein inzwischen beachtlicher Teil der aktienrechtlichen Literatur, wenn und weil dieser davon ausgeht, die Ausgabe von Optionsanleihen, die zum Erwerb eigener Aktien berechtigen, müsse nicht den Voraussetzungen des § 221 AktG genügen, sondern allein die §§ 71 ff. AktG seien zu beachten, vgl. *Florstedt*, in: KölnerKomm, AktG, § 221 Rn. 188; *Koch*, in: Hüffer/Koch, AktG, § 221 Rn. 5a; *Scholz*, in: MHdB GesR IV, § 64 Rn. 57; *Broichhausen*, NZG 2012, 86; *ders.* Zusammengesetzte Finanzierungsinstrumente, S. 138 ff., der treffend hervorhebt, dass es ohne Bedeutung ist, ob die Veräußerung eigener Aktien unmittelbar oder

### *I. Zuständigkeit für den Erwerb eigener Geschäftsanteile*

Bei dem Erwerb eigener Geschäftsanteile (vgl. § 33 GmbHG) wird die Gesellschaft nach allgemeinen Grundsätzen durch ihre Geschäftsführer vertreten.[688] Umstritten ist indes, ob der Erwerb als reiner Akt der Geschäftsführung aufzufassen oder die Zustimmung der Gesellschafter im Innenverhältnis erforderlich ist. Die Kontroverse resultiert daraus, dass der Erwerb eigener Geschäftsanteile die interne Struktur von Macht und Einfluss verändert.[689] Grund dafür ist, dass die eigenen Geschäftsanteile der Gesellschaft nicht dieselben Rechte wie einem außenstehenden Dritten gewähren.[690] Vielmehr ruhen die mit den Geschäftsanteilen verbundenen Rechte und Pflichten, solange die Gesellschaft die Anteile hält.[691] Dies hat insbesondere Auswirkungen auf die Stimmrechtsgewichtung, sodass es zu einer Verschiebung der Mehrheitsverhältnisse unter den übrigen Gesellschaftern kommen kann.[692] Überdies hat der Erwerb eigener Anteile zur Folge, dass ein Gesellschafter auf Kosten des Gesellschaftsvermögens unter Rückzahlung seiner Einlage aus den Pflichten und Risiken der Gesellschaft entlassen wird.[693]

Angesichts dieser Auswirkungen wird vertreten, der Erwerb eigener Anteile berühre die Grundlage der Gesellschaft und sei in seinen Auswirkungen mit einer Kapitalherabsetzung vergleichbar.[694] Vor diesem Hintergrund habe die

---

„gestreckt" erfolgt, indem sich die AG durch die Einräumung von Optionsrechten zu einer künftigen Anteilsveräußerung verpflichtet. A.A. indes *Habersack*, FS Nobbe, 2009, 539 (552 ff.); *Fest*, in: Hopt/Seibt, AktG, § 221 Rn. 29 f.; *Hirte*, in: GroßKomm, AktG, § 221 Rn. 17; *Haberstock/Greitemann*, in: Hölters, AktG, § 221 Rn. 12; *Stadler*, in: Bürgers/Körber/Lieder, AktG, § 221 Rn. 9.

688 *Altmeppen*, GmbHG § 33 Rn. 15; *Fleischer*, in: Henssler/Strohn, GmbHG, § 33 Rn. 21; *Kersting*, in: Baumbach/Hueck GmbHG, § 33 Rn. 12a; *Paura*, in: HCL, GmbHG § 33 Rn. 45; *Wicke*, in: Wicke GmbhG, § 33 Rn. 8.

689 *Hommelhoff*, in: Lutter/Hommelhoff, GmbHG § 33 Rn. 33; *Soznitza*, in: MHLS, GmbHG § 33 Rn. 24.

690 *Schindler*, in: BeckOK-GmbHG, § 33 Rn. 94.

691 Statt vieler *Altmeppen*, GmbHG, § 33 Rn. 31; *Soznitza*, in: MHLS, GmbHG, § 33 Rn. 54.

692 *Pentz*, in: Rowedder/Schmidt-Leithoff, GmbHG, § 33 Rn. 47; *Schindler*, in: BeckOK-GmbHG, § 33 Rn. 95; *Soznitza*, in: MHLS, GmbHG, § 33 Rn. 61.

693 *Paura*, in: HCL, GmbHG, § 33 Rn. 45; *Bai*, Erwerb eigener Geschäftsanteile im Recht der Gesellschaft mit beschränkter Haftung, S. 69.

694 *Paura*, in: HCL, GmbHG, § 33 Rn. 45; wohl auch *Löwisch*, in: MüKoGmbHG, § 33 Rn. 31.

Gesellschafterversammlung über den Erwerb zu entscheiden; sie müsse einem Erwerb mit qualifizierter Mehrheit zustimmen.[695]

Dem kann nicht gefolgt werden. Mögen die wirtschaftlichen Folgen einer Kapitalherabsetzung und des Erwerbs eigener Geschäftsanteile auch vergleichbar sein, so bestehen dennoch wesentliche Unterschiede, aufgrund derer ein Gleichlauf der Mehrheitserfordernisse der Gesellschafterbeschlüsse nicht geboten erscheint. Der Kapitalherabsetzungsbeschluss bedarf einer Mehrheit von drei Vierteln der abgegebenen Stimmen, da es sich um eine auf Änderung der Stammkapitalziffer gerichtete Satzungsänderung handelt (vgl. § 53 Abs. 2 GmbHG). Erwirbt die Gesellschaft eigene Anteile, ändert sich die Stammkapitalziffer hingegen nicht. Es handelt sich um keinen mit einer Satzungsänderung vergleichbaren Vorgang.

Treffender ist der mitunter herangezogene Vergleich zur Einziehung (vgl. § 34 GmbHG).[696] Wie bei dem Erwerb eigener Anteile kommt es durch die Einziehung zu einer Verschiebung der Mehrheitsverhältnisse, da die Einziehung zum Untergang der Mitgliedschaftsrechte und -pflichten führt, ohne dass sich jedoch der Nennbetrag des Stammkapitals ändert. Die Einziehung setzt gemäß § 46 Nr. 4 GmbHG einen Gesellschafterbeschluss voraus, der mit einfacher Mehrheit zu fassen ist (§ 47 Abs. 1 GmbHG). In Anbetracht der Vergleichbarkeit der Einziehung mit dem Erwerb eigener Anteile, wird vertreten, auch der Erwerb eigener Geschäftsanteile bedürfe der Zustimmung der Gesellschafterversammlung mit einfacher Mehrheit.[697]

Der Erwerb eigener Geschäftsanteile ist mit der Einziehung jedoch allenfalls dann vergleichbar, sofern die Anteilsinhaberschaft der Gesellschaft – was wohl nur äußerst selten der Fall sein wird – auf Dauer angelegt ist.[698] Schließlich führt die Einziehung zur Vernichtung des Geschäftsanteils und damit zum endgültigen Untergang der Mitgliedschaftsrechte und -pflichten. Im Falle des Erwerbs eigener Anteile ruhen die Rechte und Pflicht aus dem Anteil hingegen nur. Wird

---

695 *Löwisch*, in: MüKoGmbHG, § 33 Rn. 31; *Paura*, in: HCL, GmbHG, § 33 Rn. 45; *Bai*, Erwerb eigener Geschäftsanteile im Recht der Gesellschaft mit beschränkter Haftung, S. 67 ff.

696 Vgl. *Fleischer*, in: Henssler/Strohn, GmbHG § 33 Rn. 21; *Kersting*, in: Baumbach/Hueck GmbHG, § 33 Rn. 12a.

697 *Fleischer*, in: Henssler/Strohn, GmbHG § 33 Rn. 21; *Kersting*, in: Baumbach/Hueck, GmbHG § 33 Rn. 12a; im Ergebnis auch *Schindler*, in: BeckOK-GmbHG, § 33 Rn. 41; *Winkler*, GmbHR 1972, 73 (78).

698 Vgl. *Paura*, in: UHL, 2. Aufl. 2014, GmbHG, § 33 Rn. 45.

der Geschäftsanteil an einen Dritten weiterveräußert, leben sie wieder auf.[699] Damit wird diejenige interne Struktur von Macht und Einfluss wiederhergestellt, die vor dem Erwerb der Geschäftsanteile durch die Gesellschaft bestand.

Im Ergebnis ist der Annahme, der Erwerb eigener Anteile bedürfe der Zustimmung der Gesellschafter mit einfacher Mehrheit, jedoch zuzustimmen. Grund dafür ist allerdings, dass der Erwerb eigener Anteile aufgrund der damit verbundenen Konsequenzen nicht mehr als Gegenstand der laufenden Geschäftsführung angesehen werden kann.[700] Es handelt sich vielmehr um ein außergewöhnliches Geschäft, welches nach allgemeinen Grundsätzen dem Zustimmungserfordernis der Gesellschafterversammlung unterliegt.[701]

### *II. Zuständigkeit für die Veräußerung eigener Geschäftsanteile*

Auch bei der Weiterveräußerung eigener Anteile wird die Gesellschaft durch die Geschäftsführer vertreten.[702] Spiegelbildlich zur Situation bei dem Erwerb eigener Anteile ist auch bei der Weiterveräußerung umstritten, inwieweit es intern der Mitwirkung der Gesellschafter bedarf.

Zum einen wird abermals unter Verweis auf die vermeintliche Vergleichbarkeit mit einer Kapitalerhöhung angenommen, es bedürfe zur Veräußerung eigener Geschäftsanteile der Zustimmung der Gesellschafterversammlung mit qualifizierter Mehrheit.[703] Begründet wird dies damit, dass bei der Veräußerung eigener Anteile Beteiligungsrechte gewährt werden, für welche der Erwerber eine Leistung an die Gesellschaft zu erbringen hat. Die Situation entspreche der einer Kapitalerhöhung.[704] Zudem wird angenommen, den Altgesellschaftern

---

699 *Altmeppen*, GmbHG § 33 Rn. 56; *Pentz*, in: Rowedder/Schmidt-Leithoff GmbHG, § 33 Rn. 53; *Winkler*, GmbHR 1972, 73 (79).

700 *Pentz*, in: Rowedder/Schmidt-Leithoff, GmbHG, § 33 Rn. 33; wohl auch *Kort*, in: MHdB-GesR III, § 27 Rn. 20.

701 *Altmeppen*, GmbHG, § 33 Rn. 27; *Hommelhoff*, in: Lutter/Hommelhoff, GmbHG, § 33 Rn. 34; *Pentz*, in: Rowedder/Schmidt-Leithoff, GmbHG, § 33 Rn. 33; *Westermann*, in: Scholz, GmbHG, § 33 Rn. 27; im Ergebnis auch *Kort*, in: MHdB-GesR III, § 27 Rn. 20.

702 *Altmeppen*, GmbHG § 33 Rn. 55; *Löwisch*, in: MüKoGmbHG, § 33 Rn. 131; *Pentz*, in: Rowedder/Schmidt-Leithoff, GmbHG § 33 Rn. 52; *Schindler*, in: BeckOK-GmbHG, § 33 Rn. 106; *H. P. Westermann*, in: Scholz, GmbHG § 33 Rn. 38; offengelassen von BGH NJW 2004, 365 (366); BGH NZG 2014, 389 Rn. 13.

703 *Löwisch*, in: MüKoGmbHG, § 33 Rn. 131; *Paura*, in: HCL, GmbHG, § 33 Rn. 91; *Thiessen*, in: Bork/Schäfer, GmbHG, § 33 Rn. 87; *Schindler*, in: BeckOK-GmbHG, § 33 Rn. 104; *Westermann*, in: Scholz, GmbHG, § 33 Rn. 38.

704 *Paura*, in: HCL, GmbHG, § 33 Rn. 90; *Schindler*, in: BeckOK-GmbHG, § 33 Rn. 104.

drohten bei der Weiterveräußerung eigener Anteile die gleichen Gefahren, welche auch mit einer Kapitalerhöhung einhergehen. Schließlich kommt es durch die Veräußerung eigener Anteile für die Gesellschafter zu einer Verwässerung ihrer Beteiligung, die sich durch die Anteilsinhaberschaft der Gesellschaft über das prozentuale Verhältnis zum Stammkapital hinaus erhöht hatte:[705] Die Gesellschaft hatte aus ihren eigenen Geschäftsanteilen weder Stimmrechte noch vermögensrechtliche Ansprüche. Während der Anteilsinhaberschaft der Gesellschaft sind diese den übrigen Gesellschaftern im wirtschaftlichen Ergebnis anteilig zugewachsen. Da die Rechte und Pflichten aus dem Anteil mit der Weiterveräußerung allerdings wieder aufleben, kommt es zu einer Verwässerung jener Rechte bei den Altgesellschaftern.[706]

Überzeugen kann diese Auffassung jedoch nicht. Aus rein wirtschaftlicher Sicht mag es zwar zutreffen, dass die Weiterveräußerung eigener Geschäftsanteile mit einer Kapitalerhöhung vergleichbar ist. Jedoch dürfen formale Aspekte nicht vollkommen außer Acht gelassen werden. Ein Kapitalerhöhungsbeschluss bedarf eines Beschlusses der Gesellschafter mit qualifizierter Mehrheit, da er zu einer Änderung der nach § 3 Abs. 1 Nr. 3 GmbHG in der Satzung ausgewiesenen Stammkapitalziffer führt.[707] Somit müssen die allgemeinen Vorschriften über die Satzungsänderung erfüllt sein (vgl. § 53 Abs. 2 S. 1 GmbHG). Bei der Weiterveräußerung eigener Anteile kommt es hingegen lediglich zu einem Anwachsen der Aktiva, da als Gegenleistung für die Übertragung der Anteile in aller Regel eine Kaufpreiszahlung erfolgt.[708] Die Stammkapitalziffer ändert sich hingegen nicht.

Auch das für die Vergleichbarkeit von Kapitalerhöhung und Weiterveräußerung eigener Anteile herangezogene Argument, den Gesellschaftern drohe in beiden Fällen eine Verwässerung ihrer Beteiligung, trägt nicht. Bei der Weiterveräußerung eigener Geschäftsanteile bleibt das Schutzbedürfnis der Gesellschafter weit hinter dem im Falle einer Kapitalerhöhung zurück. Grund dafür ist, dass mit der Weiterveräußerung eigener Geschäftsanteile lediglich diejenige Beteiligungsquote wiederhergestellt wird, die vor dem Erwerb durch die Gesellschaft bestand. Dies steht der Annahme einer kapitalerhöhungsähnlichen,

705 *Löwisch*, in: MüKoGmbHG, § 33 Rn. 131; *Paura*, in: HCL, GmbHG, § 33 Rn. 90; *Sandhaus*, in: GBS, GmbHG, § 33 Rn. 40; *Schindler*, in: BeckOK-GmbHG, § 33 Rn. 105.

706 *Paura*, in: HCL, GmbHG, § 33 Rn. 90; *Kort*, in: MHdB-GesR III, § 27 Rn. 41.

707 Vgl. *Altmeppen*, GmbHG, § 55 Rn. 9; *Schnorbus*, in: Rowedder/Schmidt-Leithoff, GmbHG, § 55 Rn. 6; *Servatius*, in: Baumbach/Hueck, GmbHG, § 55 Rn. 4.

708 Vgl. *Schindler*, in: BeckOK-GmbHG, § 33 Rn. 104.

originären Verwässerung entgegen.[709] Angesichts dessen haben die Gesellschafter konsequenterweise auch kein einem Bezugsrecht (vgl. § 186 AktG) entsprechendes Recht auf den Erwerb der zu veräußernden Geschäftsanteile.[710]

Da die Weiterveräußerung eigener Geschäftsanteile nicht mit einer Kapitalerhöhung vergleichbar ist, überzeugt es nicht, zur Veräußerung eigener Anteile die Zustimmung der Gesellschafterversammlung mit qualifizierter Mehrheit zu verlangen.

Vielmehr gleichen die internen Voraussetzungen zur Weiterveräußerung eigener Geschäftsanteile denjenigen zum Erwerb. Da sich durch die Weiterveräußerung eigener Geschäftsanteile die Mehrheitsverhältnisse unter den Gesellschaftern ändern und gegebenenfalls sogar der Kreis der Gesellschafter erweitert wird, handelt es sich in aller Regel um ein außergewöhnliches Geschäft.[711] Entsprechend den allgemeinen Grundsätzen ist daher von einer Vorlagepflicht der Geschäftsführer zugunsten der Gesellschafterversammlung auszugehen.[712] Die Erteilung der Zustimmung durch die Gesellschafterversammlung erfolgt mit einfacher Mehrheit.[713]

### *III. Zwischenergebnis*

Die GmbH wird sowohl bei dem Erwerb als auch bei der Weiterveräußerung eigener Geschäftsanteile durch die Geschäftsführer vertreten. Da es sich in beiden Fällen aufgrund der mit dem Erwerb und der Weiterveräußerung verbundenen Konsequenzen um ein außergewöhnliches Geschäft handelt, sind die Geschäftsführer verpflichtet, die Zustimmung der Gesellschafter zum Erwerb bzw. zur Weiterveräußerung der Geschäftsanteile einzuholen. Nach allgemeinen Grundsätzen erfolgt die Erteilung der Zustimmung mit einfacher Mehrheit.

---

709 Vgl. *Broichhausen*, NZG 2012, 86 (88); ferner *Schlitt*, in: Habersack/Mülbert/Schlitt, Unternehmensfinanzierung am Kapitalmarkt, § 11 Rn. 27: keine Verwässerung des Anteilsbesitzes, sondern Umschichtung der Beteiligungsverhältnisse.

710 *Kersting*, in: Baumbach/Hueck, GmbHG, § 33 Rn. 28; *Pentz*, in: Rowedder/Schmidt-Leithoff, GmbHG, § 33 Rn. 52; *Westermann*, in: Scholz, GmbHG, § 33 Rn. 38; *Kort*, in: MHdB-GesR III, § 27 Rn. 41; a.A. *Hommelhoff*, in: Lutter/Hommelhoff, GmbHG, § 33 Rn. 34; *Paura*, in: HCL, GmbHG, § 33 Rn. 92 f.; *Habersack*, ZIP 2004, 1121 (1127).

711 *Altmeppen*, GmbHG, § 33 Rn. 55; *Pentz*, in: Rowedder/Schmidt-Leithoff, GmbHG, § 33 Rn. 52.

712 *Pentz*, in: Rowedder/Schmidt-Leithoff, GmbHG, § 33 Rn. 52.

713 *Altmeppen*, GmbHG § 33 Rn. 55; *Sosnitza*, in: MHLS, GmbHG § 33 Rn. 66; *Pentz*, in: Rowedder/Schmidt-Leithoff, GmbHG, § 33 Rn. 52; im Ergebnis ebenso *Kersting*, in: Baumbach/Hueck, GmbHG, § 33 Rn. 28.

### B. *Konsequenzen für die Ausgabe von zum Erwerb eigener Anteile berechtigende Optionsanleihen*

Der Erwerb und die Veräußerung eigener Anteil stellen Maßnahmen dar, welche aufgrund ihrer besonderen Bedeutung von den Gesellschaftern in eigener Verantwortung beschlossen werden. Da die Einräumung eines vorvertraglichen Anspruchs auf Abschluss eines Kaufvertrages über eigene Anteile die Entscheidungsfreiheit der Gesellschafterversammlung betreffs des Erwerbs eigener Anteile tangiert und die Entscheidung über die Veräußerung der Anteile sogar vorwegnimmt, bedarf bereits die Einräumung der Zustimmung der Gesellschafterversammlung.

Dies gilt erst recht bei Einräumung eines Optionsrechts, kraft dessen der Optionsberechtigte durch einseitige Willenserklärung einen Kaufvertrag über eigene Anteile mit der Gesellschaft abschließen kann. Erfolgt die Begründung der Option mittels einer Festofferte oder eines Angebotsvertrages, liegt jeweils ein bindender Antrag der Gesellschaft auf Abschluss eines Kaufvertrages über eigene Anteile vor (§ 145 BGB). Wird das Optionsrecht mittels eines Hauptvertrages mit Optionsvorbehalt verschafft, besteht ein entsprechender Kaufvertrag bereits. Die Einräumung des Optionsrechts unterliegt daher den gleichen Regeln wie die Weiterveräußerung eigener Geschäftsanteile.

## § 3 Formerfordernisse bei der Begründung und Übertragung der Anteilserwerbsrechte

Der auf Einräumung des Anteilserwerbsrechts gerichtete Vertrag zwischen der Gesellschaft und dem Erwerbsberechtigten ist – unabhängig von der konkreten Ausgestaltung des Anteilserwerbsrechts – analog § 15 Abs. 4 GmbHG formgebunden.[714]

Wie bereits erörtert, richtet sich die Formbedürftigkeit von Vor- und Optionsverträgen nach der des Hauptvertrages und dem Zweck, welcher mit einem etwaigen Formerfordernis verfolgt wird.[715] Eine Vereinbarung, durch welche die Verpflichtung zur Abtretung eines Geschäftsanteils begründet wird, bedarf

---

714 *Bayer*, in: Lutter/Hommelhoff, GmbHG, § 15 Rn. 54; zum auf Abschluss eines Kaufvertrages über GmbH-Anteile gerichteten Vorvertrag *Görner*, in: Rowedder/Schmidt-Leithoff, GmbHG, § 15 Rn. 20; *Reichert/Weller*, in: MüKoGmbHG, § 15 Rn. 91 m.w.N.; a.A. *Ternick*, GmbHR 2015, 627 (629): nicht formbedürftig; zum Optionsvertrag *Ebbing*, in: MHLS, GmbHG, § 15 Rn. 76; *Mülsch/Penzel*, ZIP 2004, 1987 (1990).

715 Eing. hierzu S. 91 ff.

gemäß § 15 Abs. 4 GmbHG der notariellen Form. Die Formgebundenheit dient dazu, die Verkehrsfähigkeiten von GmbH-Anteilen zur Vermeidung eines spekulativen Handels einzuschränken.[716] Würde ein Options- bzw. Vorvertrag, der eine Partei zum Abschluss eines Kausalgeschäfts mit einer Abtretungspflicht verpflichtet, nicht der notariellen Form unterliegen, würde die Erschwerungsfunktion des § 15 Abs. 4 GmbHG unterlaufen, da das Kausalgeschäft mittels eines entsprechenden Options- bzw. Vorvertrages substituiert würde.[717]

Auch die Optionserklärung bzw. der Antrag, zu dessen Annahme die GmbH verpflichtet ist, ist – im Einklang mit den vorstehenden Ausführungen[718] – nach § 15 Abs. 4 GmbHG formgebunden.[719] Das Formerfordernis dient unter anderem dazu, Unklarheiten über die Entstehung der Übertragungsverpflichtung zu verhindern.[720] Angesichts dessen ist die notarielle Beurkundung der Optionserklärung bzw. des Antrags unerlässlich.

Das Anteilserwerbsrecht ist nach §§ 398, 413 BGB zu übertragen. Die Übertragung unterliegt sämtlichen Regelungen des § 15 GmbHG, um auszuschließen, dass die einzelnen Schutzzwecke der jeweiligen Regelungen nicht ausgehebelt werden. Somit sind sowohl der Abtretungsvertrag (§ 15 Abs. 3 GmbHG analog) als auch das zugrundeliegende schuldrechtliche Kausalgeschäft (§ 15 Abs. 4 GmbHG analog) notariell zu beurkunden. Überdies sind gemäß § 15 Abs. 5 GmbHG vorgesehene Beschränkungen der Abtretbarkeit zu beachten.

---

716 Eing. hierzu S. 102 ff.

717 *Reichert/Weller*, in: MüKoGmbHG, § 15 Rn. 91.

718 Vgl. S. 133 ff.

719 A.A. *Bayer*, in: Lutter/Hommelhoff, GmbHG, § 15 Rn. 54; *Ebbing*, in: MHLS, GmbHG, § 15 Rn. 76; *Wicke*, GmbHG, § 15 Rn. 17.

720 Eing. hierzu S. 104 f.

## Kapitel 3 – Wahlrecht der Gesellschaft zwischen der Verschaffung neuer oder existierender Geschäftsanteile

Die vorstehenden Untersuchungen widmen sich Optionsanleihen, die entweder allein zum originären Erwerb neuer Geschäftsanteile oder ausschließlich zum derivativen Erwerb eigener Anteile der Gesellschaft berechtigen. In der Praxis sehen Optionsbedingungen jedoch regelmäßig vor, dass „die Gesellschaft nach ihrem alleinigen Ermessen berechtigt [ist], an Stelle der Lieferung neuer Aktien [...] bereits existierende Aktien zu liefern."[721] Rein praktisch betrachtet streben die Parteien also eine Ausgestaltung der Optionsanleihen dergestalt an, dass die Optionsanleihen zwar ein Recht auf den Erwerb von Aktien bzw. Geschäftsanteilen vermitteln, der Gesellschaft jedoch die Wahl verbleibt, durch die Lieferung alter oder junger Aktien bzw. Geschäftsanteile zu erfüllen.

Zur rechtsdogmatischen Einordnung entsprechend ausgestalteter Optionsanleihen gilt es zunächst zu konstatieren, dass diesen ein *pactum de contrahendo* zugrunde liegt.[722] Die Gesellschaft ist mithin kraft vorvertraglichen Anspruchs verpflichtet, entweder einen Übernahmevertrag, der einen Erfüllungsanspruch auf Verschaffung der Mitgliedschaft zum Inhalt hat, oder einen Kaufvertrag über bereits existierende Geschäftsanteile der Gesellschaft zu schließen. Das Wahlrecht der Gesellschaft, entweder den einen oder den anderen Vertrag abzuschließen, kann sowohl als Wahlschuld (§§ 262 ff. BGB) als auch als Ersetzungsbefugnis (*facultas alternativa*) ausgestaltet sein.[723] Welche Gestaltungsform die Parteien gewählt haben, muss in jedem Einzelfall anhand einer Auslegung des Vertragsinhalts gesondert beurteilt werden (§§ 133, 157 BGB). Sehen die Optionsbedingungen als primäre Leistungspflicht die Abgabe einer

---

721 § 8 Abs. 3 der Optionsbedingungen der Optionsanleihe 2011/2016 der Biofrontera AG: „Die Gesellschaft ist nach ihrem alleinigen Ermessen berechtigt, an Stelle der Lieferung neuer Aktien aus bedingtem Kapital bereits existierende Aktien zu liefern". Abrufbar unter *https://www.biofrontera.com/fileadmin/files/PDFs/Bonds/Optionsanleihe%202016%20Bedingungen.pdf*; ähnlich § 7.4.7. der Optionsbedingungen der Optionsanleihe 2013/2018 der HPI AG: „Die Anleiheschuldnerin kann jedoch in eigenem Ermessen, statt neue Aktien aus dem bedingten Kapital auszugeben, auch eigene Aktien liefern". Abrufbar unter *https://www.hpi-ag.com/fileadmin/pdf/glaeubigerversammlung/Anleihebedingungen_9_-Optionsanleihe_neu_30.06.2016.pdf*

722 Eing. hierzu S. 33 ff.

723 Vgl. statt vieler *Frey*, in: GroßKommAktG, § 198 Rn. 8; *Fuchs*, in: MüKoAktG, § 198 Rn. 5; *Rieckers*, in: BeckOGK-AktG, § 198 Rn. 6: Ersetzungsbefugnis; unklar *Scholz*, in: MHdB-GesR IV, § 58 Rn. 61: „Wahlrecht" der Gesellschaft.

auf den Abschluss eines Übernahmevertrages gerichteten Erklärung vor, ist die Gesellschaft jedoch befugt, auch durch die Abgabe einer auf den Abschluss eines Kaufvertrages gerichteten Erklärung Erfüllung herbeizuführen, liegt eine Ersetzungsbefugnis vor.[724] Sind die Optionsbedingungen hingegen so ausgestaltet, dass nicht von vornherein eine primäre Leistungspflicht der Gesellschaft besteht, sondern erst nach späterer Wahl der Gesellschaft entweder der Abschluss eines Kauf- oder eines Übernahmevertrages geschuldet ist, beinhalten die Optionsbedingungen eine Wahlschuld der Gesellschaft.[725]

Der Ablauf der Ausübung des „Erwerbsrechts" erfolgt dergestalt, dass die Gesellschaft verpflichtet ist, dem Optionsberechtigten auf sein Verlangen die Schließung eines Kauf- oder Übernahmevertrages anzutragen, sodass dieser durch die Annahme des Antrags einen Erfüllungsanspruch auf Verschaffung der Geschäftsanteile erwirbt. Die Entscheidung über die Frage, ob die Gesellschaft einen Antrag auf Abschluss eines Kauf- oder eines Übernahmevertrages abgibt, kann in Anbetracht der damit verbundenen Konsequenzen nicht als Gegenstand der laufenden Geschäftsführung angesehen werden, sodass die Geschäftsführer die Entscheidung der Gesellschafter einzuholen haben.[726]

Bei der Ausgabe entsprechender Optionsanleihen sind sowohl die Anforderungen an die Begebung von Optionsanleihen, welche zum Erwerb neuer Geschäftsanteile berechtigen, als auch die an die Begebung von Optionsanleihen, welche ein Recht zum Erwerb eigener Anteile der Gesellschaft gewähren, zu beachten. Mithin erfordert die Ausgabe eines mit satzungsändernder Mehrheit zu fassenden Gesellschafterbeschlusses. Den Altgesellschaftern steht in analoger Anwendung des § 221 Abs. 4 AktG ein gesetzliches Bezugsrecht auf die auszugebenden Optionsanleihen zu. Der auf die Einräumung des Anteilserwerbsrechts gerichtete Vertrag ist analog § 15 Abs. 4 GmbHG formgebunden.

---

724 Vgl. hierzu Fn. 50; ferner zur Ersetzungsbefugnis im Allgemeinen *Bittner/Kolbe*, in: Staudinger, BGB, § 262 Rn. 11.

725 Vgl. hierzu Fn. 50; ferner zur Wahlschuld im Allgemeinen *Bittner/Kolbe*, in: Staudinger, BGB, § 262 Rn. 2.

726 Vgl. *Altmeppen*, GmbHG, § 37 Rn. 22; *Kleindiek*, in: Lutter/Hommelhoff, GmbHG, § 37 Rn. 10; *U. H. Schneider/S. H. Schneider*, in: Scholz, GmbHG, § 37 Rn. 34; abw. *Beurskens*, in: Baumbach/Hueck, GmbHG, § 37 Rn. 47 jew. m.w.N.

# Kapitel 4 – Selbständige Optionen auf den Erwerb von Geschäftsanteilen

Gegenstand der vorstehenden Ausführungen sind ausschließlich Finanzierungsinstrumente, welche sich aus einer Anleihe und einem Optionsrecht zusammensetzen. Aktiengesellschaften haben in der Vergangenheit jedoch wiederholt auf die Verknüpfung des Optionsrechts mit einer Anleihe verzichtet und selbständige Optionsrechte auf den Bezug von Aktien gewährt.[727] Entsprechende Optionsrechte werden auch als „*naked warrants*" bzw. „*covered warrants*" bezeichnet. Während *naked warrants* zum originären Erwerb junger Aktien berechtigen,[728] handelt es sich bei *covered warrants* um Optionsrechte, welche sich auf den derivativen Erwerb eigener Aktien der Gesellschaft richten.[729]

Das Gewähren selbständiger Optionen auf den Erwerb von Geschäftsanteilen dürfte angesichts der vielfältigen praktischen Einsatzmöglichkeiten auch für Gesellschaften in der Rechtsform der GmbH von großer Bedeutung sein. So gehören reine Optionsrechte etwa zu den klassischen Formen der Mitarbeiterbeteiligung.[730] Nebstdem können sie zur Kapitalbeschaffung eingesetzt werden und eine Alternative zu klassischen Optionsanleihen darstellen. Schließlich ist die Ausgabe von Optionsanleihen wirtschaftlich nur zweckmäßig, wenn ein Fremdkapitalbedarf bei der ausgebenden Gesellschaft besteht.[731] Andernfalls

---

727 Vgl. LG Stuttgart AG 1998, 41; LG Braunschweig NZG 1998, 387; ferner *Steiner*, WM 1990, 1776; *Fuchs*, AG 1995, 433 f.; *Schlitt/Löschner*, BKR 2002, 150; *Gätsch/Theusinger*, WM 2005, 1256 (1257).

728 Statt vieler *Fest*, in: Hopt/Seibt, AktG, § 221 Rn. 233; *Habersack*, in: MüKoAktG, § 221 Rn. 36.

729 Statt vieler *Lenenbach*, Kapitalmarktrecht, Rn. 2.261; *Habersack*, FS Nobbe, 2009, 539 (556); *Fest*, in: Hopt/Seibt, AktG, § 221 Rn. 264; *Habersack*, in: MüKoAktG, § 221 Rn. 36; *Koch*, in: Hüffer/Koch, AktG, § 221 Rn. 75a. Der Terminus „*covered warrants*" wird indes auch für Optionen verwendet, die von Kreditinstituten begeben werden, zum Erwerb von Aktien einer Drittgesellschaft berechtigen und der Optionsgeber die Aktien, die bei Optionsausübung zu liefern sind, im Zeitpunkt des Gewährens der Optionsrechte schon in seinem Bestand hat, vgl. etwa *Schlitt/Löschner*, BKR 2002, 150 (Fn. 2); *Lenenbach*, Kapitalmarktrecht, Rn. 9.142. Muss sich der Optionsgeber dagegen selbst noch mit Aktien eindecken, um die Optionen erfüllen zu können, wird unterdies von „*naked warrants*" gesprochen, vgl. *Lenenbach*, Kapitalmarktrecht, Rn. 9.142. In Anbetracht dieser uneinheitlichen Terminologie gilt es klarzustellen, dass Gegenstand der nachstehenden Untersuchungen allein Optionen sind, die von der Gesellschaft auf ihre eigenen Aktien bzw. Geschäftsanteile begeben werden.

730 *Stenzel*, DStR 2018, 139 (140); *Grisar/Zantopp*, DStR 2020, 1768 f.

731 *Schlitt/Löschner*, BKR 2002, 150 (151).

sollte sich die Gesellschaft auf das Gewähren isolierter Optionsrechte beschränken. Hier fließt der Gesellschaft in Form der Optionsprämie (vgl. § 272 Abs. 2 Nr. 2 HGB) und aufgrund der etwaigen Ausübung der Optionsrechte Eigenkapital zu, ohne dass zugleich (Fremdkapital-)Verbindlichkeiten entstehen.[732]

## § 1 Optionen auf den Erwerb neuer Geschäftsanteile

### A. *Vom vermeintlichen Meinungsstreit über die Zulässigkeit der Begebung von* naked warrants

Seit geraumer Zeit wird im Schrifttum jedoch eine „Diskussion über die Zulässigkeit der Begebung von *naked warrants* [...] durch Aktiengesellschaften“[733] geführt.[734] Angesichts dessen dürfte auch die „Zulässigkeit“ des Gewährens reiner Optionsrechte auf den Bezug neuer Geschäftsanteile durch eine GmbH in Zweifel gezogen werden.

Gegenstand des vermeintlichen Meinungsstreites im Aktienrecht ist allein die Frage, ob *naked warrants* dem Anwendungsbereich des § 221 AktG unterfallen.[735] Der Annahme, diese Frage betreffe die grundsätzliche Zulässigkeit,

---

732 Vgl. *Fest*, in: Hopt/Seibt, AktG, § 221 Rn. 234; *Schlitt/Löschner*, BKR 2002, 150 (151); *Kuntz*, AG 2004, 480; *Gätsch/Theusinger*, WM 2005, 1256 (1257); ähnlich *Fuchs*, AG 1995, 433 (435): analog § 272 Abs. 2 Nr. 2 HGB.

733 *Gätsch/Theusinger*, WM 2005, 1256; ähnlich *Rosener*, FS Bezzenberger, 2000, 745 (750); *Habersack*, in: MüKoAktG, § 221 Rn. 37; *Haberstock/Greitemann*, in: Hölters, AktG, § 221 Rn. 46; *Koch*, in: Hüffer/Koch, § 221 Rn. 75; *Rieder/Holzmann*, in: Grigoleit, AktG, § 221 Rn. 78 f.; *Schlitt/Löschner*, BKR 2002, 150 (153).

734 Davon streng zu unterscheiden ist die Frage, ob *naked warrants* mit einem bedingten Kapital unterlegt werden können. Diese Frage ist im Zusammenhang mit der Ausgabe isolierter Optionsrechte durch eine GmbH allerdings irrelevant, da die Schaffung eines bedingten Kapitals im GmbH-Recht generell ausgeschlossen ist. Eing. hierzu S. 146 f.

735 Vgl. *Roth/Schoneweg*, WM 2002, 677 (681): § 221 Abs. 1, 2, 4 AktG; *Fest*, in: Hopt/Seibt, AktG, § 221 Rn. 238 ff.; *Rieckers*, in: BeckOGK-AktG, § 192 Rn. 39; *Rieder/Holzmann*, in: Grigoleit, AktG, § 221 Rn. 79; *Stadler*, in: Bürgers/Körber/Lieder, AktG, § 221 Rn. 17; wohl auch *Paefgen*, AG 1999, 67 (70 f.): § 221 Abs. 1, 2, 4 AktG analog; *Habersack*, FS Nobbe, 2009, 539 (557); *Drygala/Staake*, in: KölnerKommAktG, § 192 Rn. 75; *Habersack*, in: MüKoAktG, § 221 Rn. 37; *Haberstock/Greitemann*, in: Hölters, AktG, § 221 Rn. 46; wohl auch *Seiler*, in: BeckOGK-AktG, § 221 Rn. 44; *Steiner*, WM 1990, 1776, 1777; *Fuchs*, AG 1995, 433 (439 ff.); *Wohlfahrt/Brause*, WM 1997, 397 (399); *Dierks*, Selbständige Aktienoptionsscheine, S. 93 ff.; *Kniehase*, Derivate auf eigene Aktien, S. 96; *Casper*, Der Optionsvertrag, S. 374 f.: § 221 Abs. 3 AktG; *Rosener*, FS Bezzenberger, 2000, 745 (750 f.); *Florstedt*, in: KölnerKomm, AktG, § 221 Rn. 496; *Lutter* ZIP 1997, 1 (7): unzulässig.

liegt offenbar die Vorstellung zugrunde, die Begebung von *naked warrants* wäre unzulässig, wenn diese nicht § 221 AktG unterfielen.

Dies geht jedoch fehl. Die Gesellschaft kann allein dann ein Optionsrecht auf den Bezug junger Aktien gewähren, wenn sie den Bezug von Aktien vorbehaltlos zusichern kann. Dem vorbehaltlosen Zusichern von Rechten auf den Bezug junger Aktien steht zwar § 187 AktG entgegen – allerdings nicht ausnahmslos. Erfolgt die Zusicherung etwa nach einem Kapitalerhöhungsbeschluss, in welchem das gesetzliche Bezugsrecht auf die optierbaren Aktien ausgeschlossen wurde, steht § 187 AktG der Ausgabe nicht entgegen. Selbst wenn *naked warrants* also nicht dem Anwendungsbereich des § 221 AktG – der § 187 AktG als *lex specialis* verdrängt – unterfielen, so hätte dies nicht ihre generelle Unzulässigkeit zur Folge. Es würde lediglich dazu führen, dass die von § 187 AktG statuierten Restriktionen bei der Begebung beachtet werden müssten. Dies verdeutlicht, dass die Frage, ob *naked warrants* dem Anwendungsbereich des § 221 AktG unterfallen, nicht deren „Zulässigkeit" tangiert, sondern allein die Frage betrifft, unter welchen Voraussetzungen *naked warrants* ausgegeben werden können.[736]

In Anbetracht der Tatsache, dass §§ 187, 221 Abs. 4 AktG im GmbH-Recht entsprechend Anwendung finden, gilt Vorstehendes für das Gewähren isolierter Optionsrechte auf den Bezug neuer Geschäftsanteile durch eine GmbH entsprechend.

## *B. Anforderungen an das Gewähren reiner Optionsrechte auf den Bezug neuer Geschäftsanteile*

### *I. Überblick*

Das Gewähren eines isolierten Optionsrechts auf den Bezug neuer Geschäftsanteile setzt voraus, dass sich die Gesellschaft durch Rechtsgeschäft vorbehaltslos zum Abschluss eines Übernahmevertrages verpflichten kann. Dem steht im GmbH-Recht grundsätzlich der analog anzuwendende § 187 Abs. 1 AktG entgegen, sollten die Gesellschafter nicht zuvor einen Kapitalerhöhungsbeschluss gefasst haben, in welchem das gesetzliche Bezugsrecht auf die optierbaren Geschäftsanteile ausgeschlossen wurde.[737] Letzteres würde das Gewähren von Optionsrechten auf den Bezug neuer Geschäftsanteile zwar theoretisch

---

736 In diesem Sinne wohl auch *Fest*, in: Hopt/Seibt, AktG, § 221 Rn. 238 ff.; *Hirte*, in: GroßkommAktG, § 221 Rn. 298 ff.; im Ansatz auch *Gätsch/Theusinger*, WM 2005, 1256 (1262).

737 Eing. hierzu S. 63 f.

ermöglichen. Doch stellt diese Vorgehensweise, wie eingangs erörtert, in der Praxis keinen gangbaren Weg dar.[738]

In Anbetracht dessen stellt sich die Frage, ob § 221 Abs. 4 AktG bei dem Gewähren reiner Optionsrechte auf den Bezug neuer Anteile entsprechend Anwendung finden kann. § 187 Abs. 1 AktG würde als *lex generalis* verdrängt.[739] Die Gesellschaft könnte ohne vorherigen Ausschluss des gesetzlichen Bezugsrechts Optionsrechte auf den Bezug neuer Geschäftsanteile gewähren. Den Gesellschaftern stünde ein gesetzliches Bezugsrecht auf die isolierten Optionsrechte zu.

Methodisch entspräche dies der doppelt analogen Anwendung des § 221 Abs. 4 AktG, der unmittelbar nur für Options*anleihen* gilt, welche von einer AG begeben werden. Die doppelt analoge Anwendung einer Norm enthält zwei sachlich unabhängig voneinander stattfindende Analogieschlüsse.[740] Mithin muss die Ausdehnung des Anwendungsbereiches des § 221 Abs. 4 AktG sowohl von Optionsanleihen auf isolierte Optionsrechte als auch die vom Aktien- auf das GmbH-Recht je für sich methodisch zulässig sein.[741] Da letzteres bereits festgestellt wurde, verbleibt allein die Frage, ob im Aktienrecht bei der Begründung isolierter Optionsrechte auf den Bezug junger Aktien § 221 Abs. 4 AktG analog angewandt werden kann.

### *II. Meinungsstand*

Nach verbreiteter Ansicht kann § 221 Abs. 4 AktG bei dem Gewähren isolierter Optionsrechte keine analoge Anwendung finden.[742] Die analoge Anwendung von § 221 Abs. 4 AktG würde das Regel-Ausnahme-Verhältnis zwischen § 187 AktG und § 221 AktG ins Gegenteil verkehren.[743] Der Gesetzgeber habe das Gewähren reiner Aktienbezugsrechte bewusst nur restriktiv – unter Beachtung der von § 187 AktG statuierten Beschränkungen – zugelassen. Dadurch habe er die Übersichtlichkeit der Eigenkapitalstruktur gewährleisten und Spekulationen mit Bezugsrechten durch und gegen die AG begrenzen wollen.[744] Schließlich

738 Eing. hierzu S. 63 f.

739 Eing. hierzu S. 66.

740 *Regenfus*, JA 2009, 579 (582).

741 Vgl. *Regenfus*, JA 2009, 579 (582).

742 *Rosener*, FS Bezzenberger, 2000, 745 (750 f.); *Florstedt*, in: KölnerKomm, AktG, § 221 Rn. 496; *Lutter* ZIP 1997, 1 (7).

743 *Florstedt*, in: KölnerKomm, AktG, § 221 Rn. 496; so schon *Lutter*, in: KölnerKomm, 2. Aufl. 1995, AktG, § 221 Rn. 185; vgl. ferner *Gätsch/Theusinger*, WM 2005, 1256 (1258).

744 Vgl. dazu *Fuchs*, in: MüKoAktG, § 192 Rn. 48; *Schlitt/Löschner*, BKR 2002, 150 (153).

gehe mit der Ausgabe von *naked warrants* die Gefahr einher, dass der Gesellschaft Finanzmittel entgehen, wenn der Bezugspreis bei der Ausübung des Optionsrechts unter dem zu diesem Zeitpunkt angemessenen Ausgabekurs für neue Aktien liegt.[745]

Demgegenüber geht die überwiegende Auffassung davon aus, § 221 Abs. 1 AktG müsse bei der Ausgabe von *naked warrants* aufgrund deren Vergleichbarkeit mit Optionsanleihen entsprechend Anwendung finden.[746] Eine unterschiedliche Behandlung von reinen Optionsrechten und solchen, die mit einer Anleihe verknüpft sind, erscheine gekünstelt und „zu formal"[747]. Die gegen die analoge Anwendung vorgebrachten Argumente könnten nicht überzeugen. So sei nicht ersichtlich, wieso das Gewähren isolierter Aktienbezugsrechte nur äußerst restriktiv unter Beachtung der von § 187 AktG angeordneten Beschränkungen zugelassen sein sollte. Der Einwand der bestehenden „Spekulationsgefahr" sei unberechtigt.[748] Zwar könne nicht geleugnet werden, dass der Gesellschaft Finanzmittel entgehen, wenn der Bezugspreis bei der Ausübung des Optionsrechts zu diesem Zeitpunkt unter dem angemessenen Ausgabekurs für neuen Aktien liegt.[749] Ein solches Risiko bestehe jedoch gleichermaßen bei Optionsanleihen.[750] Indem die Gegenauffassung annimmt, der Gesetzgeber habe die Ausgabe reiner Optionsrechte aufgrund dieser Gefahr durch die Nichtnormierung spezieller Ausgabevoraussetzungen bewusst erschweren wollen, unterstelle sie ihm, Optionsrechte generell als bedenklich anzusehen.[751] Dennoch habe er zur Erhöhung der Attraktivität von Anleihen die Ausgabe ausnahmsweise durch § 221 AktG erleichtert. Dies erscheine wenig plausibel.

Andere wiederum vertreten den Standpunkt, § 221 Abs. 4 AktG müsse bei dem Gewähren isolierter Optionsrechte auf den Bezug junger Aktien keine analoge Anwendung finden, da entsprechende Rechte dem unmittelbaren

---

745 *Lutter*, in: KölnerKomm, 2. Aufl. 1994, AktG, § 192 Rn. 9.

746 *Fest*, in: Hopt/Seibt, AktG, § 221 Rn. 259 f.; *Koch*, in: Hüffer/Koch, AktG, § 221 Rn. 75; *Rieckers*, in: BeckOGK-AktG, § 192 Rn. 39; *Rieder/Holzmann*, in: Grigoleit, AktG, § 221 Rn. 79; *Scholz*, in: MHdB-GesR IV, § 64 Rn. 53; *Schlitt/Löschner*, BKR 2002, 150 (154).

747 *Schlitt/Löschner*, BKR 2002, 150 (154); ähnlich *Rieckers*, in: BeckOGK-AktG, § 192 Rn. 39.

748 *Fuchs*, in: MüKoAktG, § 192 Rn. 50; *Schlitt/Löschner*, BKR 2002, 150 (154).

749 *Schlitt/Löschner*, BKR 2002, 150 (154).

750 *Fuchs*, in: MüKoAktG, § 192 Rn. 50; *Karollus*, in: GHEK, AktG, § 221 Rn. 29; *Seiler*, in: BeckOGK-AktG, § 221 Rn. 44; *Schlitt/Löschner*, BKR 2002, 150 (154).

751 *Habersack*, in: MüKoAktG, § 221 Rn. 37, dort auch zum folgenden Text.

Anwendungsbereich unterfielen. So seien reine Optionsrechte auf den Bezug junger Aktien ohne Weiteres als Genussrechte zu qualifizieren.[752] Das zentrale Definitionsmerkmal von Genussrechten ist die Gewährung aktionärstypischer Vermögensrechte.[753] Da zu den aktionärstypischen Vermögensrechten neben dem Gewinnbezugsrecht und dem Recht auf Liquidationsteilhabe auch das Bezugsrecht auf Aktien gehöre, seien isolierte Optionsrechte den Genussrechten zuzuordnen.[754]

### *III. Stellungnahme*

Obgleich der Begriff des Genussrechts in mehreren Gesetzen verwendet wird, hat der Gesetzgeber auf eine Definition stets verzichtet. Nach allgemeinem Begriffsverständnis sind Genussrechte dahingehend zu bestimmen, dass sie dem Gläubiger aktionärstypische Vermögensrechte vermitteln.[755] Angesichts dessen erscheint es äußerst zweifelhaft, ob selbständige Optionsrechte, die zum Bezug von Aktien berechtigen, als Genussrechte zu qualifizieren sind. Ein Bezugsrecht auf Aktien ist zwar unstreitig ein typisches Aktionärsrecht.[756] Allerdings ist es nicht ausschließlich ein Vermögensrecht.[757] Denn dem grundsätzlich bezugsberechtigten Aktionär drohen bei Ausschluss oder Nichtausübung des Bezugsrechts

---

752 *Habersack*, FS Nobbe, 2009, 539 (557); *Drygala/Staake,* in: KölnerKommAktG, § 192 Rn. 75; *Habersack*, in: MüKoAktG, § 221 Rn. 37; *Haberstock/Greitemann*, in: Hölters, AktG, § 221 Rn. 46; wohl auch *Seiler*, in: BeckOGK-AktG, § 221 Rn. 44; *Fuchs,* AG 1995, 433 (439 ff.); *Dierks*, Selbständige Aktienoptionsscheine, 2000, S. 93 ff.; *Kniehase*, Derivate auf eigene Aktien, S. 96; *Casper*, Der Optionsvertrag, S. 374 f.

753 Unstr., vgl. statt aller *Florstedt*, in: KölnerKomm, AktG, § 221 Rn. 74; *Fest*, in: Hopt/Seibt, AktG, § 221 Rn. 361; *Habersack*, in: MüKoAktG, § 221 Rn. 65; *Koch*, in: Hüffer/Koch, AktG, § 221 Rn. 25; *Hirte*, in: GroßKommAktG, § 221 Rn. 328; *Merkt*, in: K. Schmidt/Lutter, AktG, § 221 Rn. 48; *Haberstock/Greitemann*, in: Hölters, AktG, § 221 Rn. 19; *Rieder/Holzmann*, in: Grigoleit, AktG, § 221 Rn. 20; *Stadler*, in: Bürgers/Körber/Lieder, AktG, § 221 Rn. 88; *Gehling*, WM 1992, 1093 (1094); *Hammen*, DB 1988, 2549; *Kuntz*, AG 2004, 480 (483).

754 *Habersack*, FS Nobbe, 2009, 539 (557); *Drygala/Staake,* in: KölnerKommAktG, § 192 Rn. 75; *Habersack*, in: MüKoAktG, § 221 Rn. 37; *Haberstock/Greitemann*, in: Hölters, AktG, § 221 Rn. 46; *Fuchs,* AG 1995, 433 (439 ff.); *Dierks*, Selbständige Aktienoptionsscheine, S. 93 ff.; *Kniehase*, Derivate auf eigene Aktien, S. 96; *Casper*, Der Optionsvertrag, S. 374 f.

755 Statt aller *Seiler*, in: BeckOGK-AktG, § 221 Rn. 26.

756 *Fest*, in: Hopt/Seibt, AktG, § 221 Rn. 367.

757 *Fest*, in: Hopt/Seibt, AktG, § 221 Rn. 367; vgl. auch BGHZ 71, 40 (45) = NJW 1978, 1316 – Kali+Salz; a.A. wohl *Heider*, in: MüKoAktG, § 11 Rn. 12.

nicht nur Einbußen hinsichtlich seines Gewinn- und Liquidationsanteils, sondern auch ein Verlust an effektiver Stimmrechtsmacht.[758] Das Bezugsrecht weist somit sowohl Elemente der Vermögens- als auch der Verwaltungsteilhabe auf.[759]

Auch der Wortlaut des § 221 AktG spricht gegen die Qualifizierung eines rechtsgeschäftlichen Bezugsrechts auf junge Aktien als Genussrecht. Diese hätte nämlich zur Folge, dass Wandel- und Optionsanleihen lediglich spezielle Varianten von Genussrechten darstellen würden.[760] Genussrechte ständen also zu Wandelschuldverschreibungen in einem Über-/Unterordnungsverhältnis.[761] Dann aber leuchtet nicht ein, wieso § 221 Abs. 3 AktG lautet: „Absatz 1 gilt sinngemäß für die Gewährung von Genußrechten." Wären Wandel- und Optionsanleihen lediglich Unterfälle von Genussrechten, müsste er präzise lauten: „Abs. 1 gilt auch für die Gewährung sonstiger Genussrechte".[762] Entsprechendes gilt für den Wortlaut des § 221 Abs. 4 S. 1 AktG. Statt „Auf Wandelschuldverschreibungen, Gewinnschuldverschreibungen und Genußrechte haben die Aktionäre ein Bezugsrecht" müsste dieser lauten „Auf Wandelschuldverschreibungen, Gewinnschuldverschreibungen und sonstige Genussrechte haben die Aktionäre ein Bezugsrecht."

Vor diesem Hintergrund sind reine Optionsrechte auf den Bezug junger Aktien nicht als Genussrechte zu qualifizieren. Sie unterfallen nicht dem unmittelbaren Anwendungsbereich des § 221 Abs. 4 AktG.[763]

Allerdings muss die Regelung bei dem Gewähren selbständiger Optionsrechte entsprechend Anwendung finden. *Naked warrants* unterscheiden sich von Optionsanleihen allein durch die ihnen fehlende Fremdfinanzierungskomponente.[764]

---

758 Vgl. BGHZ 71, 40 (45) = NJW 1978, 1316 – Kali+Salz: Eingriff in die mitgliedschafts- und vermögensrechtliche Stellung.

759 *Fest*, in: Hopt/Seibt, AktG, § 221 Rn. 367.

760 So aber *Habersack*, FS Nobbe, 2009, 539 (557); *Habersack*, in: MüKoAktG, § 221 Rn. 21; *Hirte*, in: GroßKommAktG, § 221 Rn. 355; *Merkt*, in: K. Schmidt/Lutter, AktG, § 221 Rn. 14; *Fuchs*, AG 1995, 433 (442 f.); *Fuchs*, DB 1997, 661 (665); *Kuntz*, AG 2004, 480 (483).

761 So *Habersack*, in: MüKoAktG, § 221 Rn. 21; *Merkt*, in: K. Schmidt/Lutter, AktG, § 221 Rn. 14; a.A. *Fest*, in: Hopt/Seibt, AktG, § 221 Rn. 367.

762 Daher fordern diejenigen, welche von einem Über-/Unterordnungsverhältnis ausgehen die Änderung des Gesetzes, s. *Habersack*, in: FS Nobbe, 2009, 539 (557); *Habersack*, in: MüKoAktG, § 221 Rn. 21; *Hirte*, in: GroßkommAktG, § 221 Rn. 355.

763 So auch *Fest*, in: Hopt/Seibt, AktG, § 221 Rn. 367; *Gätsch/Theusinger*, WM 2005, 1256 (1260 f.).

764 *Fuchs*, in: MüKoAktG, § 192 Rn. 50; *Habersack*, in: MüKoAktG, § 221 Rn. 37; *Karollus*, in: GHEK, AktG, § 221 Rn. 29; *Rieckers*, in: BeckOGK-AktG, § 192 Rn. 39.

Es ist nicht ersichtlich, warum dieses Element eine Differenzierung im Hinblick auf die Ausgabevoraussetzungen rechtfertigen sollte, zumal sich eine Optionsanleihe etwa durch einen verschwindend geringen Nennbetrag der Anleihe so ausgestalten ließe, dass die Fremdkapitalkomponente vollkommen in den Hintergrund treten würde.[765]

Auch hat der Gesetzgeber nicht, wie von der Gegenauffassung vorgebracht, bewusst darauf verzichtet, spezielle, die Begebung erleichternde Voraussetzungen für *naked warrants* zu normieren. Es liegt vielmehr nahe, dass der Gesetzgeber bei der Einführung des § 174 AktG 1937 – der Vorgängerregelung des § 221 AktG – spezielle Ausgabevoraussetzungen für die damals allein gebräuchlichen Finanzierungsformen regeln wollte, ohne aber die Anwendbarkeit auf ähnliche, zum damaligen Zeitpunkt jedoch kaum bekannte Finanzierungsinstrumente auszuschließen.[766] So findet sich in den Gesetzgebungsmaterialien etwa der Hinweis, man verzichte bewusst auf inhaltliche Vorgaben für die Ausgestaltung der einzelnen Finanzierungsinstrumente, da die Entwicklung noch sehr im Fluss sei und eine „ins einzelne gehende Regelung auf diesem Gebiet nur hemmend wirken könnte“[767].

### *IV. Ergebnis*

Da der Anwendungsbereich des § 221 Abs. 4 AktG per Analogieschluss sowohl von dem Aktien- auf das GmbH-Recht als auch von Optionsanleihen auf isolierte Optionsrechte auszudehnen ist, kann die Regelung bei dem Gewähren reiner Optionsrechte auf den Bezug neuer Geschäftsanteile im GmbH-Recht in doppelt analoger Anwendung Geltung beanspruchen. Somit sind an das

765 *Fuchs*, in: MüKoAktG, § 192 Rn. 50; *Habersack*, in: MüKoAktG, § 221 Rn. 37; *Rieckers*, in: BeckOGK-AktG, § 192 Rn. 39; *Seiler*, in: BeckOGK-AktG, § 221 Rn. 44.

766 Vgl. *Karollus*, in: GHEK, AktG, § 221 Rn. 29; *Steiner*, WM 1990, 1776 (1777); *Schlitt/Löschner*, BKR 2002, 150 (154); isolierte Optionsrechte waren zwar bereits bei dem Erlass des AktG 1937 bekannt, allerdings in der Praxis kaum von Bedeutung und nicht in der amtlichen Begründung des AktG 1937 erwähnt, vgl. *Fest*, in: Hopt/Seibt, AktG, § 221 Rn. 261.

767 Zu § 194 AktG-E 1930: Erläuternde Bemerkungen des Reichjustizministeriums zum AktG-E 1930, abgedruckt in *Schubert*, Quellen zur Aktienrechtsreform der Weimarer Republik, Bd. 2, S. 966; wortgleich zu § 193 AktG-E 1931: Erläuternde Bemerkungen des Reichsjustizministerium zum AktG-E 1931, abgedruckt in *Schubert/Hommelhoff*, Die Aktienrechtsreform am Ende der Weimarer Republik, S. 929; s. eing. zur Normhistorie *Fest*, in: Hopt/Seibt, AktG, § 221 Rn. 3 ff.

Gewähren isolierter Optionsrechte die gleichen Anforderungen wie an die Ausgabe von Optionsanleihen zu stellen:

Der Geschäftsführer kann die isolierten Optionsrechte nur auf Grundlage eines mit satzungsändernder Mehrheit getroffenen Ermächtigungsbeschlusses der Gesellschafter gewähren. In doppelt analoger Anwendung des § 221 Abs. 4 AktG steht den Gesellschaftern ein gesetzliches Bezugsrecht auf die zu gewährenden Rechte zu.

## § 2 Optionen auf den derivativen Erwerb eigener Anteile der Gesellschaft

Selbständige Optionsrechte, welche den Inhaber zum derivativen Erwerb eigener Anteile berechtigen (sog. „*covered warrants*"), sind unter den gleichen Voraussetzungen wie Optionsanleihen, die dieses Recht mit einer Anleihe verknüpfen, auszugeben. Praktisch handelt es sich für die Gesellschaft lediglich um eine „gestreckte Anteilsveräußerung"[768], sodass die Gesellschafterversammlung dem Gewähren entsprechender Optionsrechte mit einfacher Mehrheit zuzustimmen hat.[769] Den Gesellschaftern steht kein gesetzliches Bezugsrecht auf die zu gewährenden Rechte zu; § 221 Abs. 4 AktG ist nicht entsprechend anwendbar.[770]

768 Treffend *Broichhausen*, Zusammengesetzte Finanzierungsinstrumente, S. 160.
769 Eing. S. 174.
770 Eing. S. 178.

# Kapitel 5 – Praktische Einsatzmöglichkeiten von Optionsanleihen im GmbH-Recht

Basierend auf den vorstehenden rechtlichen Ausführungen ist abschließend ein allgemeiner Überblick über praktische Gegebenheiten zu liefern, in denen der Einsatz von Optionsanleihen durch eine GmbH zweckmäßig sein kann.

Eine potentiell große Bedeutung dürfte dem Einsatz von Optionsanleihen im Rahmen der Wachstumsfinanzierung junger Unternehmen zukommen. So können Investoren zwar bereit sein, einer Gesellschaft Kapital zur Realisierung von Wachstumsvorhaben zur Verfügung zu stellen. Doch kommt für sie eine Eigenkapitalbeteiligung angesichts des damit einhergehenden Risikos und des Charakters der GmbH-Mitgliedschaft als ein auf Dauer angelegtes Verhältnis[771] zunächst nicht in Betracht. Vielmehr beabsichtigen sie, der Gesellschaft vorerst lediglich Fremdkapital zur Verfügung zu stellen, die weitere Entwicklung des Unternehmens abzuwarten und sich gegebenenfalls zu einem späteren Zeitpunkt zu zuvor festgesetzten Bedingungen an der Gesellschaft zu beteiligen. Dem Investor bietet diese Form der Finanzierung den Vorteil der Risikominimierung. Erfolgen die weiteren Entwicklungsphasen des Unternehmens nicht in der erwarteten Form, kann der Investor auf die Ausübung seines Optionsrechts verzichten, die Rückzahlung des Anleihebetrages verlangen und aufgrund seiner Zinsansprüche zumindest einen geringen Kapitalertrag erzielen. Wird während der Laufzeit der Optionsanleihe sogar das Insolvenzverfahren über das Vermögen der Gesellschaft eröffnet, handelt es sich bei den Rückzahlungs- und vor der Eröffnung des Insolvenzverfahrensverfahrens entstandenen Zinsansprüchen grundsätzlich um einfache Insolvenzforderungen.[772] Etwas anderes gilt nur, wenn bei der Ausgabe der Optionsanleihen zur Vermeidung der Überschuldung der Gesellschaft ein Nachrang vereinbart wurde (vgl. §§ 19 Abs. 2 S. 2, 39 Abs. 2 InsO) oder § 39 Abs. 1 Nr. 5 InsO greift.[773]

Eine entsprechende Risikominimierung ist insbesondere bei Investitionen in junge Unternehmen von Bedeutung, welche primär in den Fachgebieten Technologie, E-Commerce oder Softwareengineering tätig sind.[774] Deren Geschäftsmodelle weisen nicht selten einen hohen Innovationsgrad auf, sodass deren

---

771 Vgl. *Altmeppen*, FS Westermann, 2008, 771 (774); *Goette/Goette*, Die GmbH, § 5 Rn. 1.

772 *Mock*, in: Gottwald/Haas, Insolvenzrechts-HdB, § 91 Rn. 71; *ders.*, NZI 2014, 102 (104) zu Genussrechten.

773 Vgl. *Mock*, NZI 2014, 102 (103 f.).

774 Vgl. Bundesministerium für Wirtschaft und Energie, GründerZeiten (28) 2019, S. 1 f. dort auch zum folgenden Text.

Entwicklung und das Marktpotential in der Regel nur schwer einschätzbar sind. Diese Ungewissheit und der zumeist hohe Kapitalbedarf bei fehlenden Sicherheiten sind zugleich die Gründe dafür, dass eine Finanzierung mittels klassischer Bankdarlehen für derartige Gesellschaften regelmäßig nicht realisierbar ist. Die Finanzierung mittels Optionsanleihen, die an einen risikobereiteren Investor, der mit der Branche vertraut ist, ausgegeben werden, kann dem nicht nur Abhilfe schaffen; auch liegt der Zinssatz einer Optionsanleihe aufgrund des zusätzlichen Optionsrechts unter dem klassischer Bankdarlehen oder herkömmlicher Industrieobligationen.[775] Nebstdem bringt diese Art der Finanzierung den Vorteil mit sich, dass der Investor ob seines Optionsrechts ein großes Interesse an der Steigerung des Unternehmenswertes hat. Mithin bietet sich für die Gesellschaft die Möglichkeit, die Optionsanleihen an einen sog. „*Business Angel*" auszugeben. Dieser verfügt nicht nur über das benötigte Kapital, sondern auch über Management-Erfahrung, Know-How sowie wertvolle Kontakte etwa zu potentiellen Kooperationspartnern und setzt diese Kompetenzen für die weitere Entwicklung des Unternehmens ein.[776] Auch dieser Aspekt dürfte insbesondere für junge, schnell wachsende Unternehmen von Bedeutung sein.

Der zweite potentiell bedeutsame Anwendungsbereich betrifft die Ausgabe isolierter Optionsrechte im Rahmen von Mitarbeiterbeteiligungsprogrammen. So entspricht es bereits gängiger Praxis, dass wiederum junge, potentiell wachstumsstarke Unternehmen Optionen gewähren, um trotz fehlender finanzieller Mittel zur Zahlung marktüblicher Gehälter hochqualifizierte Mitarbeiter für sich gewinnen zu können.[777] Zugleich wird mithilfe der Optionen ein starker Anreiz für die Mitarbeiter geschaffen, bestmöglich zum unternehmerischen Erfolg beizutragen.[778]

775 Statt vieler *Seiler*, in: BeckOGK-AktG, § 221 Rn. 11; *Schumann*, Optionsanleihen, S. 44 f.

776 Bundesministerium für Wirtschaft und Energie, GründerZeiten (28) 2019, S. 3, 6, 11.

777 Vgl. *Weitnauer/Dunkmann*, GWR 2013, 371; *Stenzel*, DStR 2018, 82; *Grisar/Zantopp*, DStR 2020, 1768.

778 *Staake*, NJW 2010, 3755; *ders.*, NJOZ 2010, 2494.

# Zusammenfassung der wesentlichen Ergebnisse

1. Das Fehlen einer § 221 AktG entsprechenden Regelung im GmbHG steht der Ausgabe von Optionsanleihen durch eine GmbH nicht entgegen.
2. Optionsanleihen, welche zum Erwerb neuer Geschäftsanteile berechtigen, können nur auf Grundlage eines mit satzungsändernder Mehrheit zu fassenden Gesellschafterbeschlusses ausgegeben werden. Den Gesellschaftern steht analog § 221 Abs. 4 AktG ein gesetzliches Bezugsrecht auf die auszugebenden Optionsanleihen zu.
3. Optionsanleihen, welche zum Erwerb neuer Geschäftsanteile berechtigen, haben im Regelfall einen vorvertraglichen Anspruch auf Abschluss eines Übernahmevertrages zum Inhalt. Der Übernahmevertrag begründet die Pflicht der Gesellschaft zur Verschaffung der Mitgliedschaft. Dem steht weder der Grundsatz der Satzungsautonomie entgegen noch der Umstand, dass die Mitgliedschaft mit der Eintragung der Kapitalerhöhung im Handelsregister entsteht. Der Anspruch auf Verschaffung der Mitgliedschaft kann gemäß §§ 887, 894, 896 ZPO zwangsweise durchgesetzt werden.
4. Ein die Gesellschaft einseitig verpflichtender Vorvertrag, welcher auf Abschluss eines Übernahmevertrages gerichtet ist, kann formfrei geschlossen werden. Entsprechendes gilt für einen Optionsvertrag im bürgerlichrechtlichen Verständnis. Die Optionserklärung ist dagegen gemäß § 55 Abs. 1 GmbHG formgebunden.
5. Das „Optionsrecht" ist durch Abtretung nach §§ 398, 413 BGB übertragbar. Sowohl der Abtretungsvertrag als auch das zugrundeliegende schuldrechtliche Kausalgeschäft sind gemäß § 15 Abs. 3, 4 GmbHG analog notariell zu beurkunden. Zudem sind bei der Übertragung nach § 15 Abs. 5 GmbHG vorgesehene Beschränkungen zu beachten.
6. § 194 Abs. 1 S. 2 AktG ist auf Optionsanleihen nicht entsprechend anwendbar. Die gegenteilige Behauptung der herrschenden Meinung steht in unvereinbarem Widerspruch zu der von ihr zugleich vertretenen Auffassung, § 194 Abs. 1 S. 2 AktG habe rein deklaratorischen Charakter. Selbst wenn § 194 Abs. 1 S. 2 AktG eine konstitutive Wirkung zukäme, wäre die analoge Anwendung angesichts des Fehlens einer planwidrigen Regelungslücke ausgeschlossen.

7. Optionsanleihen, welche allein zum Erwerb bereits existierender Geschäftsanteile der Gesellschaft berechtigen, dürfen nur auf Grundlage eines mit einfacher Mehrheit zu fassenden Gesellschafterbeschlusses ausgegeben werden.
8. Ein die Gesellschaft einseitig verpflichtender Vorvertrag, welcher auf Abschluss eines Kaufvertrages über eigene Anteile der Gesellschaft gerichtet ist, ist analog § 15 Abs. 4 GmbHG formgebunden. Entsprechendes gilt für einen Optionsvertrag im bürgerlich-rechtlichen Verständnis. Die Optionserklärung ist ebenfalls gemäß § 15 Abs. 4 GmbHG notariell zu beurkunden.
9. Das Optionsrecht ist gemäß §§ 398, 413 BGB übertragbar. Sämtliche Regelungen des § 15 GmbHG finden auf die Übertragung entsprechend Anwendung.
10. Eine weitere Gestaltungsvariante stellen Optionsanleihen dar, die ein Wahlrecht der Gesellschaft vorsehen, welches ihr erlaubt, auf Verlangen des Anleihegläubigers entweder einen Übernahmevertrag oder einen Kaufvertrag über eigene Anteile zu schließen. Bei der Ausgabe entsprechender Optionsanleihen sind sowohl die Anforderungen an die Begebung von Optionsanleihen, welche ausschließlich zum Erwerb neuer Geschäftsanteile berechtigen, als auch die an die Begebung von Optionsanleihen, welche allein ein Recht zum Erwerb eigener Anteile der Gesellschaft gewähren, zu beachten.
11. § 221 AktG ist einer entsprechenden Anwendung auf das Gewähren isolierter Optionsrechte zugänglich.

# Literaturverzeichnis

*Altmeppen, Holger:* Zur Rechtsstellung der Gläubiger im Konkurs gestern und heute, in: *Erle, Bernd/ et al. (Hrsg.),* Festschrift für Peter Hommelhoff zum 70. Geburtstag, Köln 2012, S. 1–20 [zitiert: *Altmeppen*, FS Hommelhoff, 2012].

*Altmeppen, Holger:* Zur Formbedürftigkeit der Veräußerung künftiger GmbH-Anteile, in: *Aderhold, Lutz/Grunewald, Barbara/Klingberg, Dietgard/Paefgen, Walter (Hrsg.),* Festschrift für Harm Peter Westermann zum 70. Geburtstag, Köln 2008, S. 771–786 [zitiert: *Altmeppen*, FS Westermann, 2008].

*Altmeppen, Holger:* Kritischer Zwischenruf zum „Mauracher Entwurf", NZG 2020, S. 822–823.

*Altmeppen, Holger:* Gesetz betreffend die Gesellschaften mit beschränkter Haftung, Kommentar, 10. Aufl., München 2021 [zitiert: *Altmeppen*, GmbHG].

*Angerer, Lutz/Pläster, Sebastian:* Steine statt Brot für Wandel- und Optionsanleihe-Emittenten, NZG 2008, S. 326–330.

*Arnold, Arnd:* Nennwertrechnung beim Debt Equity Swap – Paradigmenwechsel durch das ESUG und die Aktienrechtsnovelle 2012?, in: *Krieger, Gerd/Lutter, Marcus/Schmidt, Karsten (Hrsg.),* Festschrift für Michael Hoffmann-Becking zum 70. Geburtstag, München 2013, S. 29–44 [zitiert: *Arnold*, FS Hoffmann-Becking, 2013].

*Arnold, Michael/Gärtner, Matthias:* Auswirkungen staatlicher Rettungsmaßnahmen zugunsten von Kreditinstituten auf die Verlustteilnahme von Genussrechtsinhabern, AG 2013, S. 414–425.

*Bader, Georg:* Contigent Convertible, Wandelanleihe und Pflichtwandelanleihe im Aktienrecht, AG 2014, S. 472–488.

*Bai, Jiang:* Erwerb eigener Geschäftsanteile im Recht der Gesellschaft mit beschränkter Haftung, Berlin 2005 (zugl. Diss. Berlin 2005)

*Baumbach, Adolf/Hopt, Klaus J.:* Handelsgesetzbuch, 40. Aufl., München 2021 [zitiert: *Bearbeiter*, in: Baumbach/Hopt, HGB].

*Baumbach, Adolf/Hueck, Alfred:* Gesetz betreffend die Gesellschaften mit beschränkter Haftung, Kommentar, 22. Aufl., München 2019 [zitiert: *Bearbeiter*, in: Baumbach/Hueck, GmbHG].

*Baumbach, Adolf/Hueck, Alfred:* Gesetz betreffend die Gesellschaften mit beschränkter Haftung, Kommentar, 12. Aufl., München 1965 [zitiert: *Baumbach/Hueck*, 12. Aufl. 1965, AktG].

*Baums, Theodor:* Aktienoptionen für Vorstandsmitglieder, in: *Martens, Klaus-Peter/Westermann, Harm Peter/Zöllner, Wolfgang (Hrsg.),* Festschrift für

Carsten Peter Claussen zum 70. Geburtstag, Köln 1997, S. 3–48 [zitiert: *Baums*, FS Claussen, 1997].

*Baums, Theodor:* Recht der Unternehmensfinanzierung, München 2017.

*Bayer, Walter:* Aktienrechtsnovelle 2012 – Kritische Anmerkungen zum Regierungsentwurf, AG 2012, S. 141–153.

*Bayer, Walter/Habersack, Mathias (Hrsg.):* Aktienrecht im Wandel, Bd. 1: Entwicklung des Aktienrechts, Tübingen 2007.

*Bayer, Walter/Hoffmann, Thomas:* Genehmigtes Kapital für GmbH als Ladenhüter, GmbHR 2009, R161–R162.

*Bayer, Walter/Hoffmann, Thomas/Lieder, Jan:* Ein Jahr MoMiG in der Unternehmenspraxis, GmbHR 2010, S. 9–16.

*Bayer, Walter/Illhardt, Daniel:* Darlegungs- und Beweislast im Recht der GmbH anhand praktischer Fallkonstellationen, GmbHR 2011, S. 751–761.

Beck'scher Online Großkommentar AktG: *Spindler, Gerald/Stilz, Eberhard (Hrsg.)*, München 2021 [zitiert: *Bearbeiter*, in: BeckOGK-AktG].

Beck'scher Online Großkommentar BeurkG: *Müller-Engels, Gabriele (Hrsg.)*, München 2021 [zitiert: *Bearbeiter*, in: BeckOGK-BeurkG].

Beck'scher Online Großkommentar BGB: *Artz, Markus/et al. (Hrsg.)*, München 2021 [zitiert: *Bearbeiter*, in: BeckOGK-BGB].

Beck'scher Online-Kommentar BGB: *Hau, Wolfgang/Poseck, Roman (Hrsg.)*, 59. Ed., München 01.08.2021 [zitiert: *Bearbeiter*, in: BeckOK-BGB].

Beck'scher Online-Kommentar GmbHG: *Ziemons, Hildegard/Jaeger, Carsten/Pöschke, Moritz (Hrsg.)*, 48. Ed., München 01.05.2021 [zitiert: *Bearbeiter*, in: BeckOK-GmbHG].

Beck'scher Online-Kommentar HGB: *Häublein, Martin/Hoffmann-Theinert, Roland (Hrsg.)*, 33. Ed., München 15.07.2021 [zitiert: *Bearbeiter*, in: BeckOK-HGB].

*Bieder, Marcus:* Treuwidrig verzögerte oder vereitelte Kapitalerhöhungen in der GmbH, NZG 2016, S. 538–542.

*Boesebeck, Ernst:* Aufnahme von Wandeldarlehen durch eine GmbH, GmbHR 1962, S. 2–5.

*Bönninghaus, Achim:* BGB Allgemeiner Teil I, 4. Aufl., Heidelberg 2018.

*Bork, Reinhard/Schäfer, Carsten (Hrsg.):* Kommentar zum GmbH-Gesetz, 4. Aufl., Köln 2019 [zitiert: *Bearbeiter*, in: Bork/Schäfer, GmbHG].

*Bormann, Michael/Trautmann, Oliver:* Wandelschuldverschreibungen im Lichte des § 55a GmbHG, GmbHR 2016, S. 37–44.

*Borowski, Sascha:* Nomos Bundesrecht, Erläuterungen, Schuldverschreibungsgesetz, 2019 [zitiert: *Borowski,* NOK-SchVG]

*Brandes, Helmut:* Die Rechtsprechung des Bundesgerichtshofs zur GmbH, WM 2000, S. 217–228.

*Brandi, Tim:* Gewährleistungen durch die Aktiengesellschaft bei Anteilserwerb durch Kapitalerhöhung, NZG 2004, S. 600–606.

*Bremer, Jürgen:* Herausgabe von Informationen im Rahmen einer Due Diligence, GmbHR 2000, S. 176–180.

*Broichhausen, Thomas:* Mitwirkungskompetenz der Hauptversammlung bei der Ausgabe von Wandelschuldverschreibungen auf eigene Aktien, NZG 2012, S. 86–90.

*Broichhausen, Thomas:* Zusammengesetzte Finanzierungsinstrumente der Aktiengesellschaft, Berlin 2010 (zugl. Diss. Freiburg 2009) [zitiert: *Broichhausen,* Zusammengesetzte Finanzierungsinstrumente].

*Brünkmans, Christian:* Abfindungs- und Bewertungsfragen bei gesellschaftsrechtlichen Maßnahmen im Insolvenzplan, ZInsO 2017, S. 1401–1409.

*Buck-Heeb, Petra:* Ressortaufteilung und Haftung von Geschäftsführern, BB 2019, S. 584–589.

*Bücker, Thomas:* Umsetzung einer ordentlichen Kapitalerhöhung in Teilschritten, NZG 2009, S. 1339–1341.

*Bürger, Andreas:* Die Beteiligung Minderjähriger an den Gesellschaften mit beschränkter Haftung, RNotZ 2006, S. 156–180.

*Bürgers, Tobias/Körber, Torsten/Lieder, Jan (Hrsg.):* Aktiengesetz, 5. Aufl., Heidelberg 2021 [zitiert: *Bearbeiter*, in: Bürgers/Körber/Lieder, AktG].

*Bundesministerium für Wirtschaft und Energie (Hrsg.):* GründerZeiten, Nr. 28, Berlin Mai 2019.

*Busch, Torsten:* Bezugsrecht und Bezugsrechtsausschluß bei Wandel- und Optionsanleihen, AG 1999, S. 58–66.

*Busse von Colbe, Walter:* Handelsrechtliche Bilanzierung von Optionsanleihe und Optionsentgelten aus betriebswirtschaftlicher Sicht, in: *Busse von Colbe, Walter/Großfeld, Bernhard/Kley, Karl-Ludwig/Martens, Klaus-Peter/Schlede, Klaus G.*, Bilanzierung von Optionsanleihen im Handelsrecht, Heidelberg 1987, S. 47–82 [zitiert: *Busse von Colbe*, in: Bilanzierung von Optionsanleihen].

*Cahn, Andreas/Simon, Stefan/Theiselmann, Rüdiger:* Debt Equity Swap zum Nennwert!, DB 2010, S. 1629–1632.

*Cahn, Andreas/Simon, Stefan/Theiselmann, Rüdiger:* Forderungen gegen die Gesellschaft als Sacheinlage?, CFL 2010, S. 238–250.

*Cahn, Andreas/Simon, Stefan/Theiselmann, Rüdiger:* Nennwertanrechnung beim Debt Equity Swap!, DB 2012, S. 501–504.

*Casper, Matthias:* Der Optionsvertrag, Tübingen 2005 (zugl. Habil. Heidelberg 2002)

*Cramer, Carsten:* Das genehmigte Kapital der GmbH nach dem MoMiG, GmbHR 2009, S. 406–412.

*Creifelds, Carl (Begr.):* Rechtswörterbuch, 26. Ed., München 01.03.2021 [zitiert: *Bearbeiter*, in: Creifelds].

*Deutler, Karl-Friedrich:* Die Novellierung des GmbH-Gesetzes, GmbHR 1977, S. 73–77.

*Diekmann, Hans/Nolting, Andre:* Aktienrechtsnovelle 2011, NZG 2011, S. 6–10.

*Dierks, Silke:* Selbständige Aktienoptionsscheine, Berlin 2000 (zugl. Diss. Mainz 1998).

*Dolderer, Michael:* Objektive Grundrechtsgehalte, Berlin 2000 (zugl. Habil. Konstanz 1998).

*Drinhausen, Florian/Keinath, Astrid:* Nutzung eines bedingten Kapitals bei Ausgabe von Wandelschuldverschreibungen gegen Sacheinlage, BB 2011, S. 1736–1741.

*Drygala, Tim:* Wandelanleihen mit Wandlungsrecht des Anleiheschuldners nach dem Entwurf für eine Aktienrechtsnovelle 2011, WM 2011, S. 1637–1645.

*Eckhardt, Dirk:* Voreinzahlungen auf Kapitalerhöhungen, MittRhNotK 1997, S. 289–306.

*Ehlke, Michael:* Stammkapitalerhöhung bis zum 31.12.1985 oder Auflösung, GmbHR 1985, S. 284–293.

*Eimer, Martin:* Zeichnungsverträge und Zeichnungsvorverträge, Frankfurt am Main 2009 (zugl. Diss. Mainz 2008).

*Einsele, Dorothee:* Formerfordernisse bei mehraktigen Rechtsgeschäften, DNotZ 1996, S. 835–866.

*Ekkenga, Jens:* Sachkapitalerhöhung gegen Schuldbefreiung, ZGR 2009, S. 581–622.

*Ekkenga, Jens:* Neuerliche Vorschläge zur Nennwertanrechnung beim Debt-Equity-Swap – Erkenntnisfortschritt oder Wiederbelebungsversuche am untauglichen Objekt?, DB 2012, S. 331–337.

*Emmerich, Volker:* Die Schriftform von Mietverträgen und kein Ende, in: *Bernreuther, Jörn (Hrsg.)*, Festschrift für Ulrich Spellenberg zum 70. Geburtstag, München 2010, S. 3–10 [zitiert: *Emmerich*, FS Spellenberg, 2010].

*Engelhardt, Clemens:* Gesellschafterbeschluss zur Durchführung einer Due Diligence, GmbHR 2009, S. 237–243.

*Erman, Walter (Begr.):* Bürgerliches Gesetzbuch, Handkommentar, Bd. 1 und 2, 16. Aufl., Köln 2020 [zitiert: *Bearbeiter*, in: Erman, BGB].

*Feddersen, Dieter/Pohl, Marcus:* Die Praxis der Mitarbeiterbeteiligung seit Einführung des KonTraG, AG 2001, S. 26–33.

*Fett, Torsten/Spiering, Christoph:* Typische Probleme bei der Kapitalerhöhung aus Gesellschaftsmitteln, NZG 2002, S. 358–368.

*Fleck, Hans-Joachim:* Zur Haftung des GmbH-Geschäftsführers, GmbHR 1974, S. 224–235.

*Fleck, Hans-Joachim:* Stimmrechtsabspaltung in der GmbH?, in: *Lutter, Marcus/Stimpel, Walter/Wiedemann, Herbert (Hrsg.)*, Festschrift für Robert Fischer, Berlin 1979, S. 107–130 [zitiert: *Fleck*, FS R. Fischer, 1979].

*Fleck, Hans-Joachim:* Schuldrechtliche Verpflichtungen einer GmbH im Entscheidungsbereich der Gesellschafter, ZGR 1988, S. 104–139.

*Fleischer, Holger:* Konkurrenzangebote und Due Diligence, ZIP 2002, S. 651–656.

*Fleischer, Holger:* Zur ergänzenden Anwendung von Aktienrecht auf die GmbH, GmbHR 2008, S. 673–682.

*Fleischer, Holger (Hrsg.):* Handbuch des Vorstandsrechts, München 2006 [zitiert: *Bearbeiter*, in: Fleischer, HdB des Vorstandsrechts].

*Flume, Werner:* Allgemeiner Teil des Bürgerlichen Rechts, Bd. 1 Teil 2: Die juristische Person, Berlin/Heidelberg/New York/Tokyo 1983 [zitiert: *Flume*, AT I 2].

*Flume, Werner:* Allgemeiner Teil des Bürgerlichen Rechts, Bd. 2: Das Rechtsgeschäft, 3. Aufl., Berlin/Heidelberg/New York 1979 [zitiert: *Flume*, AT II].

*Flume, Werner:* Allgemeiner Teil des Bürgerlichen Rechts, Bd. 1 Teil 1: Die Personengesellschaft, Berlin/Heidelberg/New York 1977 [zitiert: *Flume*, AT I 1].

*Fox, Thomas/Hüttche, Tobias/Lechner, Florian:* Mitarbeiterbeteiligung an der GmbH, GmbHR 2000, S. 521–534.

*Franck, Jens-Uwe:* Marktverhältnisse als Gegenstand vorvertraglicher Informationsordnung, AcP 213 (2013), S. 222–265.

*Frey, Kaspar:* Einlagen in Kapitalgesellschaften, Köln/Berlin/Bonn/München 1990 (zugl. Diss. Köln 1989).

*Froesch, Daniel:* Managerhaftung – Risikominimierung durch Delegation?, DB 2009, S. 722–726.

*Fuchs, Andreas:* Selbständige Optionsscheine als Finanzierungsinstrument der Aktiengesellschaft, AG 1995, S. 433–451.

*Fuchs, Andreas:* Aktienoptionen für Führungskräfte und bedingte Kapitalerhöhung, DB 1997, S. 661–668.

*Gaiser, Anja Sofia:* Die Freistellung geringfügig beteiligter Gesellschafter von der Ausfallhaftung nach § 24 GmbHG im Rahmen einer Kapitalerhöhung, GmbHR 1999, S. 210–217.

*Gallego Sánchez, Helmuth Mauricio:* Das Erwerbsrecht auf Aktien bei Optionsanleihen und Wandelschuldverschreibungen, Berlin 1999 (zugl. Diss. Mainz 1995) [zitiert: *Gallego Sanchez,* Das Erwerbsrecht].

*Gätsch, Andreas/Theusinger, Ingo:* Naked Warrants als zulässige Finanzierungsinstrumente für Aktiengesellschaften, WM 2005, S. 1256–1265.

*Gehling, Christian:* „Obligationsähnliche Genußrechte" – Genußrechte oder Obligation?, WM 1992, S. 1093–1100.

*Gehrlein, Markus:* Der aktuelle Stand des neuen GmbH-Rechts, Der Konzern 2007, S. 771–796.

*Gehrlein, Markus:* Vorvertrag und Option in der Insolvenz, WM 2020, S. 1–7.

*Gehrlein, Markus/Born, Manfred/Simon, Stefan (Hrsg.):* GmbHG, Kommentar, 5. Aufl., Hürth 2021 [zitiert: *Bearbeiter,* in: GBS, GmbHG].

*Geidel, Doreen/Lange, Florian:* Umfang und Durchsetzung des Informationsanspruchs des GmbH-Gesellschafters zur Durchführung einer Due Diligence, GmbHR 2015, S. 852–857.

*Georgakopoulos, Leonidas:* Zur Problematik der Wandelschuldverschreibungen, ZHR 120 (1957), S. 84–182.

*Georgiades, Apostolos:* Optionsvertrag und Optionsrecht, in: *Paulus, Gotthard/Diederichsen, Uwe/Canaris, Claus-Wilhelm (Hrsg.),* Festschrift für Karl Larenz zum 70. Geburtstag, München 1973, S. 409–434 [zitiert: *Georgiades,* FS Larenz, 1973].

*Gerber, Olaf/Pilz, Klaus:* Die Barkapitalerhöhung um einen Rahmenvertrag bei der GmbH, GmbHR 2005, S. 1324–1329.

*Geßler, Ernst:* Die Umwandlung von Krediten in haftendes Kapital, in: *Hefermehl, Wolfgang/Nirk, Rudolf/Westermann, Harry (Hrsg.),* Festschrift für Philipp Möhring zum 75. Geburtstag, München 1975, S. 173–196.

*Geßler, Ernst/Hefermehl, Wolfgang/Eckardt, Ulrich/Kropff, Bruno:* Aktiengesetz, Kommentar, 15. Lieferung, §§ 192–206, München 1994, 16. Lieferung: §§ 221–240, München 1994 [zitiert: *Bearbeiter,* in: GHEK, AktG].

*von Godin/Wilhelmi, Hans (Begr.):* Aktiengesetz, Kommentar, 4. Auflage, Berlin/New York 1971 [zitiert: *Bearbeiter,* in: von Godin/Wilhelmi, AktG].

*Goette, Wulf/Goette, Maximilian:* Die GmbH, Darstellung anhand der Rechtsprechung des BGH, 3. Aufl., München 2019.

*Götze, Cornelius:* Auskunftserteilung durch GmbH-Geschäftsführer im Rahmen der Due Diligence beim Beteiligungserwerb, ZGR 1999, S. 203–233.

*Gottschling, Helmut:* Die Stellung der Minderheit bei der Kapitalerhöhung einer GmbH, GmbHR 1955, S. 217–219.

*Gottwald, Peter/Haas, Ulrich (Hrsg.):* Insolvenzrechts-Handbuch, 6. Aufl., München 2020 [zitiert: *Bearbeiter*, in: Gottwald/Haas, Insolvenzrechts-HdB].

*Grage, Katja:* Ausgewählte Aspekte der Verwaltungstreuhand an Geschäftsanteilen, RNotZ 2005, S. 251–276.

*Greggers, Timo/Nippel, Peter:* Verwässerungsschutz bei Finanzierungsinstrumenten mit Optionselementen am Beispiel von Wandelanleihen, Schmalenbachs Zeitschrift für betriebswirtschaftliche Forschung 2012, S. 494–521.

*Grigoleit, Hans Christoph (Hrsg.):* Aktiengesetz, Kommentar, 2. Aufl., München 2020 [zitiert: *Bearbeiter*, in: Grigoleit, AktG].

*Grisar, Daniel/Zantopp, Mirco:* Liquidationspräferenzen in Mitarbeiterbeteiligungsprogrammen, DStR 2020, S. 1768–1776.

*Groh, Manfred:* Einlage wertgeminderter Gesellschafterforderungen in Kapitalgesellschaften, BB 1997, S. 2523–2529.

*Groß, Wolfgang:* Bezugsrechtsausschluß bei Barkapitalerhöhungen – Offene Fragen bei der Anwendung des neuen § 186 Abs. 3 Satz 4 AktG, DB 1994, S. 2431–2439.

Großkommentar Aktiengesetz: *Hopt, Klaus J./Wiedemann, Herbert (Hrsg.)*, Bd. 2/1: §§ 23–40, 5. Aufl., Berlin/Boston 2016, Bd. 6, §§ 150–220, 4. Aufl., Berlin 2006, Bd. 7/1, §§ 221–240, 4. Aufl., Berlin/Boston 2012 [zitiert: *Bearbeiter*, in: GroßKomm, AktG].

Großkommentar Aktiengesetz: *Bartz, Carl Hans/et al.*, Bd. 3: §§ 179–290, 3. Aufl., Berlin/New York 1973 [zitiert: *Bearbeiter*, in: GroßKomm, AktG].

*Grotheer, Marc:* Satzungsänderungsbeschlüsse in der GmbH und besondere Formvorschriften, DNotZ 2015, S. 4–9.

*Günter, Peter:* Schriftform langfristiger Mietverträge: Ein Lösungsvorschlag für ein „ewiges Problem", NZM 2019, S. 561–569.

*Gursky, Karl-Heinz:* Wertpapierrecht, 3. Aufl., Heidelberg/München/Landsberg/Berlin 2007.

*Habersack, Mathias:* Grenzen der Mehrheitsherrschaft in Stimmrechtskonsortien, ZHR 164 (2000), S. 1–22.

*Habersack, Mathias:* Das Andienungs- und Erwerbsrecht bei Erwerb und Veräußerung eigener Anteile, ZIP 2004, S. 1121–1127.

*Habersack, Mathias:* Anwendungsvoraussetzungen und -grenzen des § 221 AktG, dargestellt am Beispiel von Pflichtwandelanleihen, in: *Habersack, Mathias/Joeres, Hans-Ulrich/Krämer, Achim (Hrsg.)*, Entwicklungslinien im

Bank- und Kapitalmarktrecht, Festschrift für Gerd Nobbe, Köln 2009, S. 539–564 [zitiert: *Habersack*, FS Nobbe, 2009].

*Habersack, Mathias/Casper, Matthias/Löbbe, Marc (Hrsg.):* Gesetz betreffend die Gesellschaften mit beschränkter Haftung, Großkommentar, Bd. 1: Einleitung, §§ 1–28, 3. Aufl., Tübingen 2019, Bd. 2: §§ 29–52, 3. Aufl., Tübingen 2020 [zitiert: *Bearbeiter*, in: HCL, GmbHG].

*Habersack, Mathias/Mülbert, Peter O./ Schlitt, Michael (Hrsg.):* Unternehmensfinanzierung am Kapitalmarkt, 4. Aufl., Köln 2019 [zitiert: *Bearbeiter*, in: Unternehmensfinanzierung am Kapitalmarkt].

*Hachenburg, Max:* Kommentar zum Gesetz betreffend die Gesellschaften mit beschränkter Haftung, Bd. 2: §§ 35–84, 6. Aufl., Berlin 1959 [zitiert: *Bearbeiter*, in: Hachenburg, GmbHG].

*Häfele, Boris:* Die Treuepflicht der Aktionäre bei der vorinsolvenzlichen Sanierung durch einen Debt Equity Swap, Baden-Baden 2013 (zugl. Diss. Frankfurt am Main 2013).

*Hammen, Horst:* Unzulässigkeit aktiengleicher Genußrechte?, DB 1988, S. 2549–2554.

*Hannemann, Hans:* Zur Bewertung von Forderungen als Sacheinlagen bei Kapitalgesellschaften, DB 1995, S. 2055–2056.

*Heckschen, Heribert:* Die Formbedürftigkeit mittelbarer Grundstücksgeschäfte, Baden-Baden 1987 (zugl. Diss. Berlin 1987)

*Heckschen, Heribert:* Agio und Bezugsrechtsausschluss bei der GmbH, DStR 2001, S. 1437–1445.

*Heckschen, Heribert/Herrler, Sebastian/ Münch, Christof (Hrsg.):* Beck'sches Notarhandbuch, 7. Aufl., München 2019 [zitiert: *Bearbeiter*, in: Besch'sches Notar-HdB].

*Heinze, Harald:* Verdeckte Sacheinlagen und verdeckte Finanzierungen nach dem MoMiG, GmbHR 2008, S. 1065–1074.

*Heitsch, Joachim:* Das Bezugsrecht der Gesellschafter der GmbH bei Kapitalerhöhungen, Baden-Baden 1997 (zugl. Diss. Berlin 1996).

*Hellwig, Hans-Jürgen:* Der werdende Geschäftsanteil aus einer Kapitalerhöhung, in: *Pfeiffer, Gerd/Wiese, Günther/Zimmermann, Klaus (Hrsg.)*, Festschrift für Heinz Rowedder zum 75. Geburtstag, München 1994, S. 141–154 [zitiert: *Hellwig*, FS Rowedder, 1994].

*Helmreich, Kilian:* Wandelschuldverschreibungen bei der GmbH als Brücke bei Bewertungsdifferenzen im Rahmen von M&A-Transaktionen, GWR 2011, S. 561–564.

*Henkel, Andreas:* Die Rechtsprechung zum Nachweis der Einzahlung der Stammeinlage in der Insolvenz der GmbH, NZI 2005, S. 649–654.

*Henrich, Dieter:* Vorvertrag, Optionsvertrag, Vorrechtsvertrag, Tübingen 1965 (zugl. Habil. München 1962) [zitiert: *Henrich*, Vorvertrag].

*Hensel, Christian/Dörstling, Daniel:* Grenzen der Offenlegung im Rahmen der Due Diligence, DStR 2021, S. 170–177.

*Henssler, Martin/Strohn, Lutz (Hrsg.):* Gesellschaftsrecht, 5. Aufl., München 2021 [zitiert: *Bearbeiter*, in: Hessler/Strohn].

*Henze, Hartwig:* Zur Problematik der „verdeckten (verschleierten) Sacheinlage" im Aktien- und GmbH-Recht, ZHR 154 (1990), S. 105–127.

*Hergeth, Armin/Mingau, Katja:* Beteiligungsverträge bei der GmbH, DStR 2001, S. 1217–1220.

*Heubel, Gerd:* Das Problem der Konversion von Wandelschuldverschreibungen aus der Sicht des Emittenten und des Anlegers, Hamburg 1983 (zugl. Diss. Hamburg 1984).

*Hirte, Heribert:* Bezugsrechtsausschluß und Konzernbildung, Köln/Berlin/Bonn/München 1986 (zugl. Diss. Köln 1985).

*Hirte, Heribert:* Bezugsrechtsfragen bei Optionsanleihen, WM 1994, S. 321–329.

*Hirte, Heribert/Knof, Béla/Mock, Sebastian:* Das Gesetz zur weiteren Erleichterung der Sanierung von Unternehmen (Teil I), DB 2011, S. 632–643.

*Hoene, Philipp/Eickmann, Marco:* Zur Formbedürftigkeit von Wandeldarlehen, GmbHR 2017, S. 854–859.

*Hoffmann, Dietrich:* Optionsanleihen ausländischer Töchter unter der Garantie ihrer deutschen Muttergesellschaft, AG 1973, S. 47–58.

*Hoffmann, Wolf-Dieter:* Sind wertlose Forderungen gegen Kapitalgesellschaften zum Nennwert einlagefähig?, BB 1992, S. 575–581.

*Hoffmann-Becking, Michael:* Zur rechtlichen Organisation der Zusammenarbeit im Vorstand der AG, ZGR 1998, S. 497–519.

*Hofmeister, Holger:* Der erleichterte Bezugsrechtsausschluß bei Wandelschuldverschreibungen, Gewinnschuldverschreibungen und Genußrechten: zur Reichweite des Verweises in § 221 Abs. 4 S. 2 AktG auf § 186 Abs. 3 S. 4 AktG, Frankfurt am Main 2000 (zugl. Diss. Regensburg 1999) [zitiert: *Hofmeister*, Der erleichterte Bezugsrechtsausschluß bei Wandelschuldverschreibungen].

*Hofmeister, Holger:* Der Ausschluß des aktienrechtlichen Bezugsrechts bei börsennotierten AG, NZG 2000, S. 713–719.

*Holland, Björn/Goslar, Sebastian:* Die Bedienung von Wandelanleihen aus genehmigtem Kapital, NZG 2006, S. 892–896.

*Hölters, Wolfgang (Hrsg.):* Aktiengesetz, Kommentar, 3. Aufl., München 2017 [zitiert: *Bearbeiter*, in: Hölters, AktG].

*Hölzle, Gerrit:* Die „erleichterte Sanierung von Unternehmen" in der Nomenklatur der InsO – ein hehres Regelungsziel des RefE-ESUG, NZI 2011, S. 124–131.

*Holzmann, Daniel/Eichstädt, Jan Ole:* Die „Bis zu" Kapitalerhöhung im System der Kapitalmaßnahmen des Aktiengesetzes, DStR 2010, S. 277–281.

*Hommelhoff, Peter:* Unternehmensführung in der mitbestimmten GmbH, ZGR 1978, S. 119–155.

*Hommelhoff, Peter:* Jahresabschluß und Gesellschafterinformation in der GmbH, ZIP 1983, S. 383–392.

*Hopt, Klaus J./Seibt, Christoph H. (Hrsg.):* Schuldverschreibungsrecht, Kommentar, Handbuch, Vertragsmuster, Köln 2017 [zitiert: *Bearbeiter*, in: Hopt/Seibt].

*Hueck, Götz:* Der Grundsatz der gleichmäßigen Behandlung im Privatrecht, Berlin 1958 (zugl. Habil. Münster 1958).

*Hueck, Alfred:* Die Behandlung von Wandelschuldverschreibungen bei Änderung des Grundkapitals, DB 1963, S. 1347–1351.

*Hüffer, Uwe:* Aktienbezugsrechte als Bestandteil der Vergütung von Vorstandsmitgliedern und Mitarbeitern – gesellschaftsrechtliche Analyse, ZHR 161 (1997), S. 214–245.

*Hüffer, Uwe:* § 216 Abs. 3 AktG: Sondernorm oder allgemeiner Rechtsgedanke?, in: *Westermann, Harm Peter/Mock, Klaus (Hrsg.)*, Festschrift für Gerold Bezzenberger zum 70. Geburtstag am 13. März 2000, Berlin/New York 2000, S. 191–210 [zitiert: *Hüffer*, FS Bezzenberger, 2000].

*Hüffer, Uwe/Koch, Jens:* Aktiengesetz, 15. Aufl., München 2021 [zitiert: *Bearbeiter*, in: Hüffer/Koch, AktG].

*Hunecke, Daniel:* Der Zeichnungsvertrag, Tübingen 2011 (zugl. Diss. Tübingen 2010).

*Immenga, Ulrich:* Die personalistische Kapitalgesellschaft, Bad Homburg 1970 (zugl. Habil. Bielefeld 1970).

*Jacobi, Ernst:* Ein Beitrag zum Bezugsrecht der Aktionäre, in: *Klausing, Friedrich/Nipperdey, Hans Carl/Nußbaum, Arthur*, Beiträge zum Wirtschaftsrecht, Band 2, Marburg 1931, S. 970–985.

*Jahn, Holger:* Der Letter of Intent, Frankfurt am Main 2000 (zugl. Diss. München 1999).

*Janssen, Friedrich:* Bedeutung und Ausstattung von Wandel- und Optionsanleihen, Göttingen 1982 (zugl. Diss. Göttingen 1980).

*Jauernig, Othmar (Begr.):* Bürgerliches Gesetzbuch, Kommentar, 18. Aufl., München 2021 [zitiert: *Bearbeiter*, in: Jauernig, BGB].

juris Praxiskommentar BGB: *Herberger, Maximilian/et al. (Hrsg.)*, Bd. 1: Allgemeiner Teil, 9. Aufl., Saarbrücken 2020 [zitiert: *Bearbeiter*, in: jurisPK-BGB].

*Kalisch, Hans:* Convertible Bonds, JW 1925, S. 573–575.

*Karollus, Martin:* Die Umwandlung von Geldkrediten in Grundkapital – eine verdeckte Sacheinlage? ZIP 1994, S. 589–599.

*Kastner, Walther:* Wandelschuldverschreibungen, JBl. 1952, S. 364–367.

*Katschinski, Ralf/Rawert, Peter:* Stangenware versus Maßanzug: Vertragsgestaltung im GmbH-Recht nach Inkrafttreten des MoMiG, ZIP 2008, S. 1993–2002.

*Kjer, Volkert:* Optionsanleihen: Analyse und Gestaltung einer Finanzierungs- und Anlageform, Berlin 1981.

*Klahold, Christoph:* Aktienoptionen als Vergütungselement, Frankfurt am Main 1999 (zugl. Diss. Münster 1999)

*Kleindiek, Detlef:* Debt-Equity-Swap im Insolvenzplanverfahren, in: *Erle, Bernd/et al. (Hrsg.)*, Festschrift für Peter Hommelhoff zum 70. Geburtstag, Köln 2012, S. 543–564 (zitiert: *Kleindiek*, FS Hommelhoff, 2012].

*Kleine, Sebastian:* Der Umtausch von Forderungen in Nennkapital, Baden-Baden 2015 (zugl. Diss. Düsseldorf 2015).

*Klett, Sabine:* Das genehmigte Kapital bei der GmbH, GmbHR 2008, S. 1312–1316.

*Kniehase, Martin:* Derivate auf eigene Aktien, Berlin 2005 (zugl. Diss. Mainz 2003/2004).

*Kniehase, Martin:* Der vereinfachte Bezugsrechtsausschluss bei der Ausgabe von Wandel- und Optionsanleihen, AG 2006, S. 180–187.

*Koch, Jens:* Kapitalerhöhungen „unter Wert“ als Anwendungsfall des § 216 Abs. 3 AktG?, AG 2017, S. 6–16.

*Kohler, Klaus:* Stock Options für Führungskräfte aus der Sicht der Praxis, ZHR 161 (1997), S. 246–268.

*Köhler, Helmut:* Kapitalerhöhung und vertragliche Gewinnbeteiligung, AG 1984, S. 197–202.

Kölner Kommentar zum Aktiengesetz: *Zöllner, Wolfgang/Noack, Ulrich (Hrsg.)*, Bd. 4-1. Teillieferung; §§ 182–191 AktG, 3. Aufl., Köln 2017, Bd. 4-2. Teillieferung: § 221 AktG, 3. Aufl., Köln 2017, Bd. 4-3. Teillieferung: §§ 192–201 AktG, 3. Aufl., Köln 2018 [zitiert: *Bearbeiter*, in: KölnerKomm, AktG].

Kölner Kommentar zum Aktiengesetz: *Zöllner, Wolfgang (Hrsg.)*, Bd. 5/1: §§ 179–240 AktG, 2. Aufl., Köln/Berlin/Bonn/München 1995 [zitiert: *Bearbeiter*, in: KölnerKomm, 2. Aufl. 1995, AktG].

*König, Wolfgang:* Zur Willensbildung im Stimmenpool, ZGR 2005, S. 417–436.

*Koppensteiner, Hans-Georg:* Ordentliche Kapitalerhöhung und dividendenabhängige Ansprüche Dritter, ZGR 1975, S. 191–207.

*Koppensteiner, Hans-Georg:* GmbH-rechtliche Probleme des Management Buy-Outs, ZHR 155 (1991), S. 97–119.

*Körber, Torsten:* Geschäftsleitung der Zielgesellschaft und due diligence bei Paketerwerb und Unternehmenskauf, NZG 2002, S. 263–272.

*Kösters, Friedrich:* Letter of Intent – Erscheinungsformen und Gestaltungshinweise, NZG 1999, S. 623–626.

*Krampen-Lietzke, Sabine:* Analoge Anwendung des § 55 GmbHG auf den Übernahmeverpflichtungsvertrag?, RNotZ 2016, S. 20–23.

*Krause, Rainer:* Atypische Kapitalerhöhungen im Aktienrecht, ZHR 181 (2017), S. 641–687.

*Krolop, Kaspar:* Deregulierung bei der Sacheinlage durch Regulierung der Gesellschafteraufrechnung, GmbHR 2007, S. 11–125.

*Kuntz, Thilo:* Die Zulässigkeit selbstständiger Aktienoptionen („naked warrants"), AG 2004, S. 480–486.

*Kuthe, Thorsten/Görtz, Christopher:* Wandelschuldverschreibungen – Das Beste aus zwei Welten, BG 2/2021, S. 34–35.

*Larenz, Karl:* Lehrbuch des Schuldrechts, Bd. 2/1: Besonderer Teil, 13. Aufl., München 1986 [zitiert: *Larenz*, SchuldR BT 1].

*Larenz, Karl:* Lehrbuch des Schuldrechts, Bd. 1: Allgemeiner Teil, 13. Aufl., München 1982 [zitiert: *Larenz*, SchuldR AT].

*Lenenbach, Markus:* Kapitalmarktrecht und kapitalmarktrelevantes Gesellschaftsrecht, 2. Aufl., Köln 2010.

*Leuering, Dieter/Simon, Stefan:* Die Bis-zu-Kapitalerhöhung im GmbH-Recht, NJW-Spezial 2005, S. 363–368.

*Lieder, Jan:* Der Einfluss des genehmigten Kapitals auf die Dogmatik des GmbH-Rechts, ZGR 2010, S. 868–917.

*Lieder, Jan:* Grund- und Zweifelsfragen des genehmigten Kapitals der GmbH, DNotZ 2010, S. 655–683.

*Lieder, Jan:* Die Kapitalerhöhung in Krise und Insolvenz, in: *Bayer, Walter/Koch, Elisabeth (Hrsg.)*, Aktuelles GmbH-Recht, Baden-Baden 2013, S. 142–177.

*Lieder, Jan:* Vorgründungsgesellschaft, Vorbeteiligungsgesellschaft und andere Vorbereitungsgesellschaften, DStR 2014, S. 2464–2470.

*Lieder, Jan:* Formbedürftigkeit der Kapitalerhöhung und verbundener Geschäfte, in: *Dreher, Meinrad/Mülbert, Peter/Verse, Dirk/Drescher, Ingo*, Festschrift für

Alfred Bergmann zum 65. Geburtstag am 13. Juli 2018, Berlin/Boston 2018, S. 473–508 [zitiert: *Lieder*, FS Bergmann, 2018].

*Linnhoff, Hans-Otto:* Kapitalerhöhung und Sanierung im Wandelanleihe-Vertrag, DB 1955, S. 1193–1196.

*Linnhoff, Hans-Otto:* Optionsanleihen, Köln 1956.

*Lohr, Martin:* Die Beschränkung der Innenhaftung der GmbH-GF, NZG 2000, S. 1204–1213.

*Loos, Gerold:* Sachgemäße Ausgestaltung der Bedingungen von Wandelschuldverschreibungen zum Schutze der Wandelschuldverschreibungsgläubiger, DB 1960, S. 515–518.

*Lorenz, Werner:* Vorzugsrechte beim Vertragsschluss, in: *von Caemmerer, Ernst/Nikisch, Arthur/Zweigert, Konrad (Hrsg.),* Vom deutschen zum europäischen Recht, Festschrift für Hans Dölle, Band 1, Tübingen 1963, S. 103–134 [zitiert: *Lorenz*, FS Dölle I, 1963].

*Ludwig, Wolfgang:* Verwässerungsschutzklauseln bei Wandelschuldverschreibungen, Kredit und Kapital 10 (1977), S. 91–116.

*Lutter, Marcus:* Optionsanleihen ausländischer Tochtergesellschaften, in: *Loebenstein, Edwin/Mayer, Johann/Frotz, Gerhard/Doralt, Peter (Hrsg.),* Wirtschaftspraxis und Rechtswissenschaft, Festschrift für Walther Kastner zum 70. Geburtstag, Wien 1972, S. 245–268 [zitiert: *Lutter*, FS Kastner, 1972].

*Lutter, Marcus:* Gescheiterte Kapitalerhöhungen, in: *Fischer, Robert/Hefermehl, Wolfgang (Hrsg.),* Gesellschaftsrecht und Unternehmensrecht, Festschrift für Wolfgang Schilling zum 65. Geburtstag am 5.6.1973, Berlin 1973, S. 207–234 [zitiert: *Lutter*, FS Schilling, 1973]

*Lutter, Marcus:* Materielle und förmliche Erfordernisse eines Bezugsrechtsausschlusses – Besprechung der Entscheidung BGHZ 71, 40 (Kali und Salz), ZGR 1979, S. 401–418.

*Lutter, Marcus:* Theorie der Mitgliedschaft, AcP 180 (1980), S. 84–159.

*Lutter, Marcus:* Verdeckte Leistungen und Kapitalschutz, in: *Lutter, Marcus/Oppenhoff, Walter/Sandrock, Otto/Winkhaus, Hanss (Hrsg.),* Festschrift für Ernst C. Stiefel zum 80. Geburtstag, München 1987, S. 505–534 [zitiert: *Lutter*, FS Stiefel, 1987].

*Lutter, Marcus:* Aktienoptionen für Führungskräfte – de lege lata und de lege ferenda, ZIP 1997, S. 1–9.

*Lutter, Marcus:* Due diligence des Erwerbers beim Kauf einer Beteiligung, ZIP 1997, S. 613–620.

*Lutter, Marcus:* Haftung und Haftungsfreiräume des GmbH-Geschäftsführers, GmbHR 2000, S. 301–312.

*Lutter, Marcus/Hommelhoff, Peter:* GmbH-Gesetz, Kommentar, 20. Aufl., Köln 2020 [zitiert: *Bearbeiter*, in: Lutter/Hommelhoff, GmbHG].

*Lutter, Marcus/Hommelhoff, Peter:* GmbH-Gesetz, Kommentar, 19. Aufl., Köln 2016 [zitiert: *Bearbeiter*, in: Lutter/Hommelhoff, 19. Aufl. 2016, AktG].

*Lux, Sabrina:* Die Dogmatik des Umtausches von Wandelanleihen in Aktien, Jena 2014 (zugl. Diss. Jena 2014).

*Mackh, Elena:* Wandelschuldverschreibungen bei der GmbH, Hamburg 2015 (zugl. Diss. Bayreuth 2014) [zitiert: *Mackh*, Wandelschuldverschreibungen]

*Maidl, Johannes:* Die Wandelschuldverschreibung bei der GmbH, NZG 2006, S. 778–780.

*Maier-Reimer, Georg:* Debt Equity Swap, in: Gesellschaftsrechtliche Vereinigung (Hrsg.), Gesellschaftsrecht in der Diskussion 2011, Köln 2012, S. 107–140.

*Marsch-Barner, Reinhard/Schäfer, Frank A. (Hrsg.)*: Handbuch börsennotierte AG, 4. Aufl., Köln 2018 [zitiert: *Bearbeiter*, in: Marsch-Barner/Schäfer, HdB-AG].

*Martens, Klaus-Peter:* Der Grundsatz gemeinsamer Verantwortung, in: *Goerdeler, Reinhard/Hommelhoff, Peter/Lutter, Marcus/Wiedemann, Herbert (Hrsg.)*, Festschrift für Hans-Joachim Fleck zum 70. Geburtstag am 30. Januar 1988, Berlin 1988, S. 191–208 [zitiert: *Martens*, FS Fleck, 1988].

*Medicus, Dieter:* Interne Geschäftsverteilung und Außenhaftung, GmbHR 1998, S. 9–16.

*Meier, Patrick/Jocham, Felix:* Rechtsfortbildung – Methodischer Balanceakt zwischen Gewaltenteilung und materieller Gerechtigkeit, JuS 2016, S. 392–398.

*Meilicke, Wienand:* Die Kapitalaufbringungsvorschriften als Sanierungsbremse – Ist die deutsche Interpretation des § 27 Abs. 2 AktG richtlinienkonform? (Teil II), DB 1989, S. 1119–1124.

*Mertens, Bernd:* Die Reichweite gesetzlicher Formvorschriften im BGB, JZ 2004, S. 431–439.

*Meyer, F.:* Wandelschuldverschreibungen, BB 1955, S. 549–551.

*Meyer, Andreas/Weber, Thomas:* Kurzfristige Eigenkapitalaufnahme de lege ferenda – Denkanstöße zur Deregulierung der rechtlichen Anforderungen an Eigenkapitalmaßnahmen börsennotierter Gesellschaften im Lichte der Finanzkrise, CFL 2012, S. 249–260.

*Meyer-Cording, Ulrich/Drygala, Tim:* Wertpapierrecht, 3. Aufl., Neuwied/Kriftel/Berlin 1995.

*Meyer-Landrut, Joachim/Miller, Georg/Niehus, Rudolf J.:* Gesetz betreffend die Gesellschaften mit beschränkter Haftung einschließlich Rechnungslegung zum Einzel- sowie zum Konzernabschluß, Kommentar, Berlin/New York 1987 [zitiert: *Bearbeiter*, in: Meyer-Landrut/Miller/Niehus, 1987, GmbHG].

*Merkner, Andreas/Schmidt-Bendun, Rüdiger:* Die Aktienrechtsnovelle 2012 – Überblick über den Regierungsentwurf, DB 2012, S. 98–106.

*Michalski, Lutz/Heidinger, Andreas/Leible, Stefan/Schmidt, Jessica (Hrsg.):* Kommentar zum Gesetz betreffend die Gesellschaften mit beschränkter Haftung, Bd. 1: Systematische Darstellungen, §§ 1–34 GmbHG, Bd. 2: §§ 35–88 GmbHG, EGGmbHG, 3. Aufl., München 2017 [*Bearbeiter*, in: MHLS, GmbHG].

*Milch, Patricia:* Venture-Capital-Beratung: der Wandeldarlehensvertrag bei der GmbH, BB 2016, S. 1538–1542.

*Mock, Sebastian:* Genussrechtsinhaber in der Insolvenz des Emittenten, NZI 2014, S. 102–106.

*Möhlenkamp, Andreas/Harder, Philipp-Boie:* Die umgekehrte Wandelschuldverschreibung (CoCo-Bonds) – ein neues Sanierungsinstrument?, ZIP 2016, S. 1093–1100.

*Mohren, Philipp:* Leistungsstörungen beim Einbringen von Sacheinlagen in Gesellschaften mit beschränkter Haftung, Berlin 2013 (zugl. Diss. Gießen 2013).

*Mülbert, Peter:* Sacheinlagepflicht, Sacheinlagevereinbarung und Sacheinlagefestsetzungen im Aktien- und GmbH-Recht, in: *Hommelhoff, Peter/Rawert, Peter/Schmidt, Karsten (Hrsg.)*, Festschrift für Hans-Joachim Priester zum 70. Geburtstag, Köln 2007, S. 485–504 [zitiert: *Mülbert*, FS Priester, 2007]

*Müller, Hans-Friedrich:* Gesellschaftsrechtliche Maßnahmen im Insolvenzplan, KTS 2012, S. 419–452.

*Müller, Klaus:* Stimmbindungen von GmbH-Gesellschaftern, GmbHR 2007, S. 113–117.

*Mülsch, Hanss-William/Penzel, Cornelia:* Optionen auf Beteiligungen an Personenhandelsgesellschaften und GmbH, ZIP 2004, S. 1987–1996.

Münchener Anwaltshandbuch Aktienrecht: *Schüppen, Matthias/Schaub, Bernhard (Hrsg.)*, 3. Aufl., München 2018 [zitiert: *Bearbeiter*, in: MAH-AG].

Münchener Anwaltshandbuch GmbH-Recht: *Römermann, Volker (Hrsg.)*, 4. Aufl., München 2018 [zitiert: *Bearbeiter*, in: MAH-GmbH].

Münchener Handbuch des Gesellschaftsrechts: *Hoffmann-Becking, Michael (Hrsg.)*, Bd. 4: Aktiengesellschaft, 5. Aufl., München 2020 [zitiert: *Bearbeiter*, in: MHdB GesR IV].

Münchener Handbuch des Gesellschaftsrechts: *Priester, Hans-Joachim/Mayer, Dieter/Wicke, Hartmut (Hrsg.)*, Bd. 3: Gesellschaft mit beschränkter Haftung, 5. Aufl., München 2018 [zitiert: *Bearbeiter*, in: MHdB GesR III].

Münchener Kommentar zum Aktiengesetz: *Goette, Wulf/ Habersack, Mathias (Hrsg.)*, Bd. 1: §§ 1–75, 5. Aufl., München 2019, Bd. 4: §§ 179–277, 5. Aufl., München 2021 [zitiert: *Bearbeiter*, in: MüKoAktG].

Münchener Kommentar zum Bilanzrecht: *Hennrichs, Joachim/Kleindiek, Detlef/ Watrin, Christoph (Hrsg.)*, Bd. 2: Bilanzrecht, §§ 238–342e HGB, München 2013 [zitiert: *Bearbeiter*, in: MüKoBilanzR].

Münchener Kommentar zum Bürgerlichen Gesetzbuch: *Säcker, Franz Jürgen/ Rixecker, Roland/Oetker, Hartmut/Limperg, Bettina (Hrsg.)*, Bd. 1: §§ 1–240 AllgPersönlR, ProstG, AGG, 8. Aufl., München 2018, Bd. 2: §§ 241–310, 8. Aufl., München 2019, Bd. 3: §§ 311–432, 8. Aufl., München 2019, Bd. 4: §§ 433–543, Finanzierungsleasing, CISG, 8. Aufl., München 2019, Bd. 5: §§ 535–630h, BetrKV, HeizkostenV, WärmeLV, EFZG, TzBfG, KSchG, MiLoG, 8. Aufl., München 2020, Bd. 7: §§ 705–853, PartGG, ProdHaftG, 8. Aufl., München 2020 [zitiert: *Bearbeiter*, in: MüKoBGB].

Münchener Kommentar zum GmbHG: *Fleischer, Holger/Goette, Wulf (Hrsg.)*, Bd. 1: §§ 1–34, 3. Aufl., München 2019, Bd. 2: §§ 35–52, 3. Aufl., München 2019, Bd. 3: §§ 53–88, 3. Aufl. München 2018 [zitiert: *Bearbeiter*, in: MüKoGmbHG].

Münchener Kommentar zum GmbHG: *Fleischer, Holger/Goette, Wolf (Hrsg.)*, Bd. 3: §§ 53–85, 2. Aufl., München 2016 [zitiert: *Bearbeiter*, in: MüKoGmbHG, 2. Aufl. 2016].

Münchener Kommentar zum Handelsgesetzbuch: *Schmidt, Karsten/Ebke, Werner F. (Hrsg.)*, Bd. 4: Drittes Buch. Handelsbücher, §§ 238–342e HGB, 4. Aufl., München 2020 [zitiert: *Bearbeiter*, in: MüKoHGB].

Münchener Kommentar zur Zivilprozessordnung: mit Gerichtsverfassungsgesetz und Nebengesetzen, *Krüger, Wolfgang/Rauscher, Thomas (Hrsg.)*, Bd. 2: §§ 355–945b, 6. Aufl., München 2020 [zitiert: *Bearbeiter*, in: MüKoZPO].

*Munzig, Jörg:* Das gesetzliche Bezugsrecht bei der GmbH, Augsburg 1995 (zugl. Diss. Augsburg 1995).

*Musielak, Hans-Joachim/Voit, Wolfgang (Hrsg.):* Zivilprozessordnung mit Gerichtsverfassungsgesetz, Kommentar, 18. Aufl., München 2021 [zitiert: *Bearbeiter*, in: Musielak/Voit, ZPO].

*Natterer, Joachim:* Kapitalveränderung der Aktiengesellschaft, Bezugsrecht der Aktionäre und „sachlicher Grund", Bielefeld 2000 (zugl. Diss. Passau 1989/ 1999) [zitiert: *Natterer*, Kapitalveränderung]

*Nietsch, Michael:* Die Flexibilisierung der Kapitalaufnahme bei der GmbH – Überlegungen zur Einführung des genehmigten Kapitals (§ 55a GmbHG) und der Kapitalerhöhung bis zum Höchstbetrag, in: *Burgard, Ulrich/Hadding, Walther/Mülbert, Peter/Nietsch, Michael/Welter, Reinhard (Hrsg.)*, Festschrift für Uwe H. Schneider zum 70. Geburtstag, Köln 2011, S. 873–894 [zitiert: *Nietsch*, FS U. H. Schneider, 2011].

*Nodoushani, Manuel:* Contingent Convertible Bonds, WM 2016, S. 589–598.

*Norden, Eberhard:* Bezugsrecht und GmbH, Diss. Tübingen 1991.

*Oppenhoff, Christine:* Die GmbH-Reform durch das MoMiG – ein Überblick, BB 2008, S. 1630–1635.

*Oppenländer, Frank:* Grenzen der Auskunftserteilung durch Geschäftsführer und Gesellschafter beim Verkauf von GmbH-Geschäftsanteilen, GmbHR 2000, S. 535–541.

*Ostheim, Rolf:* Probleme bei Vertretung durch Geschäftsunfähige, AcP 169 (1969), S. 193–231.

*Oulds, Mark:* Neues zur Emission von Wandelschuldverschreibungen im Lichte des geplanten VorstKoG und der Delegierten Verordnung (EU) 759/2013, CFL 2013, S. 213–224.

*Overrath, Hans-Peter:* Die Stimmrechtsbindung, Rosenheim 1973 (zugl. Diss. Bochum 1972).

*Paefgen, Walter:* Eigenkapitalderivate bei Aktienrückkäufen und Managementbeteiligungsmodellen, AG 1999, S. 67–74.

*Palandt, Otto (Begr.)*: Bürgerliches Gesetzbuch mit Nebengesetzen, 80. Aufl., München 2021 [zitiert: *Bearbeiter*, in: Palandt, BGB].

*Paschos, Nikolaos/Goslar, Sebastian:* Die Aktienrechtsnovelle 2016 – ein Überblick, NJW 2016, S. 359–364.

*Pescatore, Gustav:* Die sogenannte alternative Obligation, Marburg 1880.

*Peters, Oliver:* Ressortverteilung zwischen GmbH-Geschäftsführern und ihre Folgen, GmbHR 2008, S. 682–687.

*Piehler, Klaus:* Die Stimmbindungsabrede bei der GmbH, DStR 1992, S. 1654–1661.

*Priester, Hans-Joachim:* Das gesetzliche Bezugsrecht bei der GmbH, DB 1980, S. 1925–1932.

*Priester, Hans-Joachim:* Drittbindung des Stimmrechts und Satzungsautonomie, in: *Hadding, Walther/Immenga, Ulrich/Mertens, Hans-Joachim/Pleyer, Clemens/Schneider, Uwe H. (Hrsg.)*, Festschrift für Winfried Werner zum 65. Geburtstag am 17. Oktober 1984, Berlin 1984, S. 657–680 [zitiert: *Priester*, FS Werner, 1984].

*Priester, Hans-Joachim:* Kapitalaufbringung bei korrespondierenden Zahlungsvorgängen, ZIP 1991, S. 345–355.

*Priester, Hans-Joachim:* Kapitalaufbringung, in: *Lutter, Marcus/Ulmer, Peter/Zöllner, Wolfgang (Hrsg.)*, Festschrift 100 Jahre GmbH-Gesetz, Köln 1992, S. 159–187 [zitiert: *Priester*, FS 100 Jahre GmbHG, 1992].

*Priester, Hans-Joachim:* Heilung verdeckter Sacheinlagen bei der GmbH, ZIP 1996, S. 1025–1032.

*Priester, Hans-Joachim:* Genehmigtes Kapital bei der GmbH, GmbHR 2008, S. 1177–1183.

*Priester, Hans-Joachim:* Vorausleistungen auf die Kapitalerhöhung nach MoMiG und ARUG, DStR 2010, S. 494–501.

*Priester, Hans-Joachim:* Emission-Tranchen bei ordentlicher Kapitalerhöhung?, NZG 2010, S. 81–86.

*Priester, Hans-Joachim:* Debt-Equity-Swap zum Nennwert?, DB 2010, S. 1445–1450.

*Prölss, Jürgen:* Haftung bei Vertretung ohne Vertretungsmacht, JuS 1986, S. 169–175.

*Regenfus, Thomas:* Die „doppelte Analogie" – Erscheinungsformen und Voraussetzungen, JA 2009, S. 579–584.

*Reichert, Jochem/Winter, Martin:* Vinkulierungsklauseln und gesellschafterliche Treupflicht, in: *Lutter, Marcus/Ulmer, Peter/Zöllner, Wolfgang (Hrsg.)*, Festschrift 100 Jahre GmbH-Gesetz, Köln 1992, S. 209–244 [zitiert: *Reichert/Winter*, FS 100 Jahre GmbHG].

*Reimer, Franz:* Juristische Methodenlehre, 2. Aufl., Baden-Baden 2020.

*Reiner-Pechtl, Sebastian:* Das genehmigte Kapital im System des GmbH-Rechts, Frankfurt am Main 2016 (zugl. Diss. München 2015).

*Reiswich, Patrick:* Das Rechtsprinzip des Verwässerungsschutzes, Berlin 2016 (zugl. Diss. Leipzig 2015).

*Reiswich, Patrick:* Verwässerungsschutz von Wandelschuldverschreibungen bei nominellen Kapitalerhöhungen, RdF 2017, S. 219–226.

*Reuter, Axel:* Das Problem der Vollwertigkeit von Gesellschafterforderungen im Zusammenhang mit deren Verwendung zur Kapitalerhöhung bei Gesellschaften mit beschränkter Haftung, BB 1978, S. 1195–1196.

*Rinnert, Sandra:* Auswirkung eines Formwechsels von einer AG in eine GmbH auf das bedingte Kapital zur Sicherung von Bezugsrechten, NZG 2001, S. 865–871.

*Rittmeister, Maximilian:* Due Diligence und Gemeinhaltungspflichten beim Unternehmenskauf, NZG 2004, S. 1032–1037.

*Ritzinger, Horst:* Der Vorvertrag in der notariellen Praxis, NJW 1990, S. 1201–1208.

*Röll, Ludwig:* Die Beurkundung von GmbH-Gesellschafterbeschlüssen, DNotZ 1979, S. 644–658.

*Rosener, Wolfgang:* Aktienoptionen beim Börsengang, in: *Westermann, Harm Peter/Mock, Klaus (Hrsg.)*, Festschrift für Gerold Bezzenberger zum 70. Geburtstag am 13. März 2000, Berlin/New York 2000, S. 745–755 [zitiert: *Rosener*, FS Bezzenberger, 2000].

*Rosenkranz, Frank:* Die Auslegung von „Ausnahmevorschriften", JURA 2015, S. 783–788.

*Roser, Frank:* Gesellschaftereinlagen im Lichte des Beschlusses des Großen Senats des BFH v. 9.6.1997 - 1 GrS 1/94, GmbHR 1998, S. 301–307.

*Roth, Günter H./Altmeppen, Holger (Hrsg.):* Gesetz betreffend die Gesellschaften mit beschränkter Haftung, Kommentar, 9. Aufl., München 2019 [zitiert: *Bearbeiter*, in: Roth/Altmeppen, GmbHG].

*Roth, Markus/Schoneweg, Hans:* Emission selbständiger Aktienoptionen durch die Gesellschaft, WM 2002, S. 677–683.

*Rottnauer, Achim:* Gestaltungsdauer der Ermächtigungsbefugnis bei genehmigtem Kapital: Dispositionsspielraum des Vorstands?, BB 1999, S. 330–334.

*Rottnauer, Achim:* Ausgabebetragsbemessung bei effektiver Kapitalerhöhung in einer personalistischen Kapitalgesellschaft, ZGR 2007, S. 401–439.

*Rowedder, Heinz/Schmidt-Leithoff, Christian (Hrsg.):* Gesetz betreffend die Gesellschaften mit beschränkter Haftung, Kommentar, 6. Aufl., München 2017 [zitiert: *Bearbeiter*, in: Rowedder/Schmidt-Leithoff, GmbHG].

*Rozijn, Michael:* „Wandelanleihe mit Wandlungspflicht" - eine deutsche equity note?, ZBB 1988, S. 77–100.

*Ruhwinkel, Sebastian:* Der GmbH-Geschäftsanteil, DNotZ, S. 237–239.

*Rusch, Horst:* Die Wandelschuldverschreibung, Berlin 1956.

*Saenger, Ingo/Inhester, Michael (Hrsg.):* GmbHG, Handkommentar, 4. Aufl., Baden-Baden 2020 [zitiert: *Bearbeiter*, in: Saenger/Inhester, GmbHG].

*Saß, Julia:* Die Kapitalerhöhung bei der GmbH - Ein Überblick, RNotZ 2016, S. 213–228.

*Schanz, Kay-Michael:* Mitarbeiterbeteiligungsprogramme, NZA 2000, S. 626–635.

*Schanz, Kay-Michael:* Wandel- und Optionsanleihen, BKR 2011, S. 410–416.

*Schlitt, Michael/Löschner, Ramin:* Abgetrennte Optionsrechte und Naked Warrants, BKR 2002, S. 150–157.

*Schlitt, Michael/Seiler, Oliver/Singhof, Bernd:* Aktuelle Rechtsfragen und Gestaltungsmöglichkeiten im Zusammenhang mit Wandelschuldverschreibungen, AG 2003, S. 254–268.

*Schmidt, Karsten:* Fehlerhafte Beschlüsse in Gesellschaften und Vereinen (I), AG 1977, S. 205–210.

*Schmidt, Karsten:* Die sanierende Kapitalerhöhung im Recht der Aktiengesellschaft, GmbH und Personengesellschaft, ZGR 1982, S. 519–538.

*Schmidt, Karsten:* Obligatorische Nutzungsrechte als Sacheinlagen?, ZHR 154 (1990), S. 237–258.

*Schmidt, Karsten:* Gesellschaftsrecht, 4. Aufl., Köln/Berlin/Bonn/München 2002.

*Schmidt, Karsten:* Gesetzgebung und Rechtsfortbildung im Recht der GmbH und der Personengesellschaften, JZ 2009, S. 10–20.

*Schmidt, Karsten:* Gesellschaftsrecht und Insolvenzrecht im ESUG-Entwurf, BB 2011, S. 1603–1610.

*Schmidt, Karsten:* Debt-to-Equity-Swap bei der (GmbH & Co.-) Kommanditgesellschaft, ZGR 2012, S. 566–584.

*Schmidt, Karsten/Lutter, Marcus (Hrsg.):* Aktiengesetz, Kommentar, 4. Aufl., Köln 2020 [zitiert: *Bearbeiter*, in: K. Schmidt/Lutter, AktG].

*Schneider, David:* Singularia non sunt extendenda, JA 2008, S. 174–177.

*Schnorbus, York:* Die Teilnahme des Scheingesellschafters an Strukturmaßnahmen in der GmbH, ZGR 2004, S. 126–157.

*Schnorbus, York/Donner, Kirsten:* Das genehmigte Kapital bei der GmbH – der neue § 55a GmbHG in der Praxis, NZG 2009, S. 1241–1246.

*Schnorbus, York/Trapp, Christoph:* Die Ermächtigung des Vorstands zur Ausgabe von Wandelschuldverschreibungen gegen Sacheinlage, ZGR 2010, S. 1023–1054.

*Schnorr von Carolsfeld, Ludwig:* Bemerkungen zum Aktienrecht, DNotZ 1963, S. 404–421.

*Schockenhoff, Martin:* Der Grundsatz der Vereinsautonomie, AcP 193 (1993), S. 35–67.

*Scholz, Franz (Begr.):* Kommentar zum GmbH-Gesetz, Bd. 1: §§ 1–34, 12. Aufl., Köln 2018, Bd. 2: §§ 35–52, 12. Aufl., Köln 2021, Bd. 3: §§ 53–88, 12. Aufl. Köln 2020 [zitiert: *Bearbeiter*, in: Scholz, GmbHG].

*Scholz, Franz (Begr.):* Kommentar zum GmbH-Gesetz, Bd. 2: §§ 45–87, 9. Aufl., Köln 2002 [zitiert: *Bearbeiter*, in: Scholz, GmbHG].

*Schreiber, Klaus:* Anmerkung zu BAG, Beschl. v. 09.12.2009, 7 ABR 90/07, BAG AP BetrVG 1972 § 40 Nr. 96.

*Schubert, Werner (Hrsg.):* Entwurf des Reichsjustizministeriums zu einem Gesetz über Gesellschaften mit beschränkter Haftung von 1939, Heidelberg 1985.

*Schubert, Werner (Hrsg.):* Quellen zur Aktienrechtsreform der Weimarer Republik (1926–1931), Bd. 2, Frankfurt am Main 1999.

*Schubert, Werner/Hommelhoff, Peter (Hrsg.):* Die Aktienrechtsreform am Ende der Weimarer Republik, Berlin/New York 1986.

*Schulze, Reiner:* Bürgerliches Gesetzbuch, Handkommentar, 10. Aufl., Baden-Baden 2019 [zitiert: *Bearbeiter*, in: Schulze, BGB].

*Schumann, Günter:* Optionsanleihen: Rechtliche Grundlagen und aktuelle Probleme, Köln/Berlin/Bonn/München 1990 (zugl. Diss. Bonn 1989) [zitiert: *Schumann*, Optionsanleihen]

*Schüppen, Matthias:* Die sukzessive Durchführung von ordentlichen Kapitalerhöhungen – Eine Gestaltung auf der Grenzlinie zum genehmigten Kapital, AG 2001, S. 125–127.

*Schurig, Klaus:* Das Vorkaufsrecht im Privatrecht, Berlin 1975 (zugl. Diss. Köln 1974).

*Schürnbrand, Jan:* Gewinnbezogene Schuldtitel in der Umstrukturierung, ZHR 173 (2009), S. 689–710.

*Schürnbrand, Jan:* Die überzeichnete Kapitalerhöhung, in: *Habersack, Mathias/Huber, Karl/Spindler, Gerald (Hrsg.)*, Festschrift für Eberhard Stilz zum 65. Geburtstag, München 2014, S. 569–584 (zitiert: *Schürnbrand*, FS Stilz, 2014).

*Segmiller, Alexander:* Kapitalmaßnahmen im Insolvenzplan, Baden-Baden 2013 (zugl. Diss. Tübingen 2013).

*Seibert, Ulrich/Böttcher, Leif:* Der Regierungsentwurf der Aktienrechtsnovelle 2012, ZIP 2012, S. 12–17.

*Seibert, Ulrich/Decker, Daniela:* Die GmbH-Reform kommt!, ZIP 2008, S. 1208–1212.

*Seibt, Christoph:* Wandelschuldverschreibungen: Marktbericht, Dokumentationen und Refinanzierungsoptionen, CFL 2010, S. 165–176.

*Seibt, Christoph/Schulz, Stephan:* Sachkapitalerhöhungen bei Aktiengesellschaften im Transaktionskontext, CFL 2012, S. 313–331.

*Sieger, Jürgen/Hasselbach, Kai:* Die Übernahme von Gewährleistungen durch die Aktiengesellschaft bei Kapitalerhöhung und Aktientausch, BB 2004, S. 60–64.

*Sieger, Jürgen/Schulte, Norbert:* Vereinbarungen über Satzungsänderungen, GmbHR 2002, S. 1050–1054.

*Simon, Stefan:* Der Debt Equity Swap nach dem Gesetz zur weiteren Erleichterung der Sanierung von Unternehmen (ESUG), CFL 2010, S. 448–459.

*Soergel, Hans Theodor (Begr.):* Bürgerliches Gesetzbuch mit Einführungsgesetz und Nebengesetzen, Kommentar, Bd. 2: Allgemeiner Teil 2, §§ 104–240, 13. Aufl., Stuttgart/Berlin/Köln/Mainz 1999 [zitiert: *Bearbeiter*, in: Soergel, BGB].

*Spliedt, Jürgen:* Debt-Equity-Swap und weitere Strukturänderungen nach dem ESUG, GmbHR 2012, S. 462–471.

*Spiering, Christoph/Grabbe, Hartwig:* Bedingtes Kapital und Wandelschuldverschreibungen – Mindestausgabebetrag und Errechnungsgrundlagen im Rahmen des § 193 Abs. 2 Nr. 3 AktG, AG 2004, S. 91–96.

*Staake, Marco:* Der Verfall von Aktienoptionen bei Mitarbeiterbeteiligungsprogrammen, NJOZ 2010, S. 2494–2500.

*Staake, Marco:* Verfall von Aktienoptionen bei Mitarbeiterbeteiligungsprogrammen, NJW 2010, S. 3755.

*Steinbeck, Anja:* Vereinsautonomie und Dritteinfluß, Berlin 1999 (zugl. Habil. Mainz 1998).

*Steiner, Klaus:* Zulässigkeit der Begebung von Optionsrechten auf Aktien ohne Optionsschuldverschreibung (naked warrants), WM 1990, S. 1776–1780.

*Stenzel, Roman:* Grundlagen von Managementbeteiligungen an AG und GmbH (Teil I), DStR 2018, S. 82–86.

*Stenzel, Roman:* Grundlagen von Managementbeteiligungen an AG und GmbH (Teil II), DStR 2018, S. 139–144.

*Stöber, Michael:* Anmerkung zum Urteil des BGH vom 03.11.2015 – II ZR 13/14: Lösungsrecht des Inferenten vom Übernahmevertrag – (Treue-)Pflicht der Gesellschaft zur Förderung der Durchführung einer Kapitalerhöhung, BB 2015, S. 3088–3091.

*Terbrack, Christoph:* Schlafender Riese oder Papiertiger? Eine Bestandsaufnahme zum genehmigten Kapital bei der GmbH im Lichte der aktuellen Rechtsprechung, DNotZ 2012, S. 917–930.

*Ternick, René:* Der Vorvertrag beim Unternehmenskauf, GmbHR 2015, S. 627–634.

*Than, Jürgen:* Rechtliche und praktische Fragen der Kapitalerhöhung aus Gesellschaftsmitteln bei einer Aktiengesellschaft, WM-Festgabe für Theodor Heinsius vom 25. September 1991, S. 54–62.

*Thelen, Martin:* Beteiligungsverträge in der notariellen Praxis, RNotZ 2020, S. 121–148.

*Tholen, Laurenz/Weiß, Manuel:* Formfragen bei Finanzierungsrunden in der GmbH, GmbHR 2016, S. 915–922.

*Timm, Wolfram:* Zur Sachkontrolle von Mehrheitsentscheidungen im Kapitalgesellschaftsrecht, ZGR 1987, S. 403–442.

*Trautmann, Oliver:* Das genehmigte Kapital der GmbH, Göttingen 2012 (zugl. Diss. Osnabrück 2012)

*Ulmer, Peter:* Begründung von Rechten für Dritte in der Satzung einer GmbH?, in *Hadding, Walther/Immenga, Ulrich/Mertens, Hans-Joachim/Pleyer, Clemens/Schneider, Uwe H. (Hrsg.),* Festschrift für Winfried Werner zum 65. Geburtstag am 17. Oktober 1984, Berlin 1984, S. 911–932 [zitiert: *Ulmer*, FS Werner, 1984].

*Ulmer, Peter/Habersack, Mathias/Löbbe, Marc (Hrsg.):* Gesetz betreffend die Gesellschaften mit beschränkter Haftung, Großkommentar, Bd. 2: §§ 29–52, 2. Aufl., Tübingen 2014, Bd. 3: §§ 53–88, 2. Aufl., Tübingen 2016 [zitiert: *Bearbeiter*, in: UHL, GmbHG].

*Ulmer, Peter/Habersack, Mathias/Winter, Martin (Hrsg.):* Gesetz betreffend die Gesellschaften mit beschränkter Haftung, Großkommentar, Bd. 3: §§ 53–88, 1. Aufl., Tübingen 2008 [zitiert: *Bearbeiter*, in: UHW, GmbHG].

*Veil, Rüdiger:* Die Reform des Rechts der Kapitalaufbringung durch den RegE MoMiG, ZIP 2007, S. 1241–1248.

*Volhard, Rüdiger/Weber, Dolf:* Gesellschaftsvertragliche Verschwiegenheits- und Offenbarungspflichten bei der Veräußerung von GmbH-Geschäftsanteilen, in: *Bierich, Marcus/Hommelhoff, Peter/Kropff, Bruno (Hrsg.)*, Festschrift für Johannes Semler zum 70. Geburtstag am 28. April 1993, Berlin 1993, S. 387–418 [zitiert: *Volhard/Weber*, FS Semler, 1993].

*von Caemmerer, Ernst:* Obligationen als Substanzrechte, JZ 1951, S. 417–423.

*von Einem, Henning:* Die Rechtsnatur der Option, Berlin 1974.

*von Falkenhausen, Joachim/Bruckner, Volkmar:* Share for Share-Transaktionen: Kann sich der Vorstand einer Aktiengesellschaft vertraglich verpflichten, Aktien auszugeben?, AG 2009, S. 732–738.

*von Staudinger, Julius (Begr.):* Kommentar zum Bürgerlichen Gesetzbuch mit Einführungsgesetz und Nebengesetzen, Buch 1, Allgemeiner Teil, §§ 125–129 (Neubearbeitung 2017), §§ 139–163 (Neubearbeitung 2020), §§ 164–240 (Neubearbeitung 2019), Buch 2, Recht der Schuldverhältnisse, §§ 255–304 (Neubearbeitung 2019), §§ 535–556g (Neubearbeitung 2018), §§ 779–811 (Neubearbeitung 2015), Berlin 2015 [zitiert: *Bearbeiter*, in: Staudinger, BGB].

*von Woedtke, Niclas:* „Augen auf" beim GmbH-Verkauf!, GmbHR 2017, S. 505–511.

*Wachter, Thomas:* Gescheiterte Kapitalerhöhungen bei Gesellschaften mit beschränkter Haftung, DB 2016, S. 275–281.

*Wachter, Thomas:* Form bei der Übernahmeerklärung, GmbHR 2018, S. 134–138.

*Wachter, Thomas (Hrsg.):* Kommentar zum Aktiengesetz, 3. Aufl., Köln 2018 [zitiert: *Bearbeiter*, in: Wachter, AktG].

*Wagner, Matthias:* Gestaltungen im Vorfeld des endgültigen Vertragsabschlusses, NotBZ 2000, S. 69–78.

*Walz, Robert/Fembacher, Tobias:* Zweck und Umfang der Beurkundung nach § 15 GmbHG, NZG 2003, S. 1134–1143.

*Wank, Rolf:* Juristische Methodenlehre, München 2020.

*Wansleben, Till:* Werthaltigkeitsprüfung und Offenlegung beim Debt Equity Swap, WM 2012, S. 2083–2092.

*Weber, Christoph:* Privatautonomie und Außeneinfluß im Gesellschaftsrecht, Tübingen 2000 (zugl. Habil. Mainz 1999).

*Weber, Jens/Schneider, Petra:* Die nach dem Gesetz zur weiteren Erleichterung der Sanierung von Unternehmen (ESUG) vorgesehene Umwandlung von Forderungen in Anteils- bzw. Mitgliedschaftsrechte (Debt-Equity-Swap), ZInsO 2012, S. 374–384.

*Weber, Martin:* Der Optionsvertrag, JuS 1990, S. 249–256.

*Wehrhahn, Torsten:* Finanzierungsinstrumente mit Aktienerwerbsrechten, Berlin 2004 (zugl. Diss. Hannover 2003) [zitiert: *Wehrhahn*, Finanzierungsinstrumente].

*Weiß, Daniel:* Aktienoptionspläne für Führungskräfte, Köln 1999 (zugl. Diss. Tübingen 1998)

*Weitnauer, Wolfgang:* Die Gesellschafterfremdfinanzierung aus Sicht von Finanzinvestoren – ein Resümee der Änderungen des MoMiG und der derzeitigen rechtlichen Rahmenbedingungen vor dem Hintergrund der Finanzkrise, BKR 2009, S. 18–25.

*Weitnauer, Wolfgang:* Handbuch Venture Capital, 6. Aufl., München 2019. [zitiert.: *Bearbeiter* in: HdB-VC]

*Weitnauer, Wolfgang/Dunkmann, Carsten:* Strukturierung von Mitarbeiterbeteiligungsmodellen - Teil 2, GWR 2013, S. 371–376.

*Wicke, Hartmut:* Die Bedeutung der öffentlichen Beurkundung im GmbH-Recht, ZIP 2006, S. 977–982.

*Wicke, Hartmut:* Gesetz betreffend die Gesellschaften mit beschränkter Haftung, Kommentar, 4. Aufl., München 2020 [zitiert: *Wicke*, GmbHG].

*Wiedemann, Herbert:* Verbandssouveränität und Außeneinfluß, in: *Fischer, Robert/Hefermehl, Wolfgang (Hrsg.)*, Gesellschaftsrecht und Unternehmensrecht, Festschrift für Wolfgang Schilling zum 65. Geburtstag am 5.6.1973, Berlin 1973, S. 105–126 [zitiert: *Wiedemann*, FS Schilling, 1973]

*Wiedemann, Herbert:* Debt Equity Swap – Gedanken zur Umwandlung von Schulden in Eigenkapital, in: *Krieger, Gerd/Lutter, Marcus/Schmidt, Karsten (Hrsg.)*, Festschrift für Michael Hoffmann-Becking zum 70. Geburtstag, München 2013, S. 1387–1396 [zitiert: *Wiedemann*, FS Hoffmann-Becking, 2013].

*Wienbracke, Mike:* Juristische Methodenlehre, 2. Aufl., Heidelberg/München/Landsberg/Frechen/Hamburg 2020.

*Winkler, Karl:* Der Erwerb eigener Geschäftsanteile durch die GmbH, GmbHR 1972, S. 73–82.

*Winneke, Julia:* Schuldrechtliche Vereinbarungen über Kapitalbeschaffungsmaßnahmen in GmbH und AG, Frankfurt am Main 2005 (zugl. Diss. Hamburg 2004) [zitiert: *Winneke*, Schuldrechtliche Vereinbarungen über Kapitalbeschaffungsmaßnahmen].

*Winter, Martin:* Mitgliedschaftliche Treubindungen im GmbH-Recht, München 1988 (zugl. Diss. Heidelberg 1986/1987).

*Wohlfarth, Jürgen/Brause, Christian:* Die Emission kursorientierter Wertpapiere auf eigene Aktien, WM 1997, S. 397–405.

*Wolf, Manfred:* Rechtsgeschäfte im Vorfeld von Grundstücksübertragungen und ihre eingeschränkte Beurkundungsbedürftigkeit, DNotZ 1995, S. 179–203.

*Wufka, Eduard:* Formfreiheit oder Formbedürftigkeit der Genehmigung von Grundstücksverträgen, der Ausübung von Wiederkaufs-, Vorkaufs- und Optionsrechten sowie der Anfechtung, des Rücktritts und der Wandelung?, DNotZ 1990, S. 339–355.

*Würdinger, Markus:* Die Analogiefähigkeit von Normen, AcP 206 (2006), S. 946–979.

*Würdinger, Markus:* Ausnahmevorschriften sind analogiefähig!, JuS 2008, S. 949–951.

*Ziegler, Karl-Heinz:* Die Wertlosigkeit der allgemeinen Regeln des BGB über die sog. Wahlschuld (§§ 262–265 BGB), AcP 171 (1971), S. 193–217.

*Ziegler, Ole:* Due Diligence im Spannungsfeld zur Geheimhaltungspflicht von Geschäftsführern und Gesellschaftern, DStR 2000, S. 249–255.

*Zimmer, Lutz:* Die Ausgabe von Optionsrechten an Mitglieder des Aufsichtsrates und externe Berater, DB 1999, S. 999–1003.

*Zöllner, Wolfgang:* Die Anpassung dividendensatzbezogener Verpflichtungen von Kapitalgesellschaften bei effektiver Kapitalerhöhung, ZGR 1986, S. 288–309.

*Zöllner, Wolfgang:* Zu Schranken und Wirkung von Stimmbindungsverträgen, insbesondere bei der GmbH, ZHR 155 (1991), S. 168–189.

# Abkürzungsverzeichnis

| | |
|---|---|
| a.F. | alte Fassung |
| a.A. | anderer Ansicht |
| Abs. | Absatz |
| ADHGB | Allgemeines Deutsches Handelsgesetzbuch |
| aE | am Ende |
| AG | Aktiengesellschaft; Die Aktiengesellschaft (Zeitschrift); Amtsgericht |
| Alt. | Alternative |
| amtl. | amtlich |
| Amtl. Begr. | Amtliche Begründung |
| Anh. | Anhang |
| Anm. | Anmerkung |
| Art. | Artikel |
| ARUG | Gesetz zur Umsetzung der Aktionärsrechterichtlinie vom 30.07.2009 |
| Aufl. | Auflage |
| BB | Betriebsberater (Zeitschrift) |
| Begr. | Begründung; Begründer |
| BG | BondGuide (Zeitschrift) |
| BGB | Bürgerliches Gesetzbuch |
| BGBl. | Bundesgesetzblatt |
| BGH | Bundesgerichtshof |
| BGHZ | Entscheidungssammlung des Bundesgerichtshofs in Zivilsachen |
| bspw. | beispielsweise |
| BT-Drucks. | Bundestags-Drucksache |
| bzgl. | bzgl. |
| bzw. | beziehungweise |
| CFL | Corporate Finance Law (Zeitschrift) |
| DB | Der Betrieb (Zeitschrift) |
| ders. | derselbe |
| dies. | dieselbe(n) |
| Diss. | Dissertation |
| DJT | Deutscher Juristentag |
| DStR | Deutsches Steuerrecht (Zeitschrift) |
| Ed. | Edition |

| | |
|---|---|
| evtl. | eventuell |
| EWiR | Entscheidungen zum Wirtschaftsrecht (Zeitschrift) |
| f. ff. | folgende; fortfolgende |
| Fn. | Fußnote |
| FG | Festgabe |
| GG | Grundgesetz |
| ggf. | gegebenenfalls |
| GmbH | Gesellschaft mit beschränkter Haftung |
| GmbHG | Gesetz betreffend die Gesellschaften mit beschränkter Haftung |
| GmbHR | GmbH-Rundschau (Zeitschrift) |
| GWR | Gesellschafts- und Wirtschaftsrecht (Zeitschrift) |
| Habil. | Habilitation |
| HdB | Handbuch |
| HGB | Handelsgesetzbuch |
| hL | herrschende Lehre |
| hM | herrschende Meinung |
| Hrsg. | Herausgeber |
| Hs. | Halbsatz |
| insbes. | insbesondere |
| InsO | Insolvenzordnung |
| i.S.d. | im Sinne des/der |
| i.S.v. | im Sinne von |
| i.V.m. | in Verbindung mit |
| JA | Juristische Arbeitsblätter (Zeitschrift) |
| JBl. | Juristische Blätter (Zeitschrift) |
| jew. | jeweils |
| JURA | Juristische Ausbildung (Zeitschrift) |
| JuS | Juristische Schulung (Zeitschrift) |
| JW | Juristische Wochenschrift (Zeitschrift) |
| JZ | Juristenzeitung |
| KG | Kammergericht; Komanditgesellschaft |
| krit. | kritisch |
| KTS | Zeitschrift für Insolvenzrecht |
| Lfg. | Lieferung |
| LG | Landgericht |
| lit. | litera |
| Ls. | Leitsatz |
| Mio. | Million(en) |
| MittRhNotK | Mitteilungen der Rheinischen Notarkammer (Zeitschrift) |

| | |
|---|---|
| MoMiG | Gesetz zur Modernisierung des GmbH-Rechts und zur Bekämpfung von Missbräuchen vom 23.10.2008, BGBl. 2008 Nr. 48 vom 28.10.2008, S. 2026 |
| n.F. | neue Fassung |
| NJOZ | Neue Juristische Online-Zeitschrift |
| NJW | Neue juristische Wochenschrift |
| NotBZ | Zeitschrift für die notarielle Beratungs- und Beurkundungspraxis |
| Nr. | Nummer |
| NZG | Neue Zeitschrift für Gesellschaftsrecht |
| NZI | Neue Zeitschrift für Insolvenzrecht |
| NZM | Neue Zeitschrift für Miet- und Wohnungsrecht |
| OLG | Oberlandesgericht |
| RDF | Recht der Finanzinstrumente |
| RegE | Regierungsentwurf |
| RG | Reichsgericht |
| RGZ | Entscheidungssammlung des Reichsgerichts in Zivilsachen |
| Rn. | Randnummer |
| RNotZ | Rheinische Notar-Zeitschrift |
| Rspr. | Rechtsprechung |
| Rz. | Randzeichen |
| S. | Satz; Seite |
| sog. | sogenannte |
| str. | streitig |
| teilw. | teilweise |
| Tz. | Textziffer |
| u.a. | unter anderem |
| unstr. | unstreitig |
| v. | vom; von |
| v.a. | vor allem |
| vgl. | vergleiche |
| VGR | Gesellschaftsrechtliche Vereinigung |
| z.B. | Zum Beispiel |
| ZBB | Zeitschrift für Bankrecht und Bankwirtschaft |
| ZGR | Zeitschrift für Unternehmens- und Gesellschaftsrecht |
| ZHR | Zeitschrift für das gesamte Handels- und Wirtschaftsrecht |
| Ziff. | Ziffer |
| ZInsO | Zeitschrift für das gesamte Insolvenzrecht |
| ZIP | Zeitschrift für Wirtschaftsrecht |
| ZPO | Zivilprozessordnung |

zugl. zugleich
zust. zustimmend
zutr. zutreffend

www.ingramcontent.com/pod-product-compliance
Ingram Content Group UK Ltd.
Pitfield, Milton Keynes, MK11 3LW, UK
UKHW021936290926
8980IPUK00016B/1650

9 783631 887271